Johann August Möbius

Historisch- diplomatische Nachrichten vom Voigtland in Sonderheit

von der in solchem gelegenen Stadt und ehemaligen Herrschaft

Mühltrof

Johann August Möbius

Historisch- diplomatische Nachrichten vom Voigtland in Sonderheit von der in solchem gelegenen Stadt und ehemaligen Herrschaft Mühltrof

ISBN/EAN: 9783743693043

Hergestellt in Europa, USA, Kanada, Australien, Japan

Cover: Foto ©Andreas Hilbeck / pixelio.de

Weitere Bücher finden Sie auf **www.hansebooks.com**

Aus

Tit. Herrn

Ernst Christian Jasche,

en Handelsmanns und E. E. Hansgerichts Assessoris

Vermächtnis zur Rathsbibliothek

1 7 8 7.

Historisch diplomatische Nachrichten

vom

Voigtlande,

insonderheit

von der in solchem gelegenen Stadt

und ehemaligen Herrschaft

Mühltrof

gesammlet und herausgegeben

von

M. Johann August Möbius.

JENA,

verlegts Johann Adam Melchiors seel. Wittwe,

1 7 6 0.

Dem
Erlauchten Hochgebohrnen
Reichs=Grafn und Herrn/
HERRN
Heinrich XII.
Jüngerer Linie
Reußen,
Grafen und Herrn von Plauen,
Herrn zu Graiz, Kravnichfeld, Ge=
ra, Schlaiz und Loben=
stein,

Meinem   gnädigsten
Grafn und Herrn.

Dem

Hochwohlgebohrnen Herrn,

HERRN

Otto George

des H. Röm. Reichs Freyherrn

von Bodenhausen,

Herrn zu Mühltrof, Arnstein
und Leubnitz,

Meinem gnädigen
Herrn.

Hoch=

Dem

Hochwohlgebohrnen Herrn,

HERRN

Otto George

des H. Röm. Reichs Freyherrn

von Bodenhausen,

Herrn zu Mühltrof, Arnstein
und Leubniz,

Meinem gnädigen
Herrn.

Hoch-

Hochgebohrner Reichs-Graf,

Gnädigster Graf und Herr!

Wenn es erlaubt ist, die ehrerbietigsten Empfindungen des Herzens vor erhabene Eigenschafften und Verdienste öffentlich auszudrücken; So darf ich sicher hoffen,

Ew.

Ew. Hochgräfl. Gnaden

werden die Freyheit gnädigst zu entschuldigen geruhen, mit welcher ich mich unterfange, **Denenselben** gegenwärtige Blätter in der tiefsten Unterthänigkeit zu widmen. Zueignungs-Schrifften haben zwar mehrentheils das Schicksaal, daß man mit denselben die Eitelkeit und andere unreine Absichten verbunden zu seyn glaubet. Ich werde mich aber von einem dergleichen Verdacht vollkommen gerechtfertiget finden, wenn ich nur einige Bewegungs-Gründe meines Unternehmens anführe.

Es

Es ist, **gnädigster Graf und Herr,** ganz unmöglich, die Voigtländische Geschichte ab=zuhandeln, ohne das ruhmvolle Andencken Dero würdigsten Voreltern zu erneuern, welche diese Gegenden besessen und be=herrschet haben. Wem sollte ich also diese Nachrichten mit bes=sern Rechte zueignen können, als **Ew. Hochgräfl. Gna=den,** welche nicht nur von die=sem uralten und erlauchten Ge=schlechte der ehemahligen Voigte abstammen, sondern auch diese angeerbten Vorzüge der Geburt mit tausend andern persönlichen

ver=

vermehren und glänzender machen. Es würde eine Art der Beleidigung seyn, wenn über **Deroselben** ruhmwürdigste Eigenschafften, die in der That weit über mein Lob erhaben sind, ich mich ausbreiten, und daß **HochDieselben** den Dienst des Höchsten durch Dero reizendes Beyspiel, durch Dero geistreiche Schrifften und Bemühungen befördern: daß **Dieselben** alle Pflichten eines löblichen Regenten in ihren ganzen Umfange erfüllen: daß **Dieselben** die Wissenschafften,

ten, die Sie auf das genaue=
ste besitzen, lieben und beschützen:
daß Religion und Menschen=Lie=
be alle Dero Handlungen lei=
ten: mit kurzen: daß Diesel=
ben die Lust Dero beglückten
Volckes sind, weitläufftig erzäh=
len wollte. Denn dieses alles ist
bekannt genug, und ich würde
den Grund Dero vortreflichen
Eigenschafften wenig kennen,
wenn ich glauben wollte, daß
sie sich lieber rühmen, als in der
Ausübung bewundern liessen,
oder daß deren Glanze durch mei=
ne matte Erhebung etwas zur
Vollkommenheit könnte beygese=
zet werden. Ich begnüge mich
also

also, solche in der Stille zu verehren, und nur noch die besondere Verbindlichkeit zu berühren,
die ich habe, HochDe-
nenselben gegenwärtige
Nachrichten zuzuschreiben. Ew.
Hochgräfl. Gnaden ha-
ben bey mehr als einer Begeben-
heit mir verehrungswürdige Beweise von Deroselben Gna-
de gegeben. Ich mache mir also
diese Gelegenheit zu Nuze, um
Ew. Hochgräfl. Gna-
den zu gleicher Zeit die Größe
meiner ehrerbietigsten Danckbar-
keit,

keit, und wie ſehr ich durch die=
ſes hohe Wohlwollen gerühret
ſey, auf das lebhaffteſte zu be=
zeichnen. Wie könnte ich mich
aber dieſer angenehmen Pflicht
beſſer entledigen, als indem ich
wünſche, daß die höchſte Vorſe=
hung die Tage **Ew. Hoch=**
gräfl. Gnaden, welche
Dieſelben nur zu Beförde=
rung des gemeinen Wohls auf
das würdigſte anzuwenden ge=
wohnt ſind, verlängern und be=
glücken, ihren Seegen über Dero
ganzes **Hochgräfl. Hauß** in=
ſonderheit über den Hochgebohr=
nen **XLIIſten Reuſſen,** die
Hof=

Hofnung des Landes und des würdigsten Vaters würdigsten Sohn ergiessen, und **Dero-selben** Leben durch alle Arten einer wahren und gründlichen Glückseligkeit, als Belohnungen Dero frommen Tugend, merck-würdig machen wolle.

Ich werde mich übrigens vor glücklich achten, wenn **EW. Hochgräfl. Gnaden** geruhen, **Deroselben** Gna-de, zu welcher ich mich andurch unterthänigst empfehle, mich fer-ner

ner zu würdigen, denn ich bin in
der tiefsten Verehrung

Ew. Hochgräfl. Gnaden

Uhlstedt,
den 24. Jenner 1760.

unterthänigst gehorsamster
Knecht
M. Jo. Aug. Möbius.

Hoch-

Hochwohlgebohrner Freyherr,

Gnädiger Herr!

Ew. Hochwohl-gebl. Gnaden haben ein Recht, die Zueignung gegenwärtiger Nachrichten von mir zu erwarten. Sie handeln von demjenigen Orte, welchen ich

ich vor mein Vaterland erkenne,
und welchen nicht nur Diesel=
ben, sondern auch Dero rühm=
liche Vorfahren so lange Zeit be=
sessen haben.   Wird man sonst
von dem Andencken seiner Vor=
eltern auf das angenehmste ge=
rühret: und erhebt sich diese Em=
pfindung nach dem Maaße der
Verdienste, die man in ihnen
entdeckt; So darf ich mir wohl
schmäucheln, diese Bogen wer=
den Ihnen deswegen nicht gar
gleichgültig seyn, weil sie nicht
nur das entfernte Alter Dero
berühmten und edlen Geschlechts
überhaupt, sondern auch die Got=

)( )(tes=

tesfurcht, die Großmuth, die
Menschenliebe, das Mitleiden,
die Uneigennützigkeit und andere
der Geburt gemäße und nachah-
mungswürdige Tugenden, welche die wahre Zierde und den we-
sentlichen Werth des Adels aus-
machen, und die man in Dero
Voreltern hochschäzet, insonderheit vorstellen. Hierzu komt noch,
daß nicht nur ich das Glück habe, Ew. Hochwohlgebl.

Gnaden bekannt zu seyn, sondern auch die meinigen der Gnade, und, ich mag wohl sagen, des
ganzen Vertrauens Dero Hoch-
Frey-

Freyherrl. Haußes sich ehedem rühmen können, ich also auch um deswillen verbunden zu seyn geglaubet habe, **Ew. Hochwohlgebl. Gnaden** als den lezten Dero Freyherrl. Linie gegenwärtige Bogen zu widmen, zumahl **Dieselben** Sich gnädig gefallen laßen, mir mit einigen besondern Dero Geschlechte angehenden Nachrichten, insonderheit der merckwürdigen ersten Belehnungs-Urkunde, an Handen zu gehen. **Ew. Hochwohlgebl. Gndn.**

statte

statte auch vor diese einzige
Wohlthat andurch öffentlich verbindlichsten Danck ab, indem
Denenselben zugleich mich
ganz unterthänig empfehle, und
eine ununterbrochene Reihe von
allen wahren Glückseeligkeiten
von ganzen Herzen anwünsche.
Sollte ich übrigens im Wercke
selbsten, so ferne es das Schloß
Mühltrof und dessen Zugehörungen angehet, aus Mangel der
Nachrichten etwas versehen oder
gefehlet haben; So lässet das
Vertrauen zu Ew. Hoch-
wohlgebl. Gnaden Bil-
lig-

ligkeit mich hoffen, **Dieselben** werden mich um so viel mehr zu entschuldigen geruhen, je mehr ich lediglich nach den Urkunden, die ich mit vieler Mühe hier und da zusammengesucht, geredet habe, ohne an irgend etwas Theil zu nehmen oder einige besondere Absicht zu zeigen.

Ich bin mit aller möglichen Verehrung

Ew. Hochwohlgebl.
Gnaden

Uhlstede,
den 24. Jenner
1760.

ganz unterthäniger Diener,
M. Jo. Aug. Möbius.

Vor

ſtatte auch vor dieſe einzige
Wohlthat andurch öffentlich ver-
bindlichſten Danck ab, indem

Denenſelben zugleich mich
ganz unterthänig empfehle, und
eine ununterbrochene Reihe von
allen wahren Glückſeeligkeiten
von ganzen Herzen anwünſche.
Sollte ich übrigens im Wercke
ſelbſten, ſo ferne es das Schloß
Mühltrof und deſſen Zugehörungen angehet, aus Mangel der
Nachrichten etwas verſehen oder
gefehlet haben; So läſſet das

Vertrauen zu EW. Hoch-
wohlgebl. Gnaden Bil-
lig-

ligkeit mich hoffen, Dieselben werden mich um so viel mehr zu entschuldigen geruhen, je mehr ich lediglich nach den Urkunden, die ich mit vieler Mühe hier und da zusammengesucht, geredet habe, ohne an irgend etwas Theil zu nehmen oder einige besondere Absicht zu zeigen.

Ich bin mit aller möglichen Verehrung

Ew. Hochwohlgebl.
Gnaden

Uhlstede,
den 24. Jenner
1760.

ganz unterthäniger Diener,
M. Jo. Aug. Möbius.

Vor-

Vorrede.

Das Andencken geschehener Dinge zu erhalten, ist allezeit eine der würdigsten, angenehmsten und nüzlichsten Bemühungen der Menschen gewesen. Denn dadurch wird nicht nur vieles, an dessen Känntniß uns allerdinges gelegen seyn muß, dem Staube und der Vergessenheit entrissen, sondern man lernet auch daraus die Gerechtigkeit Güte und Weißheit der göttlichen Regierung der Welt erkennen, zugleich aber Grund-Säze einer vorsichtigen Klugheit auf die Zukunfft sammlen. So ausgebreitet nun der

Nuzen

Vorrede.

Nuzen der Geſchichte überhaupt betrachtet und im ganzen iſt; a) So iſt
er es nach gewiſſen Verhältniſſen
nicht weniger in einzelnen Theilen
und in Abſicht auf die Beſchreibung
gewiſſer Gegenden und Orte. Denn
nicht zu gedencken, daß dergleichen
beſondere Nachrichten ihre eigene An-
nehmlichkeit und Werth haben; ſo
kan durch dieſelben manches in der
allgemeinen Geſchichte eines Landes
oder Striches aufgekläret, ergänzet,
und verbeſſert werden. b) Auch ich
habe mich dahero entſchloſſen, einen
Ort zu beſchreiben, welcher zwar einer der geringſten in Sachßen, dennoch aber von allen Vorzügen nicht ſo
gar entblöſet iſt, daß er nicht einiges
An-

a) cf. *Langlet du Freſnoi* methode pour
étudier l'hiſtoire, & *Rollin* maniére d'en-
ſeigner & d'etudier les belles lettres,
T. III.

b) Diejenigen, welche auf ſolche Art die
Sächßl. Geſchichte erläutert haben,
nennet der ber. Hr. D. *Büſching* neue
Erdbeſchreib. P. III. T. II. Vorr. p. 14.
ſq. ed. alt. Hamb. 1759. 8vo.

Andencken verdiente. Meine Bemühungen würden allzusehr einge-
schränckt und nur wenigen nuzbar gewesen seyn, wenn ich alleine bey tro-
ckenen und frostigen Erzählungen des-
jenigen, so Mühltrof insonderheit angehet, hätte wollen stehen bleiben.
Ich habe dahero, um diese Nachrichten desto zuverläßiger und zugleich
brauchbarer zu machen, so viel zu meinem Endzwecke nöthig gewesen ist,
die besondere aus der allgemeinen Geschichte dieses Kreyßes, als welche
ohnedem niemahln zu trennen, zu er-
läutern mich beflissen. Wie weit ich
es hierinnen gebracht, dieses wird
auf das Urteil dererjenigen ankom-
men, welche hierinnen geübter sind,
als ich, und welche mehr Zeit haben
darauf verwenden können. Denn
einem jeglichen der Geschichte kundi-
gen ist bekannt, c) daß die Voigtländische,

c) Man sehe Büchners aufrichtig und
  wohlmeinendes Bedencken von dem
  iezigen Zustande und fernern Verbesserung

diſche in eine / vornämlich in Abſicht
auf die älteſten Zeiten, beynahe un-
durchdringliche Dunckelheit eingehül-
let iſt, theils weil dieſer Strich ſpat
angebauet, von vielerlei Völckern beſeſſen, hiernächſt immer den gröſten
Veränderungen als Kriegen und andern Unglücks-Fällen ausgeſezt geweſen iſt / wodurch viele merckwürdige
Nachrichten verlohren ſind: theils
auch, weil aus dieſem Grunde weni-
ge an deren vollſtändige und zuſam-
menhangende Verfaſſung ſich gemachet, auſſer, was man da und dorten
in allgemeinen Geſchichts-Büchern
zerſtreuet findet, und was von Waldenfels / d) Dürr, e) Pertſch / f)
Bruſch / g) Widmann, h) Beckler /

rung der Voigtländl. Hiſtor. Erfurt
1735. 4to.

d) in monument. hiſtor. 1662. & in ſelect.
antiquit. Norimb. 1677.

e) Diſſ. de terra Advocat. Jen. 1675.

f) in origin. Voigtland. &c. ed. 1677.

g) in accurata montis pinniferi deſcript.rec.
Norimb. 1683.

h) in Chron. Cur. in *Menckens* ſcript. rer.
Germ.

ler i) Zopf, k) Planer, l) Kör-
ber, m) Büchner, n) Olischer, o)
Marbach, p) der gelehrte Hr. Rect.
Longolius q) zu Hof, der berühmte
Hr.

Germ. Sax. Tom. III. p. 630. sq.

i) In der Reuß-Plaul. Stamm-Tafel,
Schlaiz 1684. fol. und in der Historie
des Hauses Howora, Hof 1694.

k) in der Gerauischen Chronic 1692.

l) in Histor. Varisciae Vitemb. 1700. 4to.

m) in der Histor. Nachricht vom Voigtlande P. I. II. III. Jen. 1725. 8vo.

n) im erläuterten Voigtlande P. I - IV.
Graiz 1726. 8. wieder aufgelegt zu
Dresden 1732. 8. deßgl. in Hr. Rect.
Longolii Nachrichten P. II. p. 196. sq.

o) in der Reichenbachischen Chronic, Leipzig 1729. 4.

p) in der Schöneckischen Chronic, Schneeberg 1731. in II. Theilen 4. in welcher
vieles verbessert und ergänzet Hr. *Kreysig* in diplomat. Beyträgen P. I. p.
307. sq.

q) in sichern Nachrichten von Branden-
burg-Culmbach, von welchen bis hieher
VIII. Theile in 8. herausgekommen zu
Hof von an. 1751. deßgleichen in den
Chro-

Vorrede.

Hr. M. Kreyſig, r) vom Voigtlande Stückweiſe melden, Apels, s)
Fiedlers, t) Neumeiſters, u) Kör-
bers, w) Büchners, x) und des ſeel.
Hr.

Chronicken von Plauen und Geſell, die
derſelbe öffentlich verſprochen, und deren Druck ein jeder Liebhaber einer
gründlichen Geſchichte von einer ſo ge-
ſchickten Feder wünſchet.

r) in diplomatiſchen Beyträgen zur Hiſt.
von Ober-Sachßen in IV. Theilen 8.
mai.

s) Chronic von Adorf.

t) Lengefeldiſche Chronic.

u) Lengefeldiſche Ehren- und Gedächtniß-
Säule.

w) Deſſen ungedruckte Nachrichten von
Reußl. Geſchlechte und Landen der ber.
Hr. Rect. *Longolius* in Hof beſitzet, und
mit Anmerckungen heraus zu geben ver-
ſprochen hat. Das Lobenſteiniſche
Kirchen-Denckmal aber iſt den Hilar.
Euang. p. 946. ſq. einverleibet.

x) in der diplomat. Genealogie des Hochgräfl. Reußl. Hauſes, wovon gedach-
tet Hr. Rect. *Longolius* in Nachrichten P. II. p. 103. welcher auch daſelbſt
p. 196.

Vorrede.

Hr. Rect. Irmisch y) in Plauen
Schrifften aber, die, weil es Ihnen
theils an Hülfs-Mitteln und Beur-
theilung nicht gefehlet, ohne Zweifel
vieles in ein helleres Licht setzen würden, und deswegen ein jeder ihre
Bekanntmachung wünschet, noch un-
gedruckt liegen. Beckler und Heckel
haben zwar, wie Planer z) meldet,
eine

p. 196. und folg. eine schöne Probe ein-
gerucket, die ein grosses Verlangen nach
dem übrigen um so viel mehr erwecket,
je mehr des seel. Hr. Rath Büchners
eigene Stärcke in der Voigtländl. Hist.
aus den ersten Quellen und archivischen
Hülfs-Mitteln bekannt ist.

y) in einem grössern Wercke vom Voigtlande, welches noch bey dessen Erben
aufbehalten wird. Der geschickte Hr.
Sohn desselben und Nachfolger im
Amte würde sich um die Voigtländl.
Geschichte überaus verdient machen,
wenn es ihm gefallen sollte, diese seines
seel. Hr. Vaters Bemühungen, auf die
er so viel Fleiß gewendet, der Presse
zu überlassen.

z) Histor. Var. p. 2, & 70.

eine vollſtändige Geſchichte des Voigt⸗
landes ſchreiben wollen; alleine ſie
ſind durch den Tod, der ſie übereilet,
und durch andere Zufälle gehindert
worden, ihre rühml. Unternehmun⸗
gen zu verfolgen. Alſo darf ich um
ſo viel eher hoffen, einige geneigte
Nachſicht zu verdienen, wenn ich
manches, aus Mangel zuverläßiger
Nachrichten und mehrerer Hülfs⸗
Mittel, die ich, ſo ſehr ſie auch von
mir geſuchet worden, in meiner ge⸗
genwärtigen Stellung nicht erlangen
mögen, weder melden, noch genauer
erörtern und beſtimmen können. Oh⸗
ne zureichenden Grund und diploma⸗
tiſchen Beweiß aber in hiſtoriſchen
Dingen, welche eine eigene Art der
Gewißheit erfordern, etwas zu be⸗
haupten, iſt ſo unanſtändig als ver⸗
geblich. Zudem bin ich niemahln ge⸗
ſonnen geweſen, eine vollſtändige Ge⸗
ſchichte des Voigtlandes zu ſchrei⸗
ben. Denn dieſes möchten vielleicht
weder meine Fähigkeiten, noch ande⸗
re Umſtände, unter welchen ich mich
finde,

finde, erlaubet haben. Meine Absicht ist nur diese, einen kleinen Versuch einer zusammenhangenden Beschreibung zu machen, und einem Orte, welchen ich so viel schuldig zu seyn geglaubet habe, ein kleines Denckmal zu setzen. Und ich darf mir wohl schmäucheln, solche erreicht zu haben, ob ich gleich nicht in die ältesten Zeiten, ohne nur mit schwanckenden Schritten, zurückgehen, sondern mehrentheils nur soviel sagen können, als ich aus zuverläßigen Nachrichten, die ich mit vieler Mühe aufgesuchet und gesammlet, zu melden mir getrauen darf. Ich habe bey deren Gebrauche nach meinen Einsichten geschrieben, übrigens aber alles urteilens und aller Parteilichkeit mich enthalten.

So wenig es meiner Denckungs-Art und dem caractére eines ehrlichen Mannes überhaupt, insonderheit aber eines Geschicht-Schreibers a) gemäß

aa) *Bierling* de Pyrrhonismo Hist. C. III. p. 198. sq. & Cel. *Walther* animadvers. crit. p. 119. sq.

mäß ist, sich durch Vorurteile,
Schmäuchelei oder andere unreine
Leidenschafften verleiten zu lassen; so
wenig fürchte ich iemandes Rechten
und Befugnissen in diesen Blättern
zu nahe getreten zu seyn. Sollte
ich, weil niemand einer Unfehlbar-
keit sich rühmen kan, ich auch mit
allen gewünschten Hülfs ; Mitteln
nicht versehen gewesen, in ein oder
dem andern geirret haben; so werde
bescheidenen Erinnerungen mit Vergnügen und Erkänntlichkeit Plaz geben, immassen ich mich selbst aller
Bescheidenheit beflissen, und niemand weniger, als ich, von dem
Werthe seiner Bemühungen eingenommen ist. Ich werde mich freu-
en, wenn man solche nicht vor gar
unnöthig, noch die Neben-Stunden,
die ich darauf verwendet habe, vor
verschwendet hält.

Indessen statte allen denenjenigen andurch verbindlichsten Danck
ab, welche mich entweder mit Hülfs-
Mit-

Mitteln oder einigen Nachrichten be-
ehret haben, unter welchen ich infonderheit den Hr. Paſtor Gabler in
Mühltrof wegen Communicirung der
Kirchen-Bücher und anderer Pfarr-
Nachrichten: den Hr. M. Falcken
in Langenbuch wegen Mittheilung
der Urkunden No. III. und IV., den ge-
ſchickten Hr. Stadt-Syndicum Lie-
bert in Gefell, meinen wertheften
Freund, der mir aus feiner ſchönen
Sammlung mit verſchiedenen ver-
langten Büchern an Handen gegangen, und denn den Hr. Amtmann
Langen in Mühltrof, der mit einer
ſehr rühmlichen Gefälligkeit in mei-
Abſichten mir beförderlich geweſen,
öffentlich zu nennen habe. Ubrigens,
und da ich bey Abdruck dieſer Bogen
weder gegenwärtig ſeyn, noch ſonſten die nöthige Aufmerckſamkeit darauf verwenden können, mithin ver-
ſchiedene Fehler ſich eingeſchlichen;
So habe die erheblichſten am Ende
angemercket. Die geringern und
von weniger Bedeutung werden
leicht

ficht aus der Verbindung zu verbessern seyn / insonderheit was die interpunction p. 190. not. c. betrifft.

Endlich habe sowohl einige genealogische Tabellen / insoferne ich geurtheilet / daß sie zu Erklärung dieser Nachrichten / und der in solchen vorkommenden Personen etwas beytragen könnten / beygefüget / als auch dasjenige / so entweder ausgelassen worden / oder nach der Hand zu Erläuterung und Vollständigkeit dieser Nachrichten mir vorgekommen ist / in wenigen Zusätzen angehänget. Doch damit eine lange Vorrede ein kleines Buch nicht verstelle; So habe nichts mehr zu thun / als daß ich denenjenigen / welche dieses Werckgen durch ihren geneigtesten Vorschuß zu befördern sich gefallen lassen / andurch meine ausnehmende Erkänntlichkeit versichere / und dem geehrtesten Leser / unter Anwünschung alles wahren Wohls /

)( )( )(mich

Vorrede.

mich und meine geringen Bemühungen bestens empfehle. Geschrieben zu Uhlstedt im Altenburgischen den 24. Jenner 1760.

der Autor.

CAPVT I.

CAPVT I.

Von Benennung und Ursprung des Ortes.

§. 1.

Mühltrof, a) welches in Urkun-**Benen-** den Muhlendorf, Muel-**nung.** dorf, Moldorf genennt wird, hat seinen Namen ohne Zwei-fel von den vielen Mühlen, welche ehedem in hiesiger Gegend gestanden, und deren man noch viere findet, welche in

und

a) Im XVI. Jahrhundert fienge man an den Ort Mühldorf zu schreiben, vermuthlich zum Un-terscheid der in Baiern 1. Meile von Oettingen gelegenen und dem Erzbischoffe von Salzburg gehörigen Stadt Mühldorf, welche von der Schlacht Friedrichs von Oesterreich mit seinem Gegen-Kaiser, Ludewig dem Baier, im Jahr 1322. berühmt ist, und woselbst noch die Baierl. Creyß-Tage pflegen gehalten zu werden.

A

und um der Stadt herum liegen, nämlich, die
Herren= b) Ober= Lippolds= und Beffer=
Mühle.

§. 2.

Lage.   Der Ort lieget an der durchflieffenden
Wiefenthal c) im Voigtlande, 2. Meilen
von der Creyß=Stadt Plauen, 1. Meile von
Schlaiz, und 3. von Hof, unter Chur=Säch=
fifcher Landes=Hoheit. Das Voigtland
aber ift derjenige Strich Landes in Ober=
Sachfen zwifchen der Saale und Elfter, wel=
cher gegen Mittag an Francken, gegen Mor=
gen an Böhmen, gegen Abend an Thüringen,
gegen Mitternacht an Meiffen, infonderheit
den Erzgebürgifchen Creyß ftöffet. Ehedem
                                ware

b) Diefe war ehemahls die Stadt=Mühle, wurde
vom hiefigen Rathe verfchrieben, an. 1532. aber
von Hannß und Cafpar den Säcken erbkäuflich
erhandelt, und von der Zeit an die Herren=Müh=
le genennet.

c) Die Wiefenthal entfpringet in einem Walde,
die Kämmere genannt, flieffet von dar bey
Rothenacker, Ober= und Unterkoßkau vorbey,
biß nach Mühltrof, fammlet fich dafelbft, nebft
andern, in einen Tümpel, gehet von hier nach
Schlaiz, und ergieffet fich unterhalb Burgk in
die Saale. Man fehe *Planer* Hift. Varifc. p. 45.
Sonft ift diefer Bach fehr alt, immaffen man
ihn fchon in der Stifftungs=Urkunde der Plaui=
fchen Stadt=Kirche vom Jahr 1122. benennet
findet, und hat feinen Namen, aller Vermu=
thung nach, daher, weil er, wie noch gefchiehet,
durch Wiefen und Thäler flieffet.

ware das heutige Voigtland d) ein Theil von
Thüringen, und wurde, weil es demselben gegen Morgen lage, unter Ost-Thüringen, O-
sterland, e) oder der Marchia orientali begriffen,

A 2

d) *Loescher* hist. med. aevi, die seinem Röm. Hu-
   ren-Regimente angehänget ist, p. 197. meinet,
   daß zu der Zeit, da ganz Teutschland in Gauen
   und Pagos noch abgetheilet, und solche von
   Grafen regieret worden, das heutige Voigts-
   land Salgau geheisen, und zu Ost-Franken
   gehöret, wobey zu vergleichen *Iuncker*. Geogr.
   med. aevi p. 274. und was wir Cap. II. §. I.
   dieser Nachrichten erinnert.

e) Daß ehedem die Herrschafften und Orte Plau-
   en, Voigtsberg, Weida, Gera, Elsterberg,
   Graiz, Zwickau unter andern zum Osterland
   ausdrücklich gerechnet worden, zeiget ein re-
   gistrum dominorum et nobilium in terra orientali vom Jahre 1349. so angehänget der kurzen Nachricht von dem in der Markt Asche
   dem hohen Königl. Chur-Hause Sachsen zustehenden iure summo circa sacra, in Beylagen
   sub E. desgl. in Actis histor. ecclesiast. P. 69.
   no. I. Hiermit stimmet überein *Albinus* Meißn.
   Chron. tit. XIIII. Des mehrern aber können
   hiervon nachgelesen werden *Sagittarius* diss. de
   Eccardo II. Marchione orient. §. I. III. *Planer*
   hist. Var. §. VI. p. 13. sq. *Rechenberg* diss. de vet.
   Osterlandia, welche die XVIIIde. ist in dem andern Theile desselben dissertat. histor. polit.
   Loescher hist. med. acui p. 217. sq. et 307. sq.
   Koerber histor. Nachrichten vom Voigtland
   p. 7. sq. Buchner im erl. Voigtl. p.
   177. et 199. desgl. in Hr. Rect. *Longolii* Nachrichten P. II. §. 7. 8. p. 206. sq. *Iuncker* Geograph. med. acui C. V. p. 267. und *Glasei* Kern
   Sächßl.

griffen, von welcher die alten Marckgrafen in
Meiſſen, denen ſie gehörte, ſeit dem XII. Saeculo ſich ausdrücklich geſchrieben haben, f)
und

Sächßl. Geſchichte L. I. C. V. §. 4. p. 4°. ſq. ed.
nouiſſ. Norimb. 1753. 4to. Eine andere Ein-
theilung findet man in der Erbeinigung und
Bündniß zwiſchen Vladislao und der Crone
Böhmen, mit Ernſt und Albrecht Herzogen
zu Sachſen, vom Jahre 1482. bey Hr. M Kreyſig in diplomat. Beyträgen Th. II. p. 438. ſq.
und Hrn. Rect. Longolio in Nachrichten. von
Brandenburg Culmbach Th II. p. 33. ſq. eine
eigene Abhandlung davon aber von einem uns
genannten I. F. R. in wohlgedachten Hrn. Kreyſigs Beyträgen Th. III. p. 369. ſq.

f) Man kan hiervon nachleſen Sagittarii angeführte diſſert. de Eccardo II. coroll. VIIII. die man
auch in Eccardi hiſt. geneal. princip. Saxon. ſu-
per. findet p. 190. ſq. desgl. die häufigen davon vorhandenen Urkunden beym Ludwig reliqu. Mſcr. T. I. p. 48. 51. 52. 56. 59. und andern. Wenzel und Johannes von Lützelburg,
beyde Könige in Böhmen, waren, und zwar
erſter im Jahr 1298. und lezter an. 1310. 1311.
1312. über dieſe Marchiam orientalem, weil ſie
vom Landgraf Albrecht dem Unartigen an.
1294. dem Kaiſer Adolph war verkaufft worden, ſacri imperii citra montes Vicarii genera-
les, davon die diplomata beym Beckler Reuß-
Plauiſ. Stamm-Tafel p. 264. Tenzel im Leben Friderici admorſi Sect. IIII. §. 5. et 8. in
Wenckens ſcriptor. rer. Saxon. Tom. II. p. 956.
ſq. und Grlebner progr. de Vicariatu Vences-
lai Lipſ. 1728. Nachdem aber Albrechts Nach-
kömmen ihre alten Rechte über das Oſterland
behaup-

und darzu bald mehr bald weniger, nach Veränderung der Zeiten, gerechnet. Endlich aber
bekäme ein Theil des alten Osterlandes den
Namen des Voigtlandes, g) ob man schon
　　　　A 3　　　　　nicht

behauptet, so findet man, daß diejenigen, so
darinnen Herrschafften besessen, die Marggrafen in Meissen, nachdem sie sich mit ihnen ausgesöhnet, nach wie vormahls ihre Herren genennet, so, wie sie von ihnen wiederum liebe
Getreue genennet worden.

g) Obgleich Körber in histor. Nachr. p. 40. und
Büchner erl. Voigtl. p. 133 der Meinung sind,
der hiesige Strich habe schon zu Heinrich des
Reichen Zeiten das Voigtland geheisen, auch
Lange, Cranz und andere Geschichtschreiber
dasselbe vor dem XIII. Jahrhundert nennen;
so erinnert doch Hr. Rect. *Longolius* dargegen
in Nachr. P. II. §. 31. 32. p. 101. sq. daß, weil
sie spater gelebet, sie nach ihren Zeiten sich gerichtet, und daß der Name Voigtland erst nach
dem XIII. Jahrhundert aufgekommen, weil
man vor dieser Zeit keine Urkunde davon finde. Daß aber der Name Saec. XIIII. üblich
gewesen, beweiset unter andern ein dipl. beym
Buchner erl. Voigtl. p. 356. Man kan auch
Körbern nachsehen in angeführten Nachr. p.
26. sq. und Hager in der Geograph. mittlerer
Zeiten Sect. III. V. Sonst ist hier noch an-
merckungswürdig, daß auf der Leipziger hohen Schule die Voigtländer zu der Meißni-
schen Nation gerechnet werden, worüber an.
1411. ein Streit entstanden, und die Voigt-
landi von den Osterlandis unterschieden worden. Die Urkunde davon findet man beym
Horn im Leben Friedrich des streitbaren, in
Beyl. p. 768.

nicht genau bestimmen kan, zu welcher Zeit,
und zwar von den Voigten h) oder Verwe-
sern

h) Von demselben sind überhaupt nachzuschlagen *Magirus* de aduocatia armata, *Loescher*
hist. med. aeui p. 296. *Wachter* im Glossar. unter dem Worte Voigt. Körber in Nachr. P.
I. §. 5. p. 10. sq. *Rechenberg* diss. de aduocatis
et aduocatiis German. Lips. 1725. III. *Gaert-
ner* diss. de Aduocatis Publ. super. Lusat. Lips.
1727. Buchner in den Anmerk. über das dipl.
Kaiser Ludwigs, Gratz 1732. 4to obs. 6. p. 5. sq.
und Hr. Consist. Rath *Loeber* do Burggrau. Orlamund. p. 23. sq. et 33 b. Was die Hrn. Voigte hiesiger Gegend insonderheit betrifft, von
welchen die von jüngerer und ietzo, GOtt gebe noch lange, blühender Linie Reußen genennet worden, Buchner erl. Voigtl. p. 29. so
stammen sie ab von Ecbert Grafen von O-
sterroda, davon sich auch theils geschrieben
haben, worüber nachzusehen Buchner am angeführten Orte p 318. sq. Macher Reußl. Geschlechts-Folge von Ecbert biß auf Heinrich
den reichen, Schlaiz 1750. *Longol.* l. c. P. II.
p. 106. sq. Was aber Beckler in der Reuß-
Plauis. Stamm-Tafel hiervon anführet, ist
sehr ungewiß und fehlerhafft. Ob man nun
gleich eigentlich nicht weiß, wenn solche den
Voigts-Titul und Würde erhalten, so ist doch
so viel gewiß, daß schon im Jahr 1027. Heinrich Voigt zu Weida gewesen, davon man eine Urkunde, nämlich die *Statuta* gedachter
Stadt bey dem um die Geschichte des Voigtlandes insonderheit sehr verdienten und uner-
müdeten Hrn. Rect. *Longolio* findet in Nachrichten Th. II. p. 181. folg. und im Jahr 1135.
Heinrich

fern des Reichs, welche diese Gegend beherrschet, und welche Würde insonderheit den
A 4 Vor-

Heinrich der ältere Voigt zu Plauen bey eben-
demselben im angeführten Orte p. 193. sq.
Mehr kan man davon nachlesen beym Buchner im erl. Voigtl. p. 129. sq. und 186. sq.
Dieser Voigts-Titul selbst aber kame ohngefähr nach dem Voigtländischen Kriege Saec.
XIIII. ab, und davor der Herren-Titul auf,
wovon *Beckler* stemm. Ruth. p.256. und *Körber* in Nachr. p. 38. Es irren also sowohl
diejenigen, welche das heutige Voigtland mit
dem alten Variscia in der Ober-Pfalz verwech-
seln, und das Voigtland noch Narisciam, die
Voigtländer aber Nariscos nennen, dergleichen *Waldenfels, Pertsch, Planer* und andere mehr gethan, wovon *Longol.* l. c. §. 11. p.
151. et 217. *Haynisch* prolus. de prisca Varisco-
rum sede, die man eingerückt findet in des
Hrn. Rect. *Biedermanns* select. scholast. Vol. I.
p. 300. sq. und *Koerber* l. c. p. 8. sq. als auch
diejenigen, welche davor halten, das Voigts-
land habe seinen Namen von den Röm. Voigten oder Practoribus, und das Land deswegen terram practoriam nennen, da doch gar
nicht mehr zweifelhafft ist, daß die Röm. Waffen nur bis an den Einfluß der Weser und
Elbe, niemahlen aber in das innere Teutschland, noch weniger bis hieher, eingedrungen,
welche Streit-Frage die Academie der Wissenschafften zu Berlin im Jahr 1748. den Gelehrten zur Untersuchung vorgeleget: wie weit
nämlich der Römer Waffen in Nord- und Ost-
Teutschland eingedrungen, und wovon des
mehrern nachzulesen des berühmten Herrn
Rath

Vorfahren des uralten und erlauchten Hauses, von welchen die jetzigen Herren Grafen
Reussen abstammen, eigen ware.   Woraus
zugleich erhellet, daß zu dem eigentlich so genannten Voigtlande alle diejenigen Herrschafften
und Orte gehören, welche ehedem die Herren
Voigte von Plauen, Weida, Gera und Graiz
von Reichs wegen als solche besessen haben. i)

§. 3.

Rath von Justi Abhandlung von den Röm.
Feldzügen in Teutschland, Leipzig 1748. Ioecher
diss. de L. Domitii Ahenobarbi expedit. in German. trans Albim, Lips. 1748. des gel. Herrn
Hofrath Lenz Abhandlung von dem Röm.
ehemaligen Einbruche in Teutschland, insons-
derheit von des Röm. Feldherrn Drusus Auf-
enthalt und Lager in der alten Marck an der
Elbe, Halle 1748. Kirchmaier Progr. de quaest:
num Romani Germaniam, qua Variſciam, Thu-
ringiam &c. complectitur, adierint vnquam?
Longol. l. c. P. II. §. 2. p. 199. sq. worgegen die
Verse vom Druso, so man in dem Schlosse
Voigtsberg, oder Fautsburg, in Urkunden,
welches Drusus soll erbauet und daselbst sein
Lager gehabt haben, eingegraben findet, als
verdächtig nichts beweisen. cf. M. Bened. Christ.
Deer comm. hist. de castellis Roman. in Saxon.
super. Lips. 1749. Die Verse selbst findet man
angeführt beym Planer hist. Var. p. 25.

i) In Bestimmung der Gränzen des Voigtlandes
sind die Geschicht- und Erdbeschreiber nicht
einig. Planer nebst andern dehnet sie allzu-
weit aus, und rechnet viele Orte aus der O-
ber-Pfalz darzu, welches daher kommt, weil

ee

er das Voigtland mit dem alten Variſcia vermenget. Andere rechnen Neuſtadt an der Orla und mehr in ſelbigen Creyße gelegene Orte
hieher, ſo ebenfalls unrichtig, weil dieſe Gegend ein beſonderer Creyß, ſo ehedem zu
Nord-Thüringen gehörte, und die Herren
Voigte in ſolchen niemahls von Reichs wegen etwas beſeſſen, welchen Irrthum auch Hr.
M. Stemler verbeſſert in ſeinem Pago Orla p. 16. Denn obgleich die Aemter Ziegenrück,
Triptis und Auma ehedem von Landgraf Friedrich dem ernſthafften in Thüringen, dem Herrn
Reußen im Jahr 1328. geſchencket wurden,
wovon die Belehnungen und Urkunden beym
Beckler Stamm-Tafel p. 46. 273. 277. ſq. ſo
haben ſie doch ſolche nicht lange innen gehabt,
noch weniger von Reichs wegen oder als alte
patrimonial-Güter. Desgleichen iſt man noch
ungewiß, ob Hof und Gera mit ihren Zugehörungen zum Voigtlande zu rechnen ſind.
Erſteres läugnet Oliſcher Reichenbach. Chron.
p. 7. leßteres Hr. M. Stemler l. c. p 130. Es
hat aber theils Hr. _Longol._ in der Abhandlung
von Regniz Hof, und in Nachr. P. II. p. 178.
ſq. theils Zopf in der Gerauiſ. Chron. Zör-
ber in hiſtor. Nachr. p. 93. ſq. und Buchner
erl. Voigtl. p. 125. erwieſen, daß beydes hieher gehöre. Es will zwar gedachter Hr. M.
Stemler l. c. Gera in das Voigtland deswegen nicht ſetzen, weil dieſe Gegend von Voigten, mithin nicht ſowohl nach geographiſchen
als hiſtoriſchen Umſtänden alſo genennet worden. Aber da die hiſtoriſchen, wie bey andern Ländern, alſo auch hier die geographiſchen beſtimmen, indem gewiß iſt, daß das
Voigtland, ſo eben noch die Lage wie ehedem
hat, gleichwohl nicht mehr, wie ehedem das
Oſterland genennet wird, von den Voigten

den

§. 3.

Erbauung Die Zeit, wenn Mühltrof erbauet worden,
ist ungewiß, so wie nach *Liuii* k) Ausspruche,
omnis

den Namen bekommen; so folget, daß alles
darzu zu zählen, was die gedachten Herren
Voigte als solche in hiesigen Gegenden beses=
sen haben. Daß hiernächst Gera zum Oster=
lande gehöret habe, zeiget unter andern die
Benennung des Geraischen Schlosses Oster=
stein, wovon Buchner beym *Longol.* P. II. §. 7.
p. 206. sq. Da nun das Osterland in das obe=
re und niedere eingetheilet wurde, einen Theil
von solchen aber die Voigte besessen, worun=
ter vornämlich Gera ware, so setzet man sol=
ches mit Recht ins Voigtland. Wenn aber
die gelehrten Herren Verfasser der allgemei=
nen Reise= und Staats=Geographie Tom. VI.
von Ober=Sachsen, Dreßden 1755. 8vo mai.
von Weida, Ziegenrück, Numa, sagen: Die=
ser Ort lieget im Neustädtl. Creyße des Meißnl.
Voigtlandes; so ist dieses so unrichtig, als
unbegreiflich, weil das Voigtland niemahlen
in besondere Creyße abgetheilt, vielmehr der
Neustädtische allezeit, wie noch, ein abgeson=
derter und eigener Creyß gewesen. Es schei=
net hierzu Gelegenheit gegeben zu haben *Pla=
zer* hist. Var. §. 24 p. 98. welcher das Sächßl.
Voigtland in 2. satrapias theilet, in die Voigts=
ländische und Neustädtische, wozu er um so
weniger Grund gehabt, je mehr letzterer von
dem erstern zu allen Zeiten unterschieden, und
unter dem Namen des Orlgau bekannt ge=
wesen.

k) histor. L. F.

omnis antiquitas fabulosa. Denn da Teutschland überhaupt, wie *Tacitus* l) meldet, bergicht
und voller Wälder gewesen; so ware auch die
hiesige Gegend insonderheit beschaffen, solchemnach spat angebauet. m) Die Wenden, vornämlich die Sorben, welche im Jahre Christi 642.
in Meißen und angränzenden Landen einfie-
len, waren die erften, welche das Land an
Dörfer und Schlösser aufbaueten, die man
an den Endungen iz, au, owe, n) und dergleichen erkennen kan, worunter man Plawe, My-
lowe, Greewiz, Sleuiz, Oelsniz rechnet, deren Erbauung man in das VI. VII. Jahrhundert setzet.   Nachdem aber diese Wenden,
welche ihre Nachbarn überaus beunruhigten,
ohngefehr im Jahre 920. vom Kaiser Heinrich dem Vogelsteller aufs Haupt geschlagen,
und diejenigen, welche den christlichen Glauben nicht annahmen, aus dem Lande gejaget,
dasselbe aber von Sachsen und Thüringern
besetzt wurde; o) so fienge gedächter Kaiser
Heinrich an mehtere Städte, Flecken und
                                    Schlös-

l) de mor. Germ. C. V.
m) *Buchner* erl. Voigtl. p. 68. und in Hrn. Longol. Nachr. P. II. §. V. p. 204. folg.
n) *Schoettgen* und *Kreysig* diplom. Nachlese von
   Ober-Sachsen, P. II. p. 177. sq. *Buchner* ap.
   Longol. l. c. Lb. II. §. 14. 15. 16. p. 221. sq.
o) *Buchner* in Hrn. Longol. Nachr. P. II. §. 19. et
   23. p. 229. sq. et 233. sq. des seel. Hrn. Gen.
   Superint. *Löber* Hist. von Ronneburg p. 46.
   sq.

Schlösser anzulegen, und dadurch das Land
gegen feindliche Anfälle zu sichern; p) wie=
wohl es mit hiesiger Gegend, die da sehr wild
und waldigt ware, etwas langsamer herzien=
ge.   Es ist also Mühltrof, wie die Endung
dorf anzeiget, Teutschen Ursprungs, q) und
mag, wie andere in hiesiger Gegend, um das
XI. XII. Jahrhundert angeleget worden
seyn. r)

§. 4.

p) *Iac. Brunnemann* diss. de incrementis vrbium
German. C. I. §. 9. sq. Hal. 1703. und *Ludwig*
diss. Henricus auceps historia anceps, Hal.
1713.

q) *Buchner* ap. Longol. l. c. p. 221. sq.

r) Man sehe Buchner im erl. Voigtl. p. 68. deß=
gleichen eben denselben beym Hr. *Longol.* Th. II.
§. 5. p. 204. Oliischer Reichenb. Chron. C. I.
§. 4. Also kommt Schönberg bey Adorf schon
im XII. Jahrhundert vor, mit welchem Gute
an. 1143. einer von Thoß beliehen worden,
davon die Urkunden beym *Koerber* l. c. p. 120.
sq. und Hrn. *Longol.* l. c. P. II. p. 106. sq. deß=
gleichen findet man auch Franckendorf und
Schibach schon Saec. XIII. und noch eher. cf.
Lang. Chron. Citic. in *Pistorii* script. rer. Germ.
T. I. p. 1190. u. *Ludwig* rel. Mscr. T. I. p. 73. ferner
Reichenbach an. 1212. wovon C. II. §. 2. die=
ser Nachrichten, und Heinersgrün nebst Bloß
sehnberg an. 1206. nach Hr. Rect. *Longol.* l. c.
P. II. p. 110. Dergleichen Orte, die sich mit
berg, dorf, bach rc. endigen, und die alle Teut=
schen Ursprungs sind, trifft man zu der Zeit
noch mehrere in hiesiger Gegend an. Es ist
also sicher zu schliessen, daß Mühltrof, so von
mehre=

§. 4.

Aller Wahrscheinlichkeit nach hat anfäng- Anwachs. lich, ausser einigen Mühlen, von welchen der Ort benennet ist, nichts als das Schloß da gestanden, als welches auf einen dichten Felsen neben dem grossen Teiche oder See lieget, und an dessen Seite einige Häuser nach und nach angebauet worden sind. Man hat Ursache zu glauben, daß die alte Ueberlieferung richtig sey, nach welcher man vorgiebt, daß der Ort zuerst nur aus den Häusern bestanden habe, welche auf beyden Seiten des Marktes, von der Brücken an, als welche man schon in einer Urkunde s) vom Jahre 1393. antrifft, biß an den Bach sich befinden, welches auch daher zu vermuthen, weil diese Häuser sämmtlich, und vielleicht anfänglich nur alleine, mit vielen Grund-Stücken und Gütern versehen, und mehrentheils so genannte ganze Höfe sind. Schon im XIV. Jahrhundert kommt Mühldorf als eine besondere Herrschafft und Residenz Heinrich V. Voigts von Plauen und Hrn. zu Mühldorf vor. t) Und sie war schon damahln von solcher Wichtigkeit, daß die Herren Voigte von Plauen durch den ganzen Hußiten-Krieg, und noch länger,

mehrerer Wichtigkeit war, eben so alt, und noch älter, seyn müsse.

s) Man sehe in Beylagen No. III.
t) Beckes Reuß-Plauis. Stamm-Tafel p. 44.

länger, mit Friedrich und Wilhelm Gebrü-
dere Landgrafen in Thüringen und Markgra-
fen zu Meissen, bald durch Waffen, bald
durch den Weg Rechtens darum stritten, die
Sache selbst aber im Egerischen Haupt-Ver-
gleiche. u) zwischen hochgedachten Brüdern,
dann den König Podiebrad und der Crone
Böhmen im Jahr 1459. auf weitere Entscheidung ausgesetzet wurde. Wie der Ort
nach und nach angewachsen und zugenommen,
welches vornämlich im vorigen Jahrhundert.
geschehen, sowohl als zu Anfange des jetzigen,
da die Vorstadt vor der Brücke, allwo sonsten ein Kirsch-Garten gestanden, weiter angebauet worden ist, kan man aus der Zahl der
Einwohner, und aus den Diptychis oder Kirchen-Büchern, aus welchen wir hierbey, so
weit solche zurücke gehen, einen Auszug gemacht haben, erkennen. w) Gegenwärtig
beste-

u) Man findet solchen in **Müllers Reichs-Tags-**
Theatro p. 537. *du Mont* corps diplomatique.
du droit des gens T. III. P. I. p. 252. in der
Sächßl. vorläufigen Anzeige, wegen der Schön-
burgl. Herrschafften No. XIV. p. 62. und Hr.
Longol. in Nachr. P. II. p. 46. sq.

w) Vom Nutzen der Verzeichnisse von gebohrnen
und gestorbenen, aus welchen die Auf- und
Abnahme eines Ortes am deutlichsten zu erkennen, und darauf jede Obrigkeit mehr, als
gemeiniglich geschiehet, Achtung geben sollte,
ist nachzuschlagen der neue Bücher-Saal der
schönen Wissenschafften und freyen Künste T.
VIIII. P. I. p. 81. sq. desgleichen des Herrn
Probst

beſtehet das Städtgen aus 151. Häuſern, und wird eingetheilet in die Stadt, Neue und Vorſtadt, welche letztere mit dem Markte durch eine ſteinerne Brücke über die durchflieſſende Wieſenthal zuſammenhänget.

Verzeichniß
der gebohrnen, geſtorbenen und Communicanten aus den Mühltrofer Kirchen-Büchern vom Jahre 1577. biß 1757.

Jahr	geboren	geſtorben	Communicanten.		
1577	9	12	834	an.	1658
1587	16	18	974	an.	1668
1597	10	34	969	an.	1678
1607	13	9	1095	an.	1688
1617	13	9	1427	an.	1698
1627	14	15	1281	an.	1708
1637	20	17	1389	an.	1718
1647	22	11	1503	an.	1728
1657	27	7	1379	an.	1737
1667	28	14	1459	an.	1748
1677	20	13	1390	an.	1757
1687	16	16			
1697	17	11			
1707	22	6			
1717	17	19			
1727	33	14			
1737	33	20			
1747	35	21			
1757	26	27			

CAP. II.

Probſt Io. Peter Sußmilch göttl. Ordnung in den Veränderungen des menſchl. Geſchlechts, Berlin 1741. und 1756. 4to.

CAPVT II.

Von des Ortes Herrschaft und Obrigkeit.

§. 1.

**Beherr-
scher des
Voigtlan-
des über-
haupt.**
Da Mühltrof, wie wir Cap. I. §. 3.
überhaupt und insonderheit gezeiget
haben, Teutschen Ursprungs, also,
wie andere Orte gleicher Endung, um das
XI. XIIte Jahrhundert mag erbauet worden
seyn; so haben wir nicht nöthig, um die vorhergehenden dunkeln Zeiten uns zu beküm-
mern, von welchen etwas zuverläßiges nicht
zu sagen ist. Man glaubt zwar insgemein,
daß die ältesten und ersten Beherrscher des
heutigen Voigtlandes, die Hermunduren
und Thüringer, a) denn im VI. Jahrhundert
die Francken b) gewesen sind. Da aber
noch

a) *Buchner* beym Longol. l. c. P. II. §. 6. 8. p. 205.
sq. **Steffens Geschichte der alten Teutschen.**
Frf. und Leipz. 1752. 8vo.
b) *Sagittar.* in ep. de antiquo statu Thuring. p.
27. sq. et in antiquit. Ducat. Thuring. B. *Loescher* hist. med. aeui p. 197. 217. sq. *Wolf* diss.
I. de feud. impet. §. XIII. p. 22. not. f.) Hal.
1724. B. *Loeber* Hist. von Ronneb. p. 29. sq.
Gonne de Ducat. Franc. orient. §. VIII. p. 15. sq.
Erl. 1756. 4to.

noch die Frage und zweifelhaft iſt, ob damahln
hieſiger Strich ſchon angebauet und bewohnt
geweſen; ſo fangen wir mit den Wenden c)
inſon-

c) Dieſe Wenden drungen aus Scythien durch
Sarmatien, Pannonien, Dalmatien, Croatien, Slavonien, Mähren, Schleſien, Böhmen
und Lauſitz in hieſige Gegend ein, *luncker*
Geogr. med. aevi p. 519. vornämlich die Sorben, eine special-Nation der Wenden, welche
ihren eigenen König zu Lubbowe oder Lübben,
und Fürſten zu Daleminz oder Lonmatſch,
ingleichen zu Korin jetzt Gnandſtein, und Gru-
nowe oder Eilenburg hatten, wovon *Graun*
de Dalemincia Slauorum, *Buchner* beym Longol. l. c. §. 17. p. 227. und viele andere, welche angeführet werden von Hrn. *Kreyſig* in der
Hiſtor. Bibliotheck von Ober-Sachſen P. I. p 9.
wie denn noch viele Orte in hieſigem Striche
Wendiſche Namen führen, als Plawe, Greewiz, Slewiz, das iſt, Slaven-Witz oder Werk,
Oelsniz und mehrere. Man ſehe *Schoettgen*
und *Kreyſig* diplom. Nachleſe P. II. p. 177. ſq.
den ſeel. Hr. Gen. Superint. Löber Hiſt. von
Ronneb. p. 50. ſq. inſonderheit *Albinus* Meißn.
Chron. tit. VII. von etlichen Wendiſchen Namen, ſo dem Meißner Lande unter dem Wendiſchen Joche gegeben worden *Schurzfleiſch*
diſſ. de Marchia Miſenenſi. Eine andere Nation der Wenden, die Vilzi oder Milzi, lieſſen
ſich in der Lauſitz nieder, wo ſie noch bis hieher einen Strich Landes bewohnen, und ihrer
väterlichen Sprache ſich bedienen. Sonſten
ſcheinet von dieſer Zeit und von dem alten
Haße gegen die Wenden herzuleiten zu ſeyn,
daß ein Wende vor unehrlich gehalten, ein

B   Teuts

insonderheit den Sorben an, welche im
Jahr 642. eindrungen, und viele Orte
anbaueten, nach deren an. 925. erlitte-
nen grossen Niederlage und Entweichung diejenigen, die sich bekehreten, also im Lande ge-
dultet wurden, vornämlich aber die hier sich
niederlassende Sachsen und Thüringer diese
Gegend besessen und beherrschet haben. d)
Daß das Voigtland zu der Zeit unmittelbar
unter der Herrschaft der Römischen Kayser
gestanden, ist gewiß, ob sich solche gleich wenig darum bekümmert. e) Daher denn glaub-
lich, daß, gleichwie mehrere Gegenden mittlerer Zeiten, also insonderheit diese meistens
aus allodiis und patrimonial-Gütern bestanden f), die ein ieder, der sie angebauet, oder erlanget

Teutscher aber freyer und nicht Wendischer
Geburt seyn müssen. Doch ist in der goldenen Bulle art. XXX. verordnet, daß die Churfürsten ihre Prinzen, ausser der Teutschen auch
die Welsche und Wendische Sprachen sollen
lernen lassen.

d) *Sagittar.* diss. cit. de Eccardo II. March. orient.
coroll. VIII. *Buchner* beym Hrn. Longol. Nachr.
P. II. §. 19. p. 229. *Schoettgen* inuent. diplom.
praefat. §. 32.

e) Weil Thüringen, zu welchem das Voigtland
gehörte, ein zerstücktes Land, und zuerst nichts
als ein grosser Wald, mithin den Kaisern wenig einträglich ware. So urtheilet gar schön
und gründlich *Schoettgen* inuent. dipl. in der
Vorrede §. 42.

f) *Buchner* erl. Voigtl. p. 329. *Koerber* in Nachr.
P. 54.

get nach Gefallen zu Lehen auftragen können, davon unter andern Plauen, g) Neidberg, h) und
Drewen, i) so freyes Eigenthum genennet
werden, Beweise geben. Ob aber, wie Ludwig k) will, das Voigtland Saec. XIII. an
die Landgrafen in Thüringen, als des heil.
Röm. Reichs Procuratores l) vermöge dieses Amtes, gekommen, und ob zu der Zeit, da
im Jahr 1294. Landgraf Albrecht der unar-
tige, wie wir bereits gemeldet, Thüringen,
Oster- und Pleisner-Land dem Kayser Adolph
verkaufet, viele ihre in dem Oster- und heutigen Voigtlande gelegene Güter den Kaysern
und Böhmischen Königen zu Lehen aufgetragen, sich in Freyheit zu setzen, und bey dieser
Gelegenheit der Herrschaft der Landgrafen in
Thüringen und Marggrafen zu Meißen sich
zu entreissen gesucht, m) mögen wir, weil es
unsern Absichten und Entwurffe nicht gemäß
ist, nicht untersuchen, obwohln ein Theil das
Oster- und nachherigen Voigtlandes, wie

B 2

aus

p. 54. et 91. und *Loeber* Hist. von Ronneburg
p. 69. folg.

g) *Koerber* l. c. p. 136. sq.

h) *Longol.* Nachr. P. III. p. 64. sq.

i) **Büchner** im erl. Voigtl. p. 360.

k) German. Princ. L. III. C. IIII. §. 7. p. m. 459.
ed. nouiss.

l) Das dipl. findet man beym *Weck* Dreßdner
Chron. ad an. 1242. p. 153.

m) Man vergleiche *Sagittarii* angeführte diss. coroll. VIIII. und *Gröbner* progr. de Vicariatu Ven-
ceslai.

aus einen anderweiten Stifftungs-Briefe des
Klosters Mildenfurt de an. 1209. n) und einer Urkunde vom Jahr 1240. o) erhellet,
schon damahls unter den altem Landgrafen in
Thüringen gestanden, Heinrich der erlauchte
Marggraf in Meissen aber schon an. 1231.
folglich noch eher, als er die Anwartschaft auf
Thüringen erhalten, sich marchionem orientalem geschrieben. p)

§. 2.

Insonder-
heit von
Mühltrof,
welches
Reichs-Le-
hen.

Wir wenden uns vielmehr zu den neuern
und denjenigen Zeiten, da Mühltrof wahrscheinlicher Weise erbauet, und von dessen O-
berherrschaft etwas gewisses zu sagen ist. Es
scheinet demnach, schon gedachter massen, sicher zu seyn, daß gleichwie die hiesige ganze
Gegend, also auch Mühltrof, in ältesten Zeiten ein unmittelbares Reichs-Lehen gewesen.
Daß aber, ausser den 4. Reichs-Voigteien
Greiz, Plauen, Weida und Gera, mit welchen zuerst Henrich der reiche, der praepo-
tens totius Voigtlandiae possessor genennet
wird, an. 1168. vom Kayser Friedrich I. dessen Hof-Marschall er ware, beliehen wurde,
mehrere Orte in der Marchia orientali oder
dem

n) beym Büchner im erl. Voigtl. p. 65.
o) Beym Hr. Longolio in Nachr. P. VI. p. 317. sq.
   woben zu vergleichen von Ludewig kleine Teutsche Schrifften Th. I. p. 117. sq.
p) Ludewig rel. Mscr. T. I. p. 48. 51. 52. 56. 59.

dem Osterlande, von welchen unser heutiges
Voigtland einen Theil ausmachte, Reichs-
Lehen gewesen, setzen die Orte Altenburg,
Chemnitz, Zwickau, Reichenbach, Mila, Dre-
wen, Voigtsberg, Oelsnitz, Sparnberg, Ge-
sell, Asch und andere ausser allen Zweifel.

§. 3.

Als aber die Röm. Kayser, insonderheit **Kommt**
Friedrich *I.* Heinrich *VI.* und *VII.*, Lud- **an die Hrn.**
wig der Baier, Carl *IV.* Wenzel und Si- **Voigte**
gismund anfiengen, die Reichs-Güter zu ver- **von Plau-**
pfänden, zu verkauffen, erblich zu machen, **en erblich.**
und auf andere Art zu veräusern; q) so ge-
B 3 schahe

q) Also versetzte Kaiser Friedrich an Marggraf
    Heinrich den erlauchten in Meißen an. 1256.
    Altenburg als eine Mitgifft seiner Prinzeßin,
    die an Landgraf Albrecht vermählt wurde.
    von Lingen kleine Schrifften Th. I. p. 145.
    Eben dergleichen thate Kaiser Heinrich VII.
    an. 1311. indem er die damahligen Reichs-
    Städte Zwickau, Altenburg, Chemnitz an
    Marggraf Friedrich in Meißen versetzte,
    Kaiser Ludwig der Baier aber solches im Jahr
    1323. durch 4. diplomata bestätigte, wovon
    Tenzel im Leben Friderici admorsi beym **Wen-**
    cken Script. rer. Saxon. T. II. p. 960. et 986. sq.
    Eben dieser Kaiser Ludwig versetzte die Pfle-
    ge Eger, welche zum Reiche gehöre, an. 1340.
    an die Crone Böhmen. *Gundling* diss. de jure
    oppignorati terrir. §. XC. p. 67. sq. Hal. 1705.
    Desgleichen wurden im Jahre 1212. Reichens-
    bach,

schahe es auch mit hiesiger Gegend, mit welcher insonderheit die Herren Voigte von Plau-
en

bach, nach *Menken* diff. de superiorit. territ.
§. 29. und in eben dem Jahre Mila, nebst
Lichtenstein und andern vom Kaiser an König
Ottocar in Böhmen verschenket, wovon nachzulesen Hr. M. *Kreysig* in diplomat. Beytr. P. II.
p. 216. sq. die Belehnungs-Urkunde aber de
dato Basel den 15. Oct. 1212. beym *Hageria*
Böhml. Chron. p. 393. *Goldast.* de Regno Bö-
hem. Beyl. I. p. 143. und in dessen Reichs-
Satzungen I. p. 30. Ferner wurde Asche und
Seleben an. 1232. vom Kaiser Friedrich einigen
Hrn. Voigten von Plauen auf Lebenszeit geschenket, davon die Urkunde beym Hr. *Longol.* l. c. p. 120.
sq. und an. 1281. vom Röm. Kaiser Rudolph an
dieselben versetzet, wovon das Diploma beym
Beckler Stamm-Tafel p. 260. und *Körber*
histor. Nachr. p. 146. Also besassen die Hrn.
Voigte an. 1302. das Schloß Sparnberg als
ein Reichs-Lehen, mit welchen sie Ulrich Sack
wieder beliehen, nach *Beckler* l. c. p. 485. und
an. 1317. die Stadt Reichenbach laut einer
Urkunde bey Hr. *Kreysig* in Beytr. P. IIII. p. 434.
folg. mit welcher Stadt sowohl als Mila den
Gütern um Altenburg als mit Reichs-Lehen
an. 1323. Henrich der kleine Grätzer Linie vom
Kaiser Ludwig wieder belehnet wurde, wovon
Beckler l. c. p. 268. und *Lünig* Reichs-Archiv
part. spec. contin. II. p. 203. Gleichergestalt
verpfändete auch Kaiser Carl IV. zu Anfang
Saec. XIV. Hirschberg an die Hrn. Voigte als
ein Reichs-Lehen, davon das dipl. bey oftge-
dachten *Beckler* Hist. Honor. P. II. p. 45. 46.
von welchen es noch an. 1357. Heinrich der
ältere

en erblich beliehen wurden, dergleichen Beschaffenheit es auch mit Mühltrof gehabt.

§. 4.

Indem nun die Kayser schwach, die Zeiten aber immer unruhiger und unsicherer wurden; so offerirten die meisten in dem nahe gelegenen Osterlande, vornämlich, nachdem es
gedachter massen, von Landgraf Albert dem
unartigen ware verkauft worden, ihre Herrschaften und Güter entweder freywillig, um
Schutzes willen, r) an die damahln mächtige
Crone Böhmen zur Lehen, dergleichen unter
andern an. 1313. mit Asch s) an. 1327. mit
der Herrschaft Plauen t) und deren Zugehö-
B 4　　　　　　　rung-

*Insonder-
heit an
Henr. V.
und Henr.
den langen
als Reichs-
und Böh-
misch Af-
ter-Lehen.*

älter oder lange Voigt von Plauen innen ge-
habt, solches aber an die Hrn. Marggrafen in
Meissen vertauschet nach Hr. *Kreysig* in Beytr.
P. IIII. p. 439. sq.　Mehrerer Beyspiele zu ge-
schweigen.　Von Beschaffenheit damahliger
Zeiten und dem Verhalten der Kaiser gegen das
Reich ist nachzusehen *Reinhard* teutsche Kai-
ser-Histor. p. 76. 89. 114. et 128.

r) cf. *Thomasius* et *Struv.* de feudis oblatis, *Her-
tius* de feud. obl. P. I. §. 4. sq. et *Griebner* de subfeud. imper. praerogat. §. V. p. 11. not. e)

s) vid. überzeugender u. unwiderleglicher Beweiß,
daß die Crone Böhmen an das Gerichte Asch
nicht die geringste Ansprache zu machen berechtiget etc. 1746. fol. in *Mosers* Beytrag zum
neuen Staats-Rechte P. I. p. 637. sq.

t) Davon der Lehns-Uebertrags-Brief beym *Beckler*

rungen, als Schöneck, Liebau, Johannsgrün,
Planschwitz rc. und in eben dem Jahre mit
den zum Schloße Sparnberg gehörigen Dörfern Blindendorf und Ulrichsreuth u) an.
1329. mit Stein, w) an. 1331. mit Reid-
berg x) an. 1349. mit Voigtsberg y) und
Oelsniz geschehen: oder die Könige von Böhmen, die zugleich Röm. Kaiser waren, sonderlich Carl IV. z) entzogen dem Reiche vol-
lends

ekler Hist. Honor. p. 128. und aus solchen bejur
Körber in hist. Nachr. p. 136. sq. woben an
zumerken ist, daß zwar in dieser Urkunde gemeldet, wie die generatio comitum de Eberstein,
von welchen Plauen bisher zur Lehen gegangen,
dudum extincta penitus, ita, quod superstes
nullus remanserit, gleichwohl Graf Hermann
von Eberstein die Herren Voigte von Plauen
an. 1328. mit den Lehen Dübenr an die Crone
Böhmen gewiesen, wovon das dipl. de dato
Hermannsberg beym Ludwig rel. Mscr. T. VI.
p. 27. Lünig Cod. Germ. diplom. I. p. 999. nach
Schoettgen invent. diplom. p. 220. welcher in der
Vorrede §. 32. auch zeiget, wie Nieder-Sächsl.
Adel in diese Gegenden kommen.

u) Der Lehens-Uebertrags-Brief von Brzold von
Sparnberg an die Crone Böhmen findet man
beym Ludwig rel. Mscr. T. VI. dipl. XVIIII. p.
33. sq. und beym Longol. l. c. P. I. p. 303.

w) Beckler Stamm-Tafel p. 292.

x) Longol. l. c. P. III. p. 64. sq.

y) Beckler l. c. p. 291. et Hist. Honor. p. 128.

z) Der deswegen sacri imperii Rom. vitricus genennet worden, Aen. Sylvius Hist. Bohem. C. 33.
et Dav. Parens medulla Hist. prof. p. 764.

lends alles, und wendeten es gedachter Crone Böhmen zu, auf deren Grösse sie unauf-
hörlich bedacht waren. Dahero findet man,
daß das ganze Voigtland im XIVden Jahrhundert Kaiserl. und Böhmisches After-Lehen
gewesen. a) Und von Mühltrof insonderheit ist bekannt, daß es Herr Heinrich V.
Voigt von Plauen, b) der allhier residiret,
bereits an. 1342. als ein Reichs- und Böhmisch After-Lehen besessen, und sich Herr von
Mühltrof geschrieben hat, von welchen es an
Herr Heinrich den ältern Voigt von Plauen,
den langen genannt, gekommen. c)

B 5   §. 5.

a) Denen bereits angeführten sind noch beyzusetzen z. E. Hirschberg an. 1359. beym Körber
   Nachr. P. II. p. 97. und Büchner erl. Voigtl.
   p. 291. Drewen oder Treuen an. 1329. und
   1367. beym *Beckler* Stemm. Ruth. p. 281. und
   Büchner l. c. p. 360. beßgleichen Hr. *Kreysig*
   in Beytr. P. IV. p. 438. sq. Sparnberg an.
   1327. und 1372. bey Hr. *Longol.* l.c. P. I. p. 303.
   und P. II. p. 12. Mila und Reichenbach an.
   1364. und 1372. beym Büchner erl. Voigtl.
   p. 362. und *Longol.* l. c. Gesell an. 1352. beym
   Ludwig rel. Mscr. T. IV. p. 278 - 82. 292. 299.
   300. Schöneck bey wohlgedachten Hr. *Kreysig*
   in Beytr. P. I. p. 307. sq. Körber in Nachr.
   p. 137.
b) *Beckler* Stemm. Ruth. p. 44. et 67.
c) Das dipl. bey Hr. *Kreysig* Beytr. P. IIII. p. 25.
   th. beßgleichen *Lünig* continuat. II. spicileg. eccles. p. 68. und zu Erläuterung dieser Urkunde
                                                    die

§. 5.

An diesem Landgrafe in Thüringen und Marggr. zu Meissen, insonderheit an Wilhelm den einäugigen.   Wenn und wie Mühltrof eigentlich an die Herren Voigte gelanget sey, können wir zur Zeit, aus Mangel zuverläßiger Nachrichten, genau nicht bestimmen. d) Daß es aber im Jahr 1357. an Hr. Friedrich, Balthasar und Wilhelm Landgrafen in Thüringen und Marggrafen zu Meißen von Hrn. Heinrich dem ältern Voigte von Plauen, dem langen genannt, vor sich und im Namen seiner beyden Söhne durch einen Tausch erblich überlassen worden, ist gewiß. e) Die Gelegenheit

die in iure et facto gegründete Gegen-Deduct. Schwarzburg-Arnstadt wider Sachsen-Weimar in Beyl. No. LXXXIII. p. 159. sq.

d) Sollte einem alten Verzeichnisse der Prälaten, Grafen, Herren und Städte, so man beym Hr. von Gleichenstein in der histor. Beschreibung vom Kloster und Abtei Bürgel in docum. no. IX. p. 17. findet, zu trauen seyn, so wäre Muldorf, nebst Oelsniz, Voigtsberg und Adorf schon an. 1329. unter Meißn. Hoheit gestanden, weil es unter den Städten befindlich, so hochgedachten Marggrafen in Thüringen und Meißen zugehöret, es müßten denn dieselben solches schon in den damahligen Zwistigkeiten, welche an. 1332. verglichen worden, nach der Urkunde in Becklers Reuß-Plauis. Stamm-Tafel p. 287. und aus solcher bey Körbern in Nachr. p. 148. sq. von den Hrn. Voigten erhalten, nachhero aber restituiret haben.

e) Man sehe in Beylagen no. II. Solchemnach irret

der
sei
ter
1)
12
ter
Al
Er
th
da
su

heit hierzu gabe ohne Zweifel der so genannte
Voigtländische Krieg, welcher von hochgedachten Landgrafen im Jahr 1354. und folgenden wider Herrn Henrich Reußen Voigt
von Plauen, Greizer Linie wegen der Aemter
und Städte Auma, Triptis und Ziegenrück
geführet wurde. In der Ursache dieses Krieges sind die Geschichtschreiber nicht einig.
Albinus, f) Fabricius, g) Beckler h) Planer, i) geben vor, der Herr von Plauen habe theils die Landgräfl. Thüringischen Lande
befehdet, theils etliche Schlösser und Städte,
so zum Königreich Böhmen gehöret, Pfands-
weise innen gehabt, und, gegen Bezahlung
des Pfand-Schillings, solche weder wieder-
geben, noch rechtlich Erkänntniß darüber leiden wollen. Dem widersprechen andere, als
Körber, k) Büchner, l) Olischer, m) Hr.
M. Stem-

irret Beckler l. c. wenn er vorgiebt, daß
Heinrich V. noch an.1364. Mühltrof besessen, es
müste denn seyn, daß eine Linie der Hrn. Voigte, weil sie darauf prätendiret, sich nach der
Zeit auch davon geschrieben.

f) Meißn. Chron. p. 200.

g) Orig. Saxon. L. VI. p. 654.

h) Reuß-Plauis. Stamm-Tafel p. 286. sq. vornämlich in Hist. Hpuor. P. II. L. III. C. IV.

i) Hist. Var. §. 27. p. 109. sq.

k) in Hist. Nachr. p. 102. sq.

l) im erl. Voigtl. p. 292. sq. und in einer besondern
Vorstellung, die zu finden in Horns Hand. Bibliothec P. V. p. 478-91.

m) in der Reichenbach. Chron. p. 14.

M. Sremler, n) indem sie behaupten, es habe Landgraf Friedrich, den hagern in Thüringen gereuet, daß er seinem ehemahligen Vormunde, Heinrich Reußen, Voigt von Plauen, zu Belohnung seiner Treue die Aemter Ziegenrück, Auma und Triptis, welche aus der Erbschaft der alten Grafen von Arnshaugk o) an die Herren Landgrafen in Thüringen liegen

n) in Pago Orla p. 152. sq.

o) Nach dem Tode des letztern Grafen Otto durch die Vermählung seiner hinterlassenen Erb-Tochter, der schönen und frommen Elisabeth an Landgraf Friedrich mit dem gebissenen Backen im Jahr 1303. oder 1301. nach Hr. Consistorial-Rath Löber de Burggr. Orlamund. p. 4. et 102. von welcher und deren Mutter, ebenfalls Elisabeth, die eine gebohrne Reußin und Vögtin von Plauen, erst an Graf Otto von Arnshaugk, denn aber an Landgraf Albrecht dem unartigen in Thüringen vermählt ware, nachzusehen sind Müller im Staats-Cabinet P. III. C. VI p. 206. sq. und Büchner in Ottons Sammlung verschiedener Nachrichten P. IV. no. 21. p. 347. sq. Diese an die Herren Landgrafen in Thüringen also gekommene Erbschaft ware sehr wichtig, indem sie, ausser gemeldeten Aemtern, noch viele Städte und Orte, unter welchen Jena und Neustadt an der Orla, in sich begriffe. Sremler in Pag. Orla p. 135. sq. welcher auch an einer Geschichte dieser ehedem berühmten Grafen gearbeitet haben soll, wie versichert wird in der histor. Sammlung zu Erläuterung der Teutschen Staats-Kirchen- und gelehrten Geschichte T. I. St. II. p. 177.

ringen und Marggrafen zu Meiſſen gekommen waren, geſchencket, ihn damit belehnet,
auch die Kaiſerl. Beſtätigung darüber erfolget. Ob nun wohl die hierüber entſtandene
Mißhelligkeiten verglichen und beygeleget worden; ſo habe doch nach deſſen Tode ſein hin-
terlaſſener Prinz und Erbe, Landgraf Friedrich

dergleichen auch *Sagittarius* und Schlegel
vor ihn willens geweſen. Ubrigens waren die
Grafen von Arnßhaug oder Arlßhage, ſo von
Orlgaw zuſammengeſetzt ſcheinet, in Nords
Thüringen, worzu ſie gehörten, Löſcher l. c.
p. 261. mächtig, ſtammten ab von den Grafen von Lobdaburg, theilten ſich in verſchiede-
ne Häuſer, als Lobdaburg, Burgau, Leuchtenburg, Arnßhaugk und Elſterberg, und kommen alle vor in einem Documente beym *Beckler* Stemm.Rath. p. 258. Die Elſterbergiſche Linie im Voigtlande, von welcher inſonderheit
Wencken ſcript. Sax. T. III. p. 1044. C. und welche noch an. 1394. und 1488. in Hermann von
Elſterberg geblühet, nach Hr. von Gleichenſtein von der Abtei Bürgel p. 30. und in Beyl.
no. XII. p. 22. beſaſſe auch Falckenſtein, das
Viertel aber, ſo ſie an der Stadt Jena hatte,
verkaufte ſchon an. 1315. Buſſe von Lobdaburg, Herr von Elſterberg an Landgraf Friedrich den gebiſſenen. *Muller* annal. p. 273.
Sonſten ſtehet das alte Schloß Arnßhaugk
bey Neuſtadt an der Orla noch, und iſt ein
wichtiges Amt, ſo nebſt noch 3., die man die
aſſecurirten nennet, von der Erneſtiniſchen Linie des hohen Hauſes Sachſen an das Chur-
Hauß gekommen. *Glaſei* Kern Sächßl. Geſchichte p. 661.

drich der strenge genannt, selbige erneuert,
indem er Henrich Voigt von Plauen, ebenfalls dem strengen, dessen Vater Vormund
gewesen ware, diese Aemter, von welchen
die Rede ist, gegen angebotene Einlösung,
wieder abgefordert, und dabey vorgegeben,
daß sie gegen eine gewisse Summa versetzet
worden.   Da nun bemerkter Heinrich der
strenge dessen sich geweigert, und die Landgräfl.
auch Kaiserl. Belehnungen vorgewendet; so
sey darüber ein heftiger Krieg entstanden, welchen Kaiser Carl *IV.* nicht nur befördert, sondern auch dem Landgrafen selbst beygestan-
den, dergestalt, daß gedachten Hrn. Voigten
Graizer und Weidaischer Linie, welche leztere mit eingeflochten worden, über bemeldete
streitige Aemter, noch viele von ihren väterlichen Gütern abgenommen worden.   Dem
sey wie ihm wolle, so ist doch so viel gewiß,
daß dadurch der Grund zu Veräuserung ihrer Herrschafften geleget worden, und daß zu
der Zeit das ganze Voigtland, so die Herren
Voigte bis hieher besessen, eine grosse Veränderung erlitten.   Denn es kamen in dem
damahligen Kriege Ronneburg, Werda,
Stein, Voigtsberg und andere Orte, p)
auch hierauf Mühldorf, q) Liebau, Hersberg,

---

p) *Koerber l. c. p.* III. *sq.* und **Löber** Hist. von
    Ronneb. p. 84. sq.

q) Die Urkunde von diesem erblichen Tausche ist
    zu lesen bey Hr. **Kreysig** in Beytr. P. IV. p.
    439. sq. und in Beylagen no. II.

berg, r) Wiedersberg, Adorf, Neukirchen, Pauſa, Reichenbach, s) Weida, t) von den Herren
Voigten ab, und theils durch Tauſch, theils
Verkauf an die Landgrafen in Thüringen und
die Crone Böhmen. Mühltrof inſonderheit
anlan-

r) Dieſes Hirſchberg, ſo an die Hrn. Voigte als
ein Reichs-Lehen verpfändet geweſen, löſete
Carl IV. an. 1359. wieder mit Böhmiſchen
Gelde ein, und incorporirte es dieſer Crone,
von welcher es noch unmittelbar zu Lehen gehet.

s) So an. 1357. von Hrn. Henrich Reuſſen an
Böhmen verkauft wurde, davon das diplom.
beym *Lunig* Cod. Germ. diplom. I. p. 1175.
gleichwohl müſſen ſie ſolches wieder erlanget
haben, weil Kaiſer Carl IV. ihnen erlaubet,
Mila und Reichenbach zu theilen, davon die
Urkunde de an. 1364. beym **Büchner** erl.
Voigtl. p. 362. ſolcher auch an. 1367. dieſe
Stadt privilegiret, nach **Büchner** am ange-
führten Orte. p. 356.

t) Schon an. 1360. machten Heinrich der ältere,
und Heinrich ſein Sohn mit Friedrich Balthaſar und Wilhelm Marggrafen in Meiſſen einen
Vergleich, und verbanden ſich, ihnen nicht nur
in ihren Kriegen und Nöthen beyzuſtehen, ſondern auch zu dieſer Abſicht und Gebrauch ihre
Veſten zu öffnen, davon die Urkunde beym
Longol. in Nachr. P. VII. p. 134. ſq. an. 1389.
wurde die Herrſchaft Weida von hochgedachten Marggrafen zu Lehen genommen, an.
1410. und 11. aber ihnen theils durch Tauſch,
theils käuflich überlaſſen, davon die diplom.
beym *Horn* vit. Frider. bellic. p. 680. et
765. ſq.

anlangend; so fiele es nicht nur nach der im
Jahr 1370. u) zwischen Friedrich, Balzer
und Wilhelm Gebruͤdern, sondern auch der
im Jahre 1382. zwischen hochgedachten Balthasar und Wilhelm und deren Vettern,
Friedrich, Wilhelm und Guͤrge anderweit
eingegangenen Landes = Theilung w) nebst
Voigtsberg, Adorf, Widersberg, denen von
Elstirberg mit Elstirberg und Falckenstein,
den von Plawe mit Urpach, Pußin und Zabau
an Landgraf Wilhelm den aͤltern oder ein-
aͤugigen, der den Voigtlaͤndischen Krieg nebst
seinen Bruder Balthasar, so eine Zeitlang
im Voigtlande Statthalter gewesen, x) ge-
fuͤhret, und der solches durch Voigte y) und
Amt-

u) *Llnig Reichs-Arch.* contin. II. no. 17.

w) Die Urkunde ist, wiewohl fehlerhaft, zu lesen
beym Hrn. von Gleichenstein Goth. diplom.
P. V. p. 216. sq. richtiger beym *Horn* l. c. p.
658. sq. und Wiedeburg antiquit. Misn. II. p.
108.

x) *Fabric.* orig. Sax. L. VI. p. 657.

y) Solche Voigte oder Schloß-Hauptleute findet man sehr haͤufig im XII. biß XV. Jahrhunderten. Sonsten wurden Voigte und Burggrafen nicht selten als gleichlautend gebraucht,
ob sie gleich auch unterschieden sind. Dergleichen von Kaisern gesetzte Burggrafen waren die von Magdeburg, Nuͤrnberg, Meissen,
aus den Haͤusern Sachsen, Brandenburg, die
Herren Reussen, die von Leisnig, Kirchberg,
Donyn oder Dohna. Geringere Burggrafen
und

Amtleute, nach Gewohnheit damahliger Zeiten, verwalten laſſen, dergleichen Voigt allhier

und Unter-Voigte über gewiſſe Schlöſſer, und
der zu ſelbigen gehörigen Gegend, welches Amt
bey mancher Familie erblich war, hatten auch
die Landgr. in Thüringen und andere. Alſo kommen ſchon Saec. XII. die von Obernitz als Ad-
uocati und Burg-Voigte des Schloſſes Ziegenrück vor, biß in das XV. Saec. Kreyſig in
Beytr. P. IV. p. 443. denen auch an. 1448.
Schloß und Stadt Ziegenrück um 3000. Fl.
wiederkäuflich überlaſſen geweſen, nach Müller. annal. p. 26. Deßgleichen Günther von
Bünow, Voigt zu Arlshage oder Arnshaugk im Jahr 1411. Stemler Pag. Orla p.
159. 162. Ferner Dietrich Walkum an.
1328. als Unter-Voigt zu Triptis beym
Beckler ſtemm. p. 278. 279. Dergleichen waren auch die Schwarze Burggrafen zu Geſell
im Jahr 1352. beym Ludwig rel. Mſcr. T. IV.
p. 178. 292. 299. ſq. Die von Schönau, die
von Weiſſenbach, dann die Wetſche, an welche
ſie endlich erblich kame, Voigte über die Pflege Mylau, nach Ollſcher Reichenb. Chron. p.
27. An. 1476. Mätthes Theimler, Voigt zu
Mylen, und Hannß Panriß, Voigt zu Netſchkau kommen vor bey Hr. Kreyſig in Beytr.
P. II. p. 227. An. 1271. Lambert von Dann-
heim, Voigt zu Blanckenburg beym Creiber
Hiſt. des Hauſes Schwarzburg p. 132. ed. nouiſſ. Die Voigte zu Eiſenberg und Bürgel
nennet Herr von Gleichenſtein in der hiſtor.
Beſchreibung von Bürgel p. 118. ſq. Dergleichen Burggrafen oder Caſtellane findet man
noch heutiges Tages in Böhmen, Pohlen,
Preuſſen und andern Orten. Man ſehe des
C   mehr

hier im Jahre 1393. Hannß von der Heyde
gewesen ist, wie die Urkunde No. III. in Beylagen beweiset, und an. 1404. der Amtmann
Matthes Walmann, nach der Urkunde No. IV.
desgleichen einer von Wallenrod, welcher Saec.
XV. nebst den Voigten zu Rochlitz und Voigtsberg Commission bekommen, über etliche Irrung Entscheidung zu thun.

§. 6.

Anlandgr. Friedrich VI. oder den jün-gern. Als aber dieser Wilhelm der einäugige,
welcher viele Orte theils durch Geld theils
durch Waffen zu Meissen gebracht, und vom
Kaiser Carl IV. die investitur über die Marchiam orientalem erhalten, z) im Jahr 1407
ohne Erben verstarbe; so fiele nach dem an.
1403. zwischen seinen Bruder und Vettern
errichteten pacto successorio a) und der
an. 1410. unternommenen Landes-Theilung, b)
ein Theil seiner Länder, insonderheit auch das
Voigtland, als Voigtsberg, Oelsniz, Adorf,
Auer-

mehrern davon *Koerber* l. c. p. 14. und, worinnen das Amts eines Voigtes ehedem bestanden, *Horn* im Leben Friedrich des streitbaren
p. 282. sq. et 426. sq.

z) *Thamm* Chron. Coldiz beym *Mencken* scr. rer.
Germ. Sax. T. II. p. 669.

a) beym *Müller* annal. p. 2. sq. und in extenso beym
Horn l. c. p. 711. sq.

b) *Müller* l. c. p. 6. et *Horn* l. c. p. 756. sq. desgleichen *Rousset* supplemens au corps diplomatique I. P. II. p. 325.

Auerbach, Gefell, Pausen, Elsterberg, und
unter solchen Moldorf, nebst den Schlössern
Plawe, Falckenstein, Dreyen, Planschewiz,
Wiedersberg, an seines Bruders Landgraf
Bathasars Sohn, mit Namen Friedrich
den VI. oder den jüngern, obschon Johannes
und Friedrich, Burggrafen zu Nürnberg,
unter andern an Voigtsberg, Oelsniz, Wei-
dersberg und Adorf Anspruch machten. c)
Dieser Landgraf Friedrich der jüngere, welcher zur Sicherheit seiner Voigtländischen
Herrschaften und Lande, namentlich Voigtsberg, Ezwickau, Thierstein, Moldorf, Elsterberg, Wesenberg, Plone, Falckenstein, Pla-
weniz nicht nur mit König Wenzeln in Böhmen und andern Fürsten und Herren durch
seinen Amtmann zu Voigtsberg, Conr. von
Pechau, an. 1412. ein Bündniß machte, d)
sondern solche auch an. 1422. mit Schöneck,
Myla, und Sparnberg, so vom Kaiser Sigismund an ihn und seine Herren Vettern
versetzet wurden, vermehrte, e) belehnte mit
Einwilligung gedachter seiner Hrn. Vettern
im Jahr 1436., nach dem Lehn-Briefe No.
VI., Ulrich und Nicol die Säcke mit dem
Schloß und Städtgen Muhltrof, welches an
dieselben ware verpfändet gewesen, und behiel-
C 2   te

c) *Horn* l. c. p. 121. sq. et 931. sq. wo er meldet,
daß sie mit 24000 Rfl. abgefunden worden.
d) *Horn* l. c. p. 776. sq.
e) das Apl. beym *Horn* l. c. p. 859. sq. et 862. sq.

te sich daran nur die Oberbothmäßigkeit, Oef=
nung und Ritter=Lehen vor, nach dessen Tode
sie, wie die von Dohna auf Auerbach, die
Schlicken zu Schöneck, nebst Myla, Voigts=
berg, Oelsniz, Adorf, an. 1445. an Churfürst
Friedrich den sanftmüthigen kamen.f)

§. 7.

An die Er= Ob nun wohl die Herren Voigte, welche
nestinische indessen vom Kaiser Sigmund an. 1426. die
oder ältere Burggräfl. und Fürstl. Würde erhalten hat=
Linie des ten g), insonderheit Hrn. Henr. II. und III.
Durchl. Burggrafen zu Meissen, Grafen zu Hartenstein
Hauses und Hrn. von Plauen an Mühltrof wieder An=
Sachsen. spruch machten, und sich bemüheten, diese
Herrschaft, nebst Oelsniz, Voigtsberg und
Adorf wieder zu erlangen, darum auch durch
den ganzen Hußiten=Krieg und länger mit
den Hrn. Landgrafen in Thüringen und Marg=
grafen zu Meissen stritten, h) wesgegen, wie
schon gedacht, dieser Anspruch bey dem Ege=
rischen Haupt=Vergleiche vom Jahre 1459.
auf besondere Erörterung ausgesetzt wurde; i)
so

---

f) *Müller* annal. p. 24. et dipl. ap. *Longol.* l. c. P. II.
   p. 50.
g) Die Urkunde ist zu lesen bey gedachten Hrn.
   Longol. in Nachr. P. IV. p. 415. sq.
h) *Beckler* Stamm=Tafel p. 65. 66.
i) Wo es unter andern heisset: von Hr. Hein=
   richs von Plauen wegen, der auch zu unserm
   lieben Schwehern von Sachsen, als von Voigts=
   berg.

ſo bliebe doch Mühltrof, nebſt Voigtberg und Oelsniz, k) weil noch dazu Plauen l) im folgenden Jahre 1460. von Ernſt und Albrecht Herzogen zu Sachſen durch Waffen den Herren Voigten abgenommen wurde, nebſt andern ehedem Böhmiſchen Lehen, die ſie als Afterlehen, nach gedachtem Vergleich, von der Hand leihen durfften, m) bey dem Durchl.

C 3 Hauſe

berg, Oelsniz und Muhlendorf wegen Anſprache vermeint zu haben, iſt durch uns beteidinget, das Recht aber und der von Plawen obgenannt wil ihme zwiſchen hier und Weynachten nechſtkünfftig von der Forderunge wegen ſolcher obgenannten Schloß ein Bedencken haben, desgleichen unſere Schwehere von Sachſen auch thun wollen rc. rc. *Longol.* Nachr. P. II. p. 46. ſq.

k) Wie denn Ernſt und Albrecht Herzoge zu Sachſen an. 1464. die geiſtlichen in der Pflege Voigtsberg confirmiret, wovon des mehrern Reinhard de iure circa sacra ante Reform. p. 268. übrigens aber anzumerken, daß, weil man erkannt, daß Voigtsberg und Oelsniz Reichs-Lehen, man dieſelben in der zwiſchen Sachſen und Böhmen an. 1482. anderweit geſchloſſenen Erbeinigung, die man unter andern beym Hr. *Longol.* l. c. P. II. p. 33. ſq. findet, aus dem Lehens-Nexu loßgelaſſen. *Schoettgen* inuent. dipl. Vorrede §. 23.

l) Man kan davon des mehrern nachſehen, auſſer dem *Fabricius*, *Albinus*, *Reuſner*, *Riuander*, die annales vetera Cell. bey *Mencken* Script. rer. Sax. T. II; p. 429. *Berkler* ſtemm. p. 65. und *Koerber* l. c. p. 68,

m) *Longol.* l. c. P. I. p. 51.

Hause Sachsen, insonderheit aber bey der
Ernestinischen oder ältern Linie; massen nach
dem Haupt-Theilungs-Recesse de an. 1485.
Albert, als der jüngere, Meissen erwählete,
mithin Churfürst Ernst Thüringen, und mit
solchen Muhldorf oder Mulndorf, so damahls
Albrecht, Caspar und Hanns die Säcke besassen, bekame. n)

§. 8.

Nach der Zeit ist auf Mühltrof weiter
kein Anspruch gemacht worden, biß auf die
unglückliche Schlacht Churfürst Johann Friedrichs zu Sachsen, Ernestinischer Linie, bey
Mühlberg im Jahr 1547. Denn da wurden,
nach geschehener Achts-Erklärung, die Voigtländischen, biß hieher Chur-Sächßl. Herrschaften, die ehedem die Herrn Voigte besessen hatten, als Plaun, Pausa, Voigtsberg,
Oelsniz, Adorf, Neukirchen, Schöneck, nach
vorhero von Herzog und nachherigen Churfürst Moriz erfolgter Renunciation o) Hrn.
Heinrich V. Burggrafen zu Meissen, des Kö-
nigreichs Böhmen Obristen Kanzler, welcher
zu Plauen seine Canzlei und Consistorium
anlegte, auch daselbst in der Kirche begraben
lieget.

Wieder an die Herren Burggrafen in Meissen, insonderheit an Henrich V. Böhml. Obristen Canzlar.

n) Man findet solchen beym Glafei Kern
Sächßl. Geschichte in Beylagen No. I. p. 790.
sq. et 809. nach der neuesten Ausgabe, Nürnberg 1753. 4to.

o) *Griebner* diss. de subfeud. imper. p. 27 sq.

lieget, durch Kaiſer Carl V. wieder eingeräu-
met. p) Daß aber damahln Mühltrof mit unter die Lehns-Herrlichkeit gedachter Herren
Burggrafen gekommen ſey, zeiget nicht nur die
allgemeine Beſchaffenheit des ganzen Voigtlandes ſelbiger Zeit, ſondern auch inſonderheit
die Belehnung Hrn. Otto von Bodenhauſen vom Churfürſt Joh. George I. zu Sachſen de dato Dresden den 7. Nov. 1626. in
welcher Mühltrof eben ſo verliehen wird, wie
es ehedem von den Chur- und Fürſten zu Sachſen, auch Burggrafen zu Meiſſen zur Lehen
hergebracht.

§. 9.

Nachdem aber die Hrn. Söhne deſſelben,
nämlich Heinrich VI. und VII. mit welchen
die alte Plauiſche oder Burggräfl. Linie der
Herren Voigte an. 1572. ausgienge, Plauen
und andere obbemeldete Herrſchaften an. 1559.
an Churfürſt Auguſtum zu Sachſen, Alber-
tiniſchen Stammes, anfänglich um 60000. fl.
verſetzten, und denn ſolche, gegen Nachtrag
von 17142. fl. 18. gl. im Jahre 1569. erblich
überlieſſen q); ſo kame auch Mühltrof auf ſolche
C 4　　　　　maſſe

An die jün-
gere oder
Albertini-
ſche Chur-
Linie des
Durchl.
Hauſes
Sachſen.

---

p) *Büchner* erl. Voigtl. p. 261. ſq. und mehrere
　　beym Hr. Rect. *Longol.* l. c. P. I. p. 329. not. 51.

q) Man kan davon nachleſen Becker Stamm-
　　Tafel p. 145. 236. *Weck* Dresdner Chron. p. 134.
　　Planer hiſt. Var. p. 100. *Büchner* l. c. p. 204. und
　　Longol. l. c. desgl. Körber Nachr. p. 69.

maſſe nebſt andern an das Durchl. Haus
Sachſen Albertiniſcher Linie. r) Ob nun wohl
das Hochfürſtl. Haus Sachſen = Zeiz, nach
Churfürſt Joh. Georg I. Teſtament de an.
1652. s) das Voigtland unter andern m t zu
ſeiner Erblandes=Portion bekame; ſo bliebe
doch Mühltrof, weil es ſchrifftſäßig iſt, nach
dem freundbrüderlichen Haupt = Vergleiche
vom Jahre 1657. t) unmittelbar unter der
Chur Sachſen, u) und ſtehet noch unter der O=
berbotmäßigkeit und dem Schutze dieſes Kö=
nigl. und Chur-Fürſtl. glorwürdigſten Hau=
ſes, welches bis an das Ende der Tage blü=
hen möge, und welches das Voigtland, nebſt
andern, von der Crone Böhmen noch zur
Lehen nimmt. w)

§. 10.

r) Wobey anzumerken, daß die Hochfürſtl. Häuſer
SachſenWeimar und Altenburg an. 1598. vom
Kaiſer Rudolph II. auf die 4 Voigtländiſchen
Aemter zur geſammten Hand mit belehnet wor=
den. *Müller* annal. p. 222.
s) So zu finden beym *Glafei* l. c. in Beyl. No. IX.
p. m. 1041. ſq. und andern, welche benennet
Schoettgen inuent. dipl. p. 690.
t) Beym *Glafei* l. c. No. X. p. 1060. ed. nou. und
mehrern nach *Schoettgen* l. c. p. 696.
u) Der Matricular Anſchlag des Churhauſſes
Sachſſen wegen der Hälffte vom Voigtland be=
trägt 304 fl.; die Hr. Grafen Reuſſen aber ge=
ben zu einen Römer = Monate 88. fl. zu einem
Kammer=Zieler 59. Rthl. 54. und ein drittel
Kreuzer.
w) Wovon *Stryck* im Lehn=Rechte, im Anhange
No. II. p. m. 348. ſq. ed. germ. *Müller* annal.
p. 573.

§. 10.

Wir haben §. 6. ſchon erinnert, daß Ulrich und Nicol die Säcke im Jahr 1436. vom Marggraf Friedrich *VI.* in Meiſſen mit dem Schloſſe Mühltrof und deſſen Zugehörungen beliehen worden ſind.   Wo dieſe Familie herſtamme, und ob die Freyherren von Sacken in Curland mit ſelbiger einerley Urſprung haben, können wir nicht ſagen. x)   So viel aber wiſſen wir, daß ſie nicht nur ſehr alt, y) ſondern · auch überaus begütert geweſen, indem ſolche auſſer Mühltrof noch Sparnberg, Geilsdorf, Tirbel, Pirck, Schwand, Krebes, Monchberg, Waldſtein, Sparneck, Planſchwiz, und mehr

Lehns- und Gerichts-Herren die Edlen Säcke von 1436. biß 1591.

p. 573. *Bilderbeck Teutſcher Reichs-Staat,* wobey zu vergleichen, was Schöttgen hierüber anmerket im angeführten *inuent. dipl.* in der Vorrede §. 19. ſq.

x) Hr. Rect. *Longolius* in Nachr. P. I. p. 233. ſq. und P. VI. p. 332. glaubt, daß das im Voigtlande gelegene Sachsgrün das Stamm-Haus dieſer Familie, und von ihr alſo benennet, deßwegen auch Sacksgrün zu ſchreiben ſey. Wir überlaſſen dieſes der Unterſuchung anderer, können aber, ſo hoch wir auch ſeine Verdienſte um die Geſchichte ſchätzen, dabey nicht bergen, daß verſchiedenes dargegen, inſonderheit was das über die Zeiten der im X. Saec. hier ſich niederlaſſenden Sachſen hinaufſteigende Alterthum benannten Ortes und Geſchlechts betrifft, vielleicht nicht ohne Grund zu erinnern wäre.

y) cf. *Longolii* Unterſuch. von Mönchberg §. 11.

mehrere Lehne befeffen, z) auch bereits im
Jahr 1143. in hiefiger Gegend berühmt und
angefehen ware. a) Sie ftunden bey den Landgrafen in Thüringen und Marggrafen zu Meiffen und Brandenburg, den Chur- und Fürften
zu Sachfen in fonderbaren Gnaden, begleite-
ten folche auf ihren Reifen ins gelobte Land, b)
fchrieben fich fchon an. 1206. Ritter, und
Kaifer Carl V. ertheilte an. 1532. Hanns und
Caspar Gebrüdern zu Mühldrof vor fich und
ihre Nachkommen die Benennung der Edelen. c)
Ihre Lehn-Güter, fo viel deren unter Marggräfl. Brandenburgl. Hoheit lagen, kamen,
nachdem zwifchen den Durchl. Häufern Sachfen und Brandenburg im Jahre 1524. ver-
glichenen Taufche, d) mehrentheils unter Chur-
Sächfl. Oberbothmäßigkeit. Diefes Ge-
fchlechte, von welchen jede Perfon, fo viel nur
die Mühltrofifche Linie betrifft, infonderheit
zu befchreiben zu weitläufftig und unfern Ab-
fichten,

z) Man fehe Hr. *Longol.* Nachr. P. I. p. 230. fq.
P. IV. p. 430. P. VI. p. 331. *Beckler* Stemm. p.
485.

a) Nach einer Urkunde beym **Körber** in Nachr.
p. 122.

b) Als Caspar an. 1474. Herzog Albrechten, und
Hanns an. 1493. Churfürft Friedrich den wei-
fen, nach **Müllern** in annal. p. 42. et 56.

c) Wovon Christoph Roft in dem Lebenslauffe
Hanns Balthafar Edlen Sacks, fo deffen Leichen-Predigt angehänget 1591.

d) Beym Hr. Rect. *Longol.* l. c. P. I. p. 215. fq. et
233.

Ulrich Sack auf Mühltrof an. 1436.	Nicol Sack auf Mühltrof an. 1436.

Ulrich Sack, Ritter, auf Mühltrof an. 1485.

Albrecht auf Mühltrof an. 1485.	Caspar Edler Sack, auf Mühltrof, † 1536.	Hanns Edler Sack, auf Mühltrof, † 1546. Gem. 1) Ulrich Sacks nachgelassene Witbe, 2) Brigitta von Mersch aus dem Hause Schönfeld; von welcher

Euphrosine nebst noch 2. Töchtern.	Balthasar Edler Sack, auf Mühltrof, † 6. May 1552. æt. 26. Gem. Catharina, Heinrich von Bünau auf Droisig Tochter, verm. an. 1552. verheurathet sich wieder an Rudolpph von Bünau auf Elsterberg und Christgrün.

Hanns Balthasar Edler Sack auf Mühltrof, der lezte seines Stammes, geb. 1551. übernahme Mühltrof an. 1574. † 1591. ohne Erben, æt. 40. Gem. 1) Anna von Einsiedel, verm. an. 1574. † 11. Nov. 1582. 2) Margaretha von Waldenfels, verm. 1583. Witbe 1591. verheurathet sich wieder an. 1595. an Volrath von Wazdorf zu Reuth.

sichten entgegen seyn würde, hat die Herrschaft Mühltrof innen gehabt vom Jahre
1436. ∗ biß 1591. da es mit Hanns Balthasar Edlen Sack ausgienge, welcher als
der letzte seines Hauses und ganzen Stammes
den 27. Mart. benannten Jahres ohne Erben
und Lehns-Folger allhier im 40sten Jahre seines Alters starbe, ob er wohl zweymahl vermählt gewesen, als an Anna von Einsiedel, e) eine

e) Ihr Epitaphium findet man noch im Vorhause
hiesiger Kirche, nebst folgender von M. **Carl
Wolf**, Burggräfl. Hof-Prediger zu Schlaitz,
von welchen *Beckler* Stemm. p. 244. verfertig-
ten schönen Aufschrift:

ANNA sub hoc saxo SACCI pia nobilis vxor
    Einsidelorum semine creta cubat.
Tres menses et lustra duo messesque bis octo
    Vixit, vt in terris regna beata petit.
Sacra thori pure coluit bis quattuor annis,
    Edidit at generis pignora nulla sui.
Mente DEVM tota venerata est, sponte marito,
    Ceu pia scripta docent, obsequiosa fuit.
Casta pudicitiae decus obseruauit, et vnum
    Id mundi regnis omnibus ante tulit.
Iam sedet in caelis sanctas heroides inter,
    Aeternum celebrans voce sona ante DEVM.

Aus welchen Hause sie gewesen, ist nicht bekannt. Sonsten sind von der uralten und
höchstverdienten Familie der von Einsiedel,
davon eine Branche in der Person Ihro des Kön.
Pohln. und Churfürstl. Sächßl. hochbestallten
ersten Hof-Marschalls, Herrn Hanns George
Grafen von Einsiedel Excell. in Grafen-Stand
erho-

ne fromme und tugendhafte Dame, welche
den 17. Nov. an. 1582. in 26sten Jahre ihres
Alters gestorben, und dann an Margarethen
von Waldenfels, eine Tochter Philipp von
Waldenfels auf Tirbach und Lichtenberg, den
18. Nov. 1583. welche sich wieder an Voll-
rathen von Waxdorf zu Reuth im Jahre
1595. verheurathet.

§. 11.

Die von Schön-berg.

Nach Abgang der Edlen Säcke ohne Leibes-Erben und Mitbelehnte fiele die Herrschaft Mühltrof als ein offenes Lehen an die
Ober-Lehnsherren das Durchl. Haus Sachsen, welches selbige an die von Schönberg f)
und

erhoben worden, ausser *Rechenberg* de nobilit.
Misn. litter. Sect. III. §. 17. mehrere nachzule-
sen, welche Hr. *Kreysig* benennet in der Obers
Sächsl. Biblioth. P. I. p. 325.

f) Diese berühmte und uralte Familie soll ur-
sprünglich aus Italien oder Graubündten
stammen, und sich Belmonte, Belmont,
Beaumont, dergleichen man noch in Italien und Franckreich findet, geschrieben,
als sie sich aber in Teutschland niedergelassen,
den Teutschen Namen Schönberg angenommen haben. Sie kan Herzoge, nemlich die
von Schomberg, Grafen und eine Menge
höchstverdienter Männer aufweisen, und blühet noch im Rheinischen Creyße und in Meißen.
Ob die von Schaumberg darzu gehören, ist
hier nicht zu erörtern. Man kan davon, ausser

und Lindemann verſchenkte, die es im Jahre 1592. an Heinrich von Schönberg auf Weiß- bach, deſſen Gemahlin Urſula von Spiegel ware, verkaufften.

§. 12.

Heinrich von Schönberg, welcher mit den Unterthanen, und inſonderheit dem Rathe zu Mühltrof harte Streitigkeiten hatte, beſaſſe es nicht länger als 8. Jahr, indem er ſolches wieder an Curt oder Conrad von Mandelslo g) auf Krackendorf, in der Herrſchaft Blancken- hain im Jahr 1601., dieſer aber den 30. Dec. an. 1603. an ſeinen Vetter, Melchior von Bodenhauſen, um 60000. Fl. durch Pauſch und Bogen verkauffte.

Die von Mandels- lo.

§. 13.

Dieſes uralte Geſchlechte der von Boden- hauſen ſtammet, wie die ihm eigenen und in hieſigen Gegenden ungewöhnlichen Namen, Otto, Bodo, Ordomar, Kraft, Wilka, Mel- chior, ſogleich anzeigen, urſprünglich aus Nieder-Sachſen, inſonderheit aus dem Braun- ſchweigiſchen, und hat, wie der meiſte Teut- ſche

Die von Boden- hauſen von 1603. bis hieher.

ſer den Adels-Lexicis, vornemlich nachſehen *Sagittar.* in ſplendore familiae Schoenbergicæ und andere bey Hr. Kreyſig Hiſt. Biblioth. P. I. p. 366. ſq.

g) Von dieſem Geſchlechte iſt nachzuſehen Herr Kreyſig im angeführten Orte p. 346.

sche Adel, seinen Namen von einem gewissen
Orte, h) nämlich dem Schlosse Bodenhausen

in

h) Man kan davon vergleichen eine eigene Abhandlung in Dresdner gelehrten Anzeigen vom
Jahre 1754. und mehrere, welche angeführet
werden vom Hrn. *Longol.* in Nachr. P. VI. p.
334. Also findet man insonderheit im Voigtlande die theils erloschene theils noch blühen-
de Geschlechter der von Milen oder Mylä,
von der Plone, von Sparnberg, von Kotzo-
we oder Kozau, von Hirzperch oder Hirschberg, von Wiedersperch, von Sparneck, von
Machwiz, von Raschouwe oder Raschau, von
Feylez, Veilez oder Feilitzsch, von der Oelsniz, von Gailsdorf, von Dobeneck, von Döh-
len, von Posseck, von Selbiz, von Techwiz, von
Reizenstein, von Czedwiz oder Zettwiz, von
Herrmannsgrün, von Neuendorf, von Blan-
ckenberg und mehtere, welche alle ihre Namen von gewissen in diesen Creyße gelegenen
Orten und Gütern erhalten haben, mit welchen sie zu Belohnung ihrer Ritter- und anderer Dienste, nach damahliger Verfassung,
von den Landes-Fürsten sind beliehen und davon benennet worden. Dieses ist der wahre
Ursprung des Teutschen Adels und des Wört-
gen von. Man kan davon des mehrern nachsehen des berühmten Hr. Prof. Carl Ferdin.
Hommels in Leipzig oblectam. iur. feud. Sect.
II. obs. X. vom hohen und niedern Adel in
Teutschland, des gel. Hr. Hofrath Scheid eigene Abhandlung, und wohlgedachten Hrn.
Prof. Hommel von Ursprung des niedern A-
dels in Teutschland, so zu finden in den
Samml. einiger Stücke der Gesellschafft der
freyen

in Nieder-Hessen an den Braunschweigischen
Gränzen, von welchen die alten Ueberbleibsel
noch zu sehen sind, wiewohl auch, als welches
nicht ungewöhnlich, gedachtes Schloß kan
von ihnen erbauet und also benennet worden
seyn.   Diese Familie, i) deren Ursprung sich
in der Dunkelheit der Zeiten verlieret, ist eine
der allerältesten und berühmtesten in Teutschland, indem sie sich schon zu Zeiten Kaiser
Friedrich des Rothbarts, und, wie in dem
von

freyen Künste in Leipzig P. II. 1755. von dem
Adel der alten Teutschen aber des ber. Hrn.
Hofrath und ordinar. Gebauers in Göttingen
Schrifft: de nobilitate vet. Germ. und end-
lich von der Ehre und den Verdiensten des
Sächßl. Adels, nämlich in den Voigtländischen
Creyßen den seel. Hrn. Rath Böchner in der
Vorrede, so er dem dritten Theile von Kö-
nigs Adels-Historie vorgesetzt hat.

i) Man kan, ausser Bucelini, Spangenberg,
Spener, Gauhen, König und andern davon
insonderheit mehr Nachricht finden beym
Schurzfleisth in allocut. academ. CXXX. ad
Cun. Ordoin. de Bodenhausen p. 160. sq. in Hr.
M. Gottfried Hermanns vortreff. Stand-Re-
de auf Hanns Heinrich von Bodenhausen auf
Burg- und Neukemniz, Brobau und Städten,
zu Altzeshiz, und in M. Io. Frid. Brunneri mo-
numento memoriae Kraftii Burcardi a Bodenhausen cum programm. Io. Guil. de Berger, Vit.
1726. fol. desgleichen in Sinapii Schlesischen
Curiositäten P. II. p. 317. Was aber Gauhe
und das Vniuersal-Lexicon von dieser Familie
melden, ist sehr fehlerhaft und unrichtig.

von Kaiser Leopold an. 1669. Hr. Frantz Wilcka von Bodenhausen ertheilten Frey-herrl. Diplomate gemeldet wird, seit 600. Jahren verdient gemacht hat, auch mit vielen Bischöffen, hohen Staats- und Kriegs-Be-dienten prangen kan.　Sie hat sich ehedem in Preußen, k) denn in Hessen, Sachsen, Meiß-sen, Thüringen und Voigtland ausgebreitet, wovon wir nur die Häuser Nieder-Gandern, nebst Radis und Burg-Chemniz nennen wol-len, und wird in die Freyherrl. und Ade-liche Linie abgetheilet.　Zu erster gehö-ren die Häuser Arnstein in Hessen, so nun-mehro erloschen, und Mühltrof im Voigtlan-de, welche wiederum mit vornehmen und gros-sen Häusern sich verschwägert, als mit denen Herren Grafen Reuß, von Leiningen, Tätten-bach, Calenberg, Schönburg, Wattenberg, Brandenstein, desgleichen den Freyherrl. Ge-schlechtern derer von Rheden, Plotho, Münch-hausen, Stein, Reisewiz, und andern mehr, wie im Verfolge dieser Nachrichten, und in der solchen angehängten Geschlechts-Folge, weitläufftiger soll gezeiget werden.

§. 13.

Melchior
v. Boden-
hausen
von 1603.
biß 1621.

Herr Melchior von Bodenhausen kauf-te, wie oben gedacht, Mühltrof zuerst an sich und

k) Wie denn Henr. von Bodenhausen an. 1572. Hoch-Teutsch-Meister in Preußen gewesen, wie *Gryphius* meldet von Ritter-Orden.

von Br Zeit an,

L

Gem. N
Wilcka
Arnst
Gem. 1

r von Bode
Mühltrof un
3. 1558. Chui

und seine Familie. Er ware ein Sohn Wilckens von Bodenhausen auf Gleichen- und Arnstein, Almen und Brackenberg, und Walpords von Meschede auf Almen, deren Mutter eine gebohrne von Kettler auf Hoystadt ware. Er wurde gebohren zu Arnstein den 1. Aug. 1558. studierte etliche Jahr zu Jena und zu Helmstädt, und diente dem König Philipp II. in Spanien unter dem Don Juan ab Austria in Niederlanden als Freywilliger. Hierauf begab er sich nach Hause, und vermählte sich an. 1589. mit Elisabetha von Berlepsch, einer Tochter Hannsen von Berlepsch auf Bühla, Erbkämmerers in Hessen und Landgräfl. geheimden Raths, und Annen von Berlepsch, einer gebohrnen von Rietesel, auf Essebach. Er ware sehr reich, indem er, ausser den väterlichen Gütern, nicht nur Mühltrof und Leubnitz um eine grosse Summe Geldes ankaufte, sondern auch 3. Theile der Herrschaft Blanckenhain, l) ferner Leutenberg, das Gräfl.

---

l) so an. 1598. von Graf Wolraben von Gleichen an ihn um 31000. Fl. auf 12. Jahre wiederkäuflich versetzt wurde. *Müller* annal. p. 222. Weswegen er seinen Verkäufer, Conrad von Mandelslo an diese ihm verpfändete Herrschaft mit anwiese, welche, nach dem an. 1631. erfolgten gänzlichen Abgang der Grafen von Gleichen die Herren Grafen von Hazfeld, an die sie durch Erb-Recht gefallen ware, an. 1662. von den Mandelsloischen Erben einlöseten. *Müller* annal. p. 449.

D

Gräfl. Hohensteinische Schloß Nora, und das
Churfürstl. Sächßl. Amt Pausa Pfands-weise
innen hatte und brauchte.   Was aber seine
persönliche Eigenschaften betrift; so besasse er
viele Einsichten und Verstand, dergestalt, daß
er von Fürstl. und Gräfl. Personen in wichtigen Angelegenheiten zu Rathe gezogen, ihm
auch ansehnliche Bedienungen angetragen wurden, die er aber aus Liebe zur Ruhe ausschluge.   Ubrigens ware er zwar sehr ernsthaft, dabey aber doch von vieler Menschen-Liebe, indem er seinen Unterthanen auf alle Weise,
auch durch Getraide, so er ihnen um einen
wohlfeilen Preiß borgte, halfe, Arme speisete
und tränkete, Kranke aus seiner Küche und
Keller erquickete, Kirchen bauete und zierte,
nicht nur zu Arnstein, sondern auch zu Mühltrof Hospitäler mit vielen Kosten anlegte und
stifftete, und sich überhaupt als einen thätigen
Christen erwiese, so daß sein Andenken durch
dergleichen milde Stifftungen verewiget, immer noch in Seegen blühet.   Wegen seiner
aufrichtigen Gottesfurcht giebt ihm der damahlige Superintendens in Plauen, und
nachheriger Ober-Hofprediger in Dresden,
D. Hoe von Hocnegg, dieses schöne Zeugniß: m) „ Daß sie (nämlich er und seine
„ Gemahlin) alten Teutschen aufrichtigen
redli-

m) in der Zuschrift seiner Predigt über den 1sten
Psalm zu Dresden, in der Hof-Kirche gehalten
und gedruckt zu Leipzig an. 1625. 8vo.

redlichen Gemüths gewesen, und einen recht „
grossen beharrlichen Eifer gegen GOtt und „
die reine wahre Evangelische Religion ge- „
tragen: in Wahrheit den Ruhm mit sich „
unter die Erde gebracht, daß sie nit gewan- „
delt im Rath der gottlosen; daß sie nit ge- „
treten auf den Weg der Sünder, noch ge- „
sessen, da die Spötter sitzen, sondern ihre Lust „
gehabt am Gesetze des HErrn, und von seinem „
Gesetze gerne geredet und gehöret Tag und „
Nacht.   Dahero sie auch GOtt so reich- „
lich gesegnet, und zu allen ihren Thun Glück „
und Seegen verliehen habe. „   Und er
erreichte in der That das Ziel einer ausneh-
menden Glückseeligkeit nicht nur überhaupt in
leiblichen Gütern, die er zur Ehre GOttes
und zum Wohl des Nächsten, als zu ihrer wahren Bestimmung, anwendete, sondern auch
insonderheit an seinen Kindern, deren er 9.
zeugete, von welchen aber nur viere leben blieben, als Otto, der Mühltrof und Leubniz bekame,
Helena, welche an. 1616. an Christoph Earln,
Grafen von Brandenstein, n) auf Oppurg,
D 2   Grunau,

n) Von den sehr merckwürdigen Schicksalen dieses
   Grafen sehe man unter andern des niehrern
   Hr. M. *Stemler* in Pago Orla p. 85. sq. welcher
   jedoch sowohl als *Gaube* im Adels-Lexico p. m.
   177. in dessen Nachkommenschaft zu verbessern
   ist, indem noch ein Sohn von ihm, nämlich
   Graf Gustav von Brandenstein auf Oppurg,
   Knau rc. an. 1653. als ein Tauf-Zeuge Wil-
                                    cens

Grunau, Knau ꝛc. damahln Churfürstl.
Sächßl. Cammer- und Berg-Rath, nachhero
Königl. Schwedischen General und Gesand-
ten; Susanna, die an Wolfgang Edlen von
Plotho o) Freyherr zu Engelmünster, auf Pa-
rey

ckens von Bobenhausen in hiesigen Kirchen-
Buche, auch in andern hiesigen Nachrichten und
Actis vorkommt. Sonsten ist noch anzumerken, daß dieses Grafen Christoph Carls von
Brandenstein Gemahlin und Kinder im Westphälischen Frieden als restituendi eingeschlos-
sen worden, wovon man den Osnabrügl. Frie-
dens-Schluß p. m. 10. nachsehen kan, von der
überaus alten und ansehnlichen Brandenstei-
nischen Familie aber, auffer *Rechenberg* de nobilit. litter. Misn. Sect. II. III. andere bey Hr.
Kreysig in der Hist. Biblioth. P. I. p. 317.

o) Dieser Wolfgang wurde an. 1643. vom Kaiser Ferdinand in des Reichs Edlen Panner
und Freyherrl. Stand erhoben, davon das
dipl. de dato Wien den 13. Sept. d. ac. beym
Beckmann in der Anhalt. Hist. VII. p. 246. und
Lünig spicileg. sec. II. p. 1791. Sonsten ist
noch als etwas besonders anzumerken, daß
dieses vornehme Geschlechte, so sich sonderlich
im Herzogthum Magdeburg und im Anhalti-
schen ausgebreitet, auch immer reich und ansehnlich gewesen, sich ehedem, wie mehrere
alte Adel. Häuser, von GOttes Gnaden geschrieben, wovon des mehrern nachzusehen des
ehemähligen Kanzlers von *Ludwig* Hällische
gelehrte Anzeigen und desselben reliqu. Mscr.
T. I. praef. §. 152. sq. not. 21. 22. Insonderheit
Hr. Consist. Rath **Löber** de Burggrau. Orlamund. p. 75. sq. Mehr Schriftsteller von diesem

rey, Zerben, Weissand und Ringfurdt, auch
Inhaber des Klosters Gerbstädt an. 1623. ver=
vermählt wurde, und Albrecht Wilcka, wel=
cher Arnstein erhielte, und als Braunschweig=
Lüneburgischer Hof=Meister zu Zelle den 27.
Sept. an. 1634. zu Hildesheim verstarbe,
den 11. Apr. 1636. aber allhier zu Mühltrof
begraben wurde. Melchiors Gemahlin ver=
fiele den 5. Jun. 1623. er selbst aber den 22.
Apr. 1624. bey seiner Frau Tochter zu Parey,
und wurde in sein Erbbegräbnis nach Mühl=
trof gebracht. p) Ihm folgete

§. 15.

Sein Herr Sohn, Otto, Hochfürstl. Hr. Otto
Brandenburg = Baireuthischer Geheimder von Bo=
Rath und Landes=Hauptmann zum Hof. Er denhau=
ware gebohren den 4. Nov. 1596. zu Arnstein, sen von
besuchte, nach genossener Privat=Unterweisung, 1621. biß
die Schulen zu Neustadt an der Orta, zu Hal= 1644.
le, zu Plauen, wo er nebst seinem Hof=Mei=
ster zu dem damahligen Superintendent D.
Hoe von Hoenegg in das Haus, Kost und
Aufsicht gethan wurde, endlich aber das Gy=
mnasium zu Gera, von dar er, wegen seiner

D 3   gros=

sem Geschlechte führet an Hr. Kreyßig l. c.
p. 356.
p) Mehr Nachricht von ihm findet man in Nicol.
Olearii, Pfarrers zu Mühltrof, christlichen
Lebens= und Sterbens=Kunst, Mühltrof 1624.
4to.

groſſen Fähigkeit, im 16. Jahre ſeines Alters
mit ſeinem Hof-Meiſter und zweyen Hrn. von
Alvensleben auf die hohe Schule nach Straß-
burg ſich begabe, daſelbſt 2. Jahre in Wiſſen-
ſchaften q) ſo wohl als adel- und rittermäßigen Exerciciis ſich übte, denn in eben der Geſellſchaft, um ſich vollkommener zu machen,
nach Frankreich gienge, und, nach einiger
Zeit, durch die Niederlande wieder nach Hauſe kehrete.   Weil er aber mit mehr Nutzen
und Beobachtungen r) reiſen wollte, gienge er
mit Erlaubniß ſeiner Eltern, zum 2ten mahle
nach Franckreich, wurde daſelbſt, wegen ſeiner Geſchicklichkeit und guten Eigenſchaften,
mit vielen Fürſtl. und Gräfl. Perſonen bekannt, wodurch es denn geſchahe, daß er, ſeiner

q) Von gelehrten Edelleuten ſehe man Leſſers Le-
    ben D. Henr. von Bilen, Nordhauſen 1748. und
    in der Abhandlung, daß die Gelahrtheit ei-
    nen Cavallier eben ſo wohl als die Kriegs-
    Dienſte zieren, eben daſelbſt 1748. Gebauer
    und Wahl progr. von Adel. Perſonen, welche
    den academiſchen Gradum angenommen. Meh-
    rere, die davon gehandelt, findet man ange-
    führt vom Hrn. Rath Jugler in Biblioth. litter.
    T. I. p. 711. ſq. und in der Berlin. Biblioth.
    T. II. p. 557.
r) Von gelehrten Reiſen, deren Nutzen und nöthi-
    gen Beſchaffenheit ſind nachzuleſen der ber.
    Hr. D. Heumann Conſp. reipubl. litter. C. VII.
    §. 33. p. m. 473. ſq. Rath Jugler l. c. p. 748.
    und der Herr Graf d'Argens eſprit du
    ſiécle.

ner Weigerung ungeachtet, vom Herzog Joh.
Ernſt zu Weimar, an deſſen Hofe er ſich viele Hochachtung erworben hatte, genöthiget
wurde, ſeine Herren Brüder, Herzog Wilhelm und Friedrich an. 1617. alſo im 22ſten
Jahre ſeines Alters, auf Reiſen als Hof-Meiſter zu führen, mit welchen er auch Frankreich,
Engelland und die Niederlande ſahe, und ſolche zum Vergnügen ſeines Herrn geſund wieder nach Hauſe brachte. Ohnerachtet ihm
nun die Hof-Marſchall Stelle und eine Com-
pagnie unter dem Leib-Regimente zu Vergel-
tung ſeiner Dienſte angetragen wurde; ſo muſte er doch ſolches, weil ihn der Churfürſt ab-
ruffte, abſchlagen. Hierauf wendete er ſich
nach Hauſe, nahm an. 1621. die väterlichen
Güter Mühltrof und Leubniz an, die ihm zu-
getheilet wurden, vermählte ſich dem 4. Sept.
1622. zu Magdeburg mit Eliſabetha von
Behr, einer Tochter Franz von Behr, auf
Bandelin in Pommern, Fürſtl. Braunſchwei-
giſchen geheimden Raths und Hauptmanns
zu Grüningen, deſſen Gemahlin eine von Jaſ-
mund ware. Als er bey Gelegenheit des 30-
jährigen Krieges an. 1636. nach Culmbach
mit ſeiner Familie flüchtete, ſo wurden ſeine
Verdienſte dem damahligen Hrn. Marggrafen Chriſtian dergeſtalt bekannt, daß er ihm
die Landes-Hauptmannſchaft zu Hof nebſt der
Würde eines geheimden Raths antruge, die
er, nach langen Widerſtande, an. 1639. annahme, ſolche mit vielem Ruhme verwaltete,

auch

auch die ihm aufgetragenen Angelegenheiten
und Versendungen in dem Dienste seines
Herrn zu dessen Zufriedenheit endete; überhaupt aber in seinen Handlungen vielen Verstand, Erfahrung, Geschicklichkeit und iudicium erwiese.   Sonsten ware er ein eifriger
und aufrichtiger Verehrer GOttes, ein Freund
der Diener desselben, der die geistlichen Aemter mit tüchtigen, geschickten und frommen
Personen, ohne eigennützige und verwerf-
liche Absichten besetzte, bey damahligen
betrübten Zeiten des 30jährigen Krieges als
einen wahren Vater seiner Unterthanen, die
er unterstützte, und ihre Noth auf eine thätige
Art durch Hülfe und Wohlthaten ihnen er-
träglich machte, sich bezeigte, auch durch milde Stifftungen, wie unten soll berühret werden, sein Gedächtniß bey GOtt und Menschen
in Seegen setzte, wobey er ein Feind alles La-
sters und insonderheit der Völlerey ware.
Von seiner Gottseeligkeit rühmet abermahln
der schon gedachte D. Hoe: s) „Daß er sich
„ offt erinnere, als er selbst eine Zeitlang bey
„ ihm in der Kost und Lehr in Plauen sich
„ aufgehalten, er dama., z schon in seiner Ju-
„ gend solche schöne Tugenden, vornämlich
„ aber die Gottseeligkeit, so zu allen Dingen
„ nütze ist, von sich leuchten lassen, daß es eine

s) In der Zuschrift an Otten von Bobenhausen,
die er seiner Predigt über den zweyten Psalm
vorgesetzt, Leipzig 1626. 8vo.

ne ſonderbare Freude zu ſehen geweſen. „
Und daher nit Wunder, daß er auch heu- „
tiges Tages als ein erwachſener fürnehmer „
von Adel ſich anders nit als mit vortrefli- „
chen herrlichen Tugenden begabet, und als „
ein rechter gottliebender Chriſte ſich erzei- „
ge und erweiſe. „ GOtt vergalte ihm auch
ſeine Frömmigkeit, indem ihn die höchſte Vor-
ſicht nicht nur in den Beſitz vieler Güter und
Ehren geſetzet hatte, ſondern ihn auch in ſeinen Kindern ſeegnete. Denn er zeugete mit gedachter ſeiner Gemahlin, die von ihrer Gottesfurcht, Tugend und andern herrlichen Eigenſchaften gerühmet wird, t) Franz Wilcken
den 16. Jun. 1623., der ihm ſuccedirte, Melchior, an. 1627., der aber im 4ten Jahre ſeines Alters wieder verſtorben, und Ottonien
Eliſabeth, die den 3. Sept. 1644. nach ihres
Herrn Vaters Tode gebohren, und an. 1664.
an Hrn. Gotthelf Friedr. von Schönberg auf
Bieberſtein, damahln Churfürſtl. Sächßl.
Hof- und Appell. Rath, auch Ober-Steuer-
Einnehmer, hernach Kön. Pohln. und Churfl.
Sächßl. geheimden Rath, Appell. Gerichts-
und Ober-Conſiſt. Praeſidenten zu Dresden
vermählt wurde. u) Hr. Otto von Boden-
D 5 hau-

t) Man ſehe die Perſonalia von ihr in der von
Henr. Teubel, Superint. zu Hof, herausge-
gebenen Leichen-Predigt, betittelt: Aſaphi cor-
diale viuificum, Hof 1645. 4to.

u) Sie ſtarbe den 19. Mart. 1676. und hinterlieſſe eine Tochter, er aber den 19. Aug. 1708.

hausen aber starbe zu Culmbach, wohin er
sich Tags vorhero in herrschaftlichen Angelegenheiten frisch und gesund begeben hatte, den
13. Jun. 1644. und wurde den 14. Aug. desselben Jahres zu Mühltrof beygesetzet, w) wie
denn seine Gemahlin im folgenden Jahre,
nämlich den 9. May 1645. in dem 39sten Jahre ihres rühmlichen Lebens zu Hof verbliche,
und den 7. Jun. ebenfalls zu Muhltrof begraben wurde.

§. 16.

**Franz Wil-
cka erster
Freyherr
von Bo-
denhaus-
sen von
1644. biß
1686.**

    Herr Franz Wilcka von Bodenhausen
ware gebohren zu Mühltrof den 16. Jun. 1623.
erbte von seinem Hr. Vater Mühltrof, Leubniz und Arnstein in Hessen, welches letztere,
nach seines Oncle Albrecht Wilcken Tode,
zurückgefallen ware, vermählte sich mit Fr.
Magdalena Agnes von Rheden auf Fried-
land, wurde wegen seines uralten, herrl. und
rittermäßigen Geschlechts und Verdienste seiner Vorfahren, wie es in dem darüber unterm 2. Aug. 1669. ertheilten Kaiserl. Diplomate heisset, als auch wegen seiner eigenen
Verdienste, da er an. 1655. dem Kaiser Ferdinand

---

w) Mehrere Lebens-Umstände von ihm werden
gemeldet in dessen Leichen-Predigt von M. Henrich Teubel, Superint. in Hof, gehalten, und
daselbst unter der Aufschrift: die Christo ihrem
HErrn lebende und sterbende Christen, gedruckt an. 1644. 4to.

dinand *III.* perſönlich zu Wien 1000. Dragoner, die er auf ſeine Koſten angeſchaffet, offeriret, vom Kaiſer Leopold unter ſehr gnädig- und rühmlichen Ausdrückungen, nebſt ſeiner Deſcendenz in des heil. Röm. Reichs Edlen Panner und Freyherrl. Stand mit Seſſion und Stimme erhoben, und ſtarbe zu Mühltrof den 15. Oct. 1686. Er ware in ſeinem Staate ſehr prächtig, indem er ſeine eigene Räthe und Hofmeiſters hatte, dergleichen Rudolph Ernſt von der Moſel auf Schönberg und Bodelwitz, ſo Cänzlar zu Gera wurde, x) Adam Friedrich von Thoß auf Erlbach und Brüx, Berthold Murhard, der nachhero als Gräfl. Schönburgl. Rath und Ober-Amtmann an. 1676. nach Glaucha kame, deßgleichen Lic. Petr. Ernſt Dulſecker geweſen; ferner Adel. Dames von guten Häuſern, Adel. Pages, die bey ihrem Abzuge als Officiers equipiret und reichlich ausgeſtattet wurden; ſeinen Schloß-Hauptmann, dergleichen an. 1683. Jacob Görliz geweſen; ſeinen Leib-Medicum, Namens D. Joh. Wolf. Einweg, und andere; dann eine groſſe Menge Profeſſionnairs und andere Bediente, als Secretairs, Kornſchreiber, Küchenverwalter, Baumeiſter, Bauſchreiber, Cammerſchreiber, Hofverwalter, Fecht- und Sprachmeiſter, Sänger, Hof-Muſicos, Trompeter, Paucker, Büchſenmacher, Kunſtdrechßler, Goldarbeiter, Poſamentirer,

---

x) cf. *Koeberi* Vlyſſes Ruthen. Ger. 1688. fol.

tirer, Zuckerbecker, Cammer-Laquais, Stu-
benheitzer, Thorwärter, ohne die vielen Küchen - und Stall - Bediente. Vornämlich
hielte er auch in seiner Montur und Gewehr
50. Dragoner, die man die fünfziger gemeiniglich nennte, und welche als eine Compa-
gnie ausgesuchter Leute, sowohl Ausländer,
als auch insonderheit seiner Bürger, die wohl
gewachsen und exerciret waren, unter ihren
Commandanten stunden. Diese musten zu
gewissen Zeiten, und wenn es erfordert wurde, in Parade aufziehen, exerciren, Wachen
verrichten, und in andern zum Kriegswesen
gehörigen Arbeiten sich üben, zu welchem Ende eine Schanze an demjenigen Orte in der
Neustadt, der noch also davon benennet wird,
gebauet ware, die sie theils bestürmen theils
vertheidigen musten. Wie er um die Aufnahme des Ortes und Beförderung des Com-
mercii besorgt gewesen, zeiget, ausser vielen
andern löblichen Anstalten, die von ihm in der
Neustadt allhier angelegte Strumpf-Manu-
factur, von welcher unten Cap. V. §. 3. ein
mehres soll gemeldet werden. Sonsten stunde er bey den Durchl. Chur- und Fürsten zu
Sachsen in besondern Gnaden, auch ausserdem
in grossen Ansehen, welches unter andern auß
den Verbindungen seiner Kinder mit Gräfl.
und andern vornehmen Häusern erhellet:
Denn er zeugete mit seiner Gemahlin 4. Kinder, als Elisabeth Sophien, gebohren 1650.
und vermählt 1679. an Hr. Heinrich VIII.

Reußen

Reußen Grafen und Herrn zu Hirschberg, y)
Melchior Otten, der Mühltrof und Leubniz
bekame, und ihm nachfolgete, denn Wicken,
der an. 1653. gebohren ware, Arnstein erhielte, sich mit Frau Eva Maximiliana Gräfin von
und zu Tättenbach z), auf Gailsdorf,
Schwand, Tirbel und Pirck vermählte, und
im Jahr 1716. zu Utrecht in Holland starbe,
und endlich Fr. Annen Magdalenen, welche
den 6. Oct. 1661. gebohren, und im Jahr
1697.

y) Dieser Henr. VIII. ware der letzte von diesem
Aste, nach dessen den 29. Oct. 1711. erfolgten
kinderlosen Absterben Hirschberg wieder an
das Hochgräfl. Haus Ebersdorf fiele, sie aber
starbe an. 1687. Man sehe Beckler Reuß
Pl. Stamm-Tafel p. 471. Sonsten besassen
die von Beulwiz daselbst ein Böhml. Afters
lehn-Gut, welches Kaiser Ferdinand der Hochgräfl. Reußl. Familie an. 1652. zu verleihen
cedirte, wovon das Dipl. beym Lünig Corp.
Iur. Feud. Germ. II. p. 181. welche aber an.
1668. das dominium vtile von denen von
Beulwiz käuflich an sich gebracht, nach Körbern in Nachr. p. 98. Ubrigens aber ist die
Stadt selbst noch ein Kaiserl. und Böhmisch
Afterlehen.

z) einer Schwester Hrn. Joh. Ernst, Grafen von
und zu Tättenbach, Frey- und Pannerherrn
zu Gannowiz, auf Gailsdorf, Tirbel, Pirck
und Schwand, Kön. Pohln. und Churfl. Sächßl.
Cammerherr, welcher 1738. zu Schwand, als
der letzte der Voigtländischen Linie, verstorben, nachdem sein einziger Sohn und seine
Enkel sich ausser Landes begeben.

1697. an Hr. Georgen, Grafen von Leiningen, Westerburg, Rixingen, vermählt wurde. a)

§. 17.

Herr Melchior Otto Freyherr von Bodenhausen succedirte seinem Herrn Vater in
Mühltrof und Leubniz, gleichwie sein Herr
Bruder Wilcka oder Wilhelm in Arnstein.
Er ware gebohren den 15. Nov. 1652. zu
Mühltrof, studirte überaus wohl und gründ-
lich, so, daß er vor einen der gelehrtesten Her-
ren seiner Zeit gehalten wurde, begabe sich,
um seine Einsichten zu erweitern und vollkom-
mener zu machen, auf Reisen, besahe Italien,
Franckreich, Holland und Teutschland, vermählte sich den 3. Febr. an. 1693. mit Fr.
Sophien Eleonoren, einer einzigen Tochter
Hrn. George Reisewiz des heil. Röm. Reichs
Freyherrn von Kadeschin auf Grabofka und
Tworckau in Schlesien, Königl. Pohln. und
Churfürstl. Sächßl. Cammerherrn, der zu
Dresden den 24. Dec. 1695. starb, und
den 13. Januar. 1696. allhier begraben wurde, dessen Gemahlin aber eine gebohrne Gräfin von Calenberg ware, zeugte mit
ihr 7. Kinder, als 3. Freyherren, und 4. Frey-
herrinn

Sidenote (left margin): Melchior Otto Freyherr v. Boden-hausen von 1686. biß 1732.

a) Sie starbe den 6. Sept. 1709. zu Westerburg.
   Von ihr ware Georg Wilhelm Friedrich gebohren, welcher den 6. Nov. 1718. zu Paris
   verschiede.

herrinn, von welchen 4. unvermählt geſtorben,
3. aber, als Herr Otto George, der dem Hrn.
Vater ſuccediret, und auf welchen allein der
Freyherrl. Aſt derer von Bodenhauſen noch
beruhet, Fr. Sophia Wilhelmina gebohren
an. 1696. und vermählt an Hrn. Carl Henr.
von Brandenſtein b) auf Zſchöpen c) bey De-
litſch, Churfürſtl. Sächßl. Ober-Hofgerichts-
Aſſeſſ. zu Leipzig, und denn Freyhl. Joh.
Margaretha in Schleſien noch am Leben ſind.
Er ware, wie ſchon gedacht, ein ſehr gelehrter
und in allen Arten der Wiſſenſchafften geübter Herr, der ſeine Reiſen ſich wohl zu Nutzen gemacht, und dadurch die ihm eigenen
Einſichten vermehret hatte, beſaſſe eine zahl-
reiche und koſtbare Bücher-Sammlung, und
hatte den Wiſſenſchafften, unter welchen er
ſonderlich auch die chymiſchen liebte, ſich dergeſtalt ergeben, daß, ohnerachtet ihm wichtige
Bedienungen angeboten, er auch beym Schwe-
diſchen Einfall in Sachſen in öffentlichen Lan-
des-Angelegenheiten, die er mit vielen Ruhme und Geſchicklichkeit ausrichtete, verſchickt
wurde, auch wegen des Voigtländiſchen Creyſes den Deliberationen in Leipzig an. 1706.
und 1707. beywohnte; er dennoch ſolche aus
Liebe

b) deren Fr. Tochter, Mar. Sophia Carolina, den
9. Jun. 1755. an Hr. Friedr. Wilhelm Grafen
von Wartensleben vermählet worden.

c) Von dieſer Linie iſt nachzuſehen Gauhe im A-
dels-Lex. p. 178.

Liebe zur Ruhe und den Studiis, nicht annehmen wollte, wie er denn in Absicht auf seine Verdienste in einem zu Wien den 4. Jun. 1692. ausgefertigten Tutorio vom Kayser Leopold, nach Absterben Hrn. Heinrich I. jüngern Reuß, als Vormunden der unmündigen Hochgräfl. Kinder Hrn. Heinrichs ältern Reußen zu Ober-Graiz, deren Fr. Mutter Julianen Sybillen, gebohrner Gräfin zu Schwarzburg zum Mitvormunde verordnet wurde, welches ein hinlänglicher Beweiß von dem Ansehen und Hochachtung ist, in welchen er gestanden. Da er nun, gedachter massen, als ein Liebhaber der Chymie auf das laboriren verfiele, wodurch starke Summen im Rauche aufflogen, er auch, vom beständigen Studiren eingenommen, um die übrigen Dinge sich nicht sehr bekümmerte, überdieß man seiner gewöhnlichen Güte mißbrauchte; so geriethe er dadurch, und durch andere Unglücks-Fälle, in Schulden, seine ansehnlichen Güter aber in Sequestration, biß solche endlich nach langen Jahren an seinen Hrn. Sohn, wie bald soll gesagt werden, gegen Abtrag eines jährl. gesetzten Quanti an Schulden, kamen. Sonsten ware er in seinem Staate sehr prächtig, und lebte nicht geringer als sein Herr Vater, dabey aber sehr leutseelig und gnädig, indem er es mit seinen Unterthanen, denen er viele Güte erwiesen, sehr wohl meinte, ein Freund und Beförderer der Gelehrten, weil er selbst überaus gelehrt, mithin auf alle weise

eines

eines beſſern Zuſtandes wohl würdiger ware.
Er ſtarbe allhier den 11. Jan. 1732. und wurde in ſein Erbbegräbniß in hieſiger Kirche beygeſetzet.

§. 18.

Herr Otto George Freyherr von Bodenhauſen, Herr zu Mühltrof, Arnſtein und Leubnitz, iſt zu Dresden gebohren den 27. Jul. 1694.
Nachdem er von beſondern Hofmeiſtern zu
Hauſe war unterrichtet worden, begabe er ſich
auf die hohen Schulen nach Halle und Strasburg, wornach er ſich einige Zeit in Schleſien
auf ſeiner Frau Mutter Gütern, vornämlich
aber in Breslau, aufhielte. Da nun die
Herrſchaft Mühltrof und das Rittergut Leubnitz, welche, wie wir bereits gemeldet, ſchon
lange in Sequeſtration ſich befanden, im Begriffe waren, vor der Commiſſion im Amte
Reichenbach verkaufft zu werden; ſo brachte
er es ſo weit, daß ſeine väterlichen Güter gegen jährlichen Abtrag von 6000. Rthlr. an
die im Concurs nach der Ordnung locirten
Gläubiger erblich überlaſſen wurden, bey welcher Gelegenheit die Unterthanen ihre guten
Geſinnungen auf eine thätige Art bezeigten.
Es iſt unſere Sache nicht, durch Erhebung
deſſen perſönlichen Eigenſchaften, die unſeres
Ruhms nicht bedürfen, uns in den Verdacht
einer niedrigen Schmeicheley oder anderer un-
reinen Abſichten zu ſetzen. Wir begnügen
uns alſo nur zu melden, daß er den 1. Jun.

Otto Ge-
orge Frey-
herr von
Boden-
hauſen
von 1734.
biß hieher.

E   1734.

1734. allhier gehuldiget worden, vorhero aber,
nämlich an. 1733. mit Fr. Charlotten Eleonoren von Willigenau aus Schlesien sich
verbunden, mit welcher er eine einzige Frey-
herrin, nämlich Frau Ottonien Eleonoren,
an. 1734. den 7. April erzeuget, die an Hrn.
Carl Erdmann von Rospoth d) auf Franckendorf

d) Diese Familie ist uralt, wird in Urkunden
Cozzebude, Cossebode, Cospod, Rospod geschrieben, und soll ihren Namen von dem im Neu-
städtischen Kreyße gelegenen Dorfe Rospotha
haben, nach Hr. M. Stemler Pag. Orla p. 23.
auch noch viele Päbstl. und Kaiserl. diesem
Geschlechte ertheilte Priuilegia im Weimarischen
Archive zu finden seyn. Es hat sich in Thüringen, Meissen, Voigtland und Preußen ausgebreitet. Schon an. 1135. findet man in hiesiger Gegend Asmum von Kosopode in einer
Urkunde beym Hr. *Longol.* in Nachr. P. II. p. 149.
Die Voigtländische Linie besasse von ältesten
Zeiten her Franckendorf, Schilbach und Oschiz,
als Stamm-Güter, bißweilen auch andere, als
Seubtendorf, Wolschendorf. Zu Franckendorf ware schon an. 1292. Hermann von Cos-
poth nach Langen in Chron. Citic. beym Pi-
stor. ser. rer. Germ. T. I. p. 1190. Schilbach
besassen sie bereits an. 1253. nach *Ludwig* rel.
Mscr. T. I. p. 73. Sigmund an. 1453. beym
Schoettgen dipl. Nachr. P. VIII. p. 485. und Carl
von Rospoth war an. 1543. mit bey der Visitation im Voigtlande, *Müller* annal. p. 99. *Seckendorf* hist. Luther. L. III. Sect. 27. §. 118.
Schon an. 1309. werden sie Ritter genennet.
Die Schilbachische Linie begabe sich Saec. XVII.
nach Schlesien, und sind etliche in Grafen-
Stand

ckendorf den 26. Nov. 1749. vermählt iſt. Es
erlöſchet alſo mit ihm die männliche Freyherr-
liche Linie der Herren von Bodenhauſen,
nachdem ſchon vorhero die Arnſteiniſche in
Heſſen, deren Güter er geerbet, mit dem Hrn.
Vetter Otto Wilcken Freyherrn von Bodenhauſen auf Arnſtein, und deſſen einzigen
Hrn. Sohne, George Wilhelm, den er mit
Frau Eleonoren geb. Baroneſſe von Stein
auf Förba, Schwarzebach, Zettwiz ꝛc. gezeu-
get, und welcher vor dem Hrn. Vater zu Bay-
reuth den 15. Sept. 1741. im 19den Jahre
ſeines Alters verſtorben, an. 1747. ausgegangen, immaſſen er zu Magdeburg, wo er ein
koſtbares Haus erbauet, und durch ſeine vielen Verdienſte und Gütigkeit ſich eine allgemeine Hochachtung erworben hatte, im gedachten Jahre verſchieden, von der weiblichen
Nachkommenſchaft deſſelben aber, wie die
beygefügte Gechlechts-Folge zeiget, nur Frau
Wilhelmina Eleonora übrig, welche an
Hr. Erich Chriſtoph Freyhl. von Plotho, Königl. Preußl. und Churfürſtl. Brandenburgl.
würckl. geheimden Staats - und Kriegs-
Miniſter, auch Reichstags - Geſandten
zu Regenſpurg vermählet iſt. Es iſt alſo,
nachdem die Familie der Hrn. von Bodenhauſen Mühltrof beſeſſen, Arnſtein zweymahl
E 2
an

Stand erhoben worden. Mehrere, ſo von dieſer Familie Nachricht geben, ſind angeführt
vom Hrn. Kreyſig in der Ober-Sächſl. Bibl.
p. 342. ſq.

an diese Mühltroffische Linie durch Erb-Recht
verfallen, als an Hr. Otto von Bodenhausen
durch unbeerbtes Ableben seines Hrn. Bruders Albrecht Wilckens, und an Hr. Otto
Georgen Freyherrn von Bodenhausen, als den
letzten seines Stammes und Linie, der aber,
weil er ohne männliche Leibes-Erben sich befindet, der Succession in seines Hrn. Vetters
Otto Wilckens Gütern, auf welche desselben
Frau Gemahlin ohnedem einen starken Anspruch machte, gegen eine sehr ansehnliche
Summa Geldes, renunciirte, und solche seinen Hrn. Vettern und Mitbelehnten in Hessen überliesse. Sonsten sind, wie man sagt,
bey der Herrschaft Mühltrof, in Absicht auf
die Oefnung und den Anfall, gewisse Pacta familiae successoria vorhanden und als Mitbelehnte die Hrn. Vettere von Bodenhausen.
An wem also Mühltrof, welches ein Mann-
Lehen ist, nach dem Ableben Hrn. Otto George Freyherr von Bodenhausen kommen
möchte, ist zu erwarten, das Rittergut Leubniz aber hat die Erb-qualité, und kan davon
nach Gefallen disponiret werden.

§. 19.

Amtleute. Da die hiesige Herrschaft mit Ober- und
Unter-Gerichten über das Städtgen und die
darzu gehörigen Dorfschaften beliehen ist; so
müssen wir diejenigen berühren, durch welche
sie die Gerechtigkeit verwalten lassen. Diese
wurden ehedem Amts-Schösser, in neuern
Zeiten

Zeiten aber Amtleute oder Amtsbefehlshaber
genennet, welchen bisweilen noch besondere
Amts-Secretarien an die Seite gesetzet, das
iudicium aber ein Amt genennet wurde. Wir
finden zwar in den ältesten Nachrichten Amtleute allhier, da Mühltrof noch unmittelbar
unter Fürstl. Meißnl. Hoheit und Regierung
gestanden, dergleichen Amtmann allhier nach
der Urkunde de an. 1404. no. IV. Matthes
Walmann gewesen. Nachdem es aber an
Vasallen verliehen worden, hat man vornämlich in neuern Zeiten die Benennung eines
Amtes und der Amtleute, die man hiesigen Gerichten und deren Verwaltern beygeleget hat,
als etwas der Landeshoheit unanständiges
nicht leiden wollen, ob man gleich an Seiten
der hiesigen Gerichtsherrschaft mit dem Rechte, der ersten Belehnung und dem langen Herkommen sich geschützet, auch Hr. Franz Wilcka von Bodenhausen in zwey Vorstellungen
an Churfürst Joh. Georg I. zu Sachsen de
datis den 13. Aug. 1662. und 11. Dec. 1666.
die exemtion der Herrschaft Mühltrof aus
dem Sprengel des Amtes Plauen, aus schon
angeführten Gründen, und vornämlich aus
diesen zu behaupten gesuchet, weil Mühltrof,
noch ehe Plauen an das Durchl. Hans
Sachsen gekommen, schon ein besonderes und
eigenes Amt gewesen, so seine eigene Amtleute gehabt, worauf auch Hr. Otto George
Freyherr von Bodenhausen, als von der hochlöbl. Landes-Regierung zu Dresden unterm

E 3   4. Aug.

4. Aug. 1744. auf Anregung des hochlöbl.
Ober-Hofgerichts zu Leipzig hiesigem iudicio
die Benennung eines Amtes verwiesen und
ihm angedeutet wurde, sich weder ein Amt noch
Amtsbefehlshaber noch Amts-Registratores
zu nennen, sich unterm 18. Aug. ei. ai. sup-
plicando bezoge, und bate, daß er bey seinen
Rechten, der Observanz und den, Mühltrof
in der ersten Belehnung ertheilten, Vorzügen
möchte geschützet und gelassen werden. Es
schreiben sich also die hiesigen iustitiarii noch
Amtleute und Amtsbefehlshaber, ausgenommen in Schrifften an die hochlöbl. Landes-
Regierung zu Dresden und andere hohe dica-
steria, da sie sich Gerichte und Gerichtsver-
walters oder Directores nennen, auch von
solchen wieder also benennet werden. Die
Gerichts-Bank aber bestehet aus dem Amt-
manne, dem Landrichter, auch etlichen Beysi-
tzern aus dem Raths-Mittel, worzu, wie wir
bereits angezeiget haben, bißweilen noch ein
besonderer Actuarius auch Registrator gekommen. Die Amts-Schösser und Amtleu-
te sind folgende, e) so viel wir deren theils nur
den

e). Schösser, vom Schoß, i. e. Collectores redi-
tuum. Sonsten hiessen Königl. und Fürstl.
Amtleute Schösser biß ins vorige Jahrhundert,
da man anfienge solche, wie schon in ältesten
Zeiten gewöhnlich, nach der Urkunde no. IV.
Amt-Leute zu nennen, wie man in der Schweiz
Ammänner hat, das ist, Vicarios comitum, ant
Mann, i. e. loco iudicis. Von den Ammannis
und

den Namen nach finden können, von ihren
weitern Lebens-Umſtänden aber uns mehrentheils nichts genau bekannt worden, wiewohl
wir auch dabey gerne alle unnöthige Weit-
läufftigkeit vermieden haben.

Schöſſer.

1) Hanns Flach, an. 1540.
2) Kilian Hecker, an. 1556.
3) Elias von Sahr, an. 1558.
4) Peter Heydenreich, von 1566. biß 1572.
5) Bartholom. Eſchebach, † den 1. Jun.
1579.
6) Balth. Wackernagel † 5. Apr. 1600.
7) Caſpar Leupold.
8) Barth. Eimerer, an. 1595.
9) Mart. Gunſtedt, an. 1601.
10) Jac. Dreutler.
11) Abel Feige, ein Sohn Adam Feigens,
Amt-Schöſſers zu Plauen, an. 1613.
12) Georg Fritzſche, an. 1615.
13) Joh. Gerhard Hippelius, an. 1621.
14) Joh. Stange, von 1624. bis 1641.
wurde Stadt-Schulze in ſeiner Vater-
Stadt Nordhauſen.
15) Alexander Buchbach, wurde Amtmann
zu Lobenſtein an. 1648.
16) Lorenz Freudel, kame hieher an. 1549.

E 4 heura-

und Ambachtis ſehe man *Speidel* im Gloſſar.
du Freſne *de Cange* in Gloſſ. und *Beyer* delineat.
iur. Germ. inſonderheit Löber Hiſt. von Rou-
neburg p. 20. ſq.

heurathete an. 1653. Hanns Dietrich von Sparnberg zu Schips Tochter, bliebe hier bis 1664.

17) Wolfgang Georg Faber, geb.an.1608. zu Halle, besuchte die Stiffts-Schule zu Merseburg, denn die Academien Leipzig und Jena, kame als adel. Bünauischer Gerichtsverwalter nach Pahren, verheurathete sich an. 1639. mit Sus. Cunig. Wolf Christoph von Heerdegen auf Allendorf Tochter, wurde an. 1665. Schösser allhier, und † den 30. Aug. 1669.

Amtleute.

18) Aegydius Hertel, starb den 6. Febr. 1696.

19) Nicol Tibelius, von Wurzbach gebürtig, kame von Gräiz, wo er in Hochgräfl. Bedienung gestanden, als Amtmann hieher, verwaltete solches Amt 36. Jahre, und † zu Leubniz den 4. Dec. 1732. æt. 82.

20) Joh. Christian Wagner, von Rittersgrün, ware erst Actuarius im Amte Reichenbach, wurde hier Amts-Secretarius, denn Accis-Inspector und Amtmann, und † den 2. Nov. 1737.

21) Joh. August Möbius, geb. den 24. Nov. 1694. zu Martinskirchen im Chur-Creysse, frequentirte, nach genossener privat-Unterweisung, die Schulen zu Torgau, Gera und Rudolstadt, gienge auf die Academien Jena, Halle und Wittenberg, auf welcher letztern er die von ihm geschriebenen observatio-

nes

nes fori unter Menckens Vorsitze an. 1723.
öffentlich vertheidigte, Notarius wurde, und
sich ad praxin habilitirte, wurde an. 1725.
General-Accis-Inspector zu Pausa, an.
1726. Mit-Amtsbefehlshaber zu Mühltrof, so er
hernach resignirte, an. 1741. Kön. Pohln. und
Churfürstl. Sächßl. Cammer-Procurator des
Voigtländischen Creyßes, verwaltete viele Ge-
richts-Bestallungen, und † den 25. Febr. 1759.

22) Joh. Georg Grohe, Not. Publ. Caes.
und Aduoc. immatric. von Zeulenrode im
Reußl. gebürtig, ware vorhero Gerichts-In-
spector und Stadtschreiber zu Elsterberg, kame als Amtmann hieher an. 1738. †

23. Joh. Christian Klaubart, Not. Publ.
& Aduoc. immatric. von Reichenbach, wo
er im Amte Actuarius ware, wurde hier Amtmann an. 1739.

24) Henr. Gottfried Milde, Not. Publ.
und Aduoc. immatr. von Gablenz bey Krimmitschau gebürtig, besuchte die Schule zu
Zwickau, denn die Academie Leipzig, wurde
an. 1742. Stadtschreiber allhier, und an.
1753. Amts-Adiunctus, † 14. Dec. 1755.

25) Gottlob Christoph Lange von Plauen,
wo dessen Hr. Vater Land-Diaconus ware,
besuchte die Stadt-Schule daselbst, denn aber
die hohe Schule zu Leipzig, disputirte zu Wittenberg unter Crelln, wurde Not. Publ. und
Aduoc. dann Actuarius in den Königl. Aemtern Plauen und Weida, und an. 1756. Amtmann allhier.

E 5 §. 20.

§. 20.

Secretarien. Unter den Bodenhaußl. Amts - Secretarien oder Actuarien sind folgende anzumercken:

1) Reinhard Eilhard, an. 1617.

2) Sigmund Debelius, an. 1618. Secr.

3) Christian Rödiger, an. 1660. Secr.

4) Matthäus Müller, Secr. † 21. Sept.
1675.

5) Nicol. Nöthling, Amts-Actuar. und
Stadtschreiber, von Liebengrün gebürtig, † 18.
May 1676.

6) Joh. Ernst Fordtran, von Schlaitz,
Amts-Secr. Accis- und Steuer-Einnehmer,
† 28. Jul. 1714.

7) Joh. Christian Wagner, Amts-Secr.
von welchen vorher.

8) Joh. Henr. Morgner, Secr., von Graitz,
kame von hier weg nach Danzig.

§. 21.

Stadt- u.
Landrich-
ter.
Die Stadt- und Landrichter, die da ordentlicher Weise in Gerichten beysitzen, und
mehrentheils die Hospital-Einkünfte mit verwalten, sind folgende:

a) Jobst Kemnitz, an. 1524.

b) Hanns Ratz, an. 1529.

c) Hanns Hegner, Richter, † an. 1616.
aet. 90.

d) Simon Teubert, Richter, an. 1538.

e) Bar-

e) Barthel Seyfert, Stadtrichter.

f) Nicol Seyfert, der ältere, Land-Richter, † 13. Apr. 1683. aet. 72.

g) Nicol Seyfert, der jüngere, Land-Richter, † 18. Aug. 1706.

h) Christian Otto, Küchen-Schreiber und Land-Richter, † 1717. aet. 58.

i) Christoph Kaden, von Zöblitz, Stadt- und Land-Richter, Land-Accis- und Steuer-Einnehmer, † 1740.

k) Johann Gottfried Berg, von hier, Land-Richter, Land-Accis- und Steuer-Einnehmer.

l) Joh. Gottlob Haller, von Eichigt bey Oelsnitz, wurde an. 1756. Land-Richter, Steuer-Einnehmer und Handwercks-Schreiber allhier.

§. 21.

Nachdem die General-Consumtions- Accise an. 1709. in Chur-Sachsen eingeführet worden, so sind von der Zeit an hier folgende Einnehmer zu merken:

(Randnotiz: General-Accis-Einnehmer.)

1) Joh. Ernst Fordtran, von welchen vorhero.

2) Autor Sigmund Frick, von Leisnig, kame als Accis-Einnehmer von hier weg in gleicher Bedienung nach Münchenbernsdorf, denn dberj nach Oschatz als Thor-Schreiber.

3) Joh. Adam Pezold von Lengefeld gebürtig

bürtig, wurde allhier an. 1725. Accis-Einnehmer, und kame in gleicher Station nach
Pausa, † 1759.

3) Joh. Heising, ebenfals von Lengefeld,
kame von hier weg, dessen Hr. Sohn aber ist
Rittmeister in Chur-Sächßl. Diensten.

5) Joh. Friederich Bertram, von Zwickau,
wurde allhier Accis-Einnehmer, und † an.
1751. zu Zeulenrode, wohin er seiner Gesund-
heit wegen sich begeben hatte.

6) Joh. Christoph Macher, Raths-Ver-
wandter von hier, wurde an. 1751. Accis-Einnehmer, und † 1753. Er war ein fleißiger
Mann, der sich durch Verlegung des Mühl-
troffer Gesang-Buchs, der Blume zu Saa-
ron und anderer erbaulichen Schrifften verdient gemacht hat.

7) Joh. Friedrich Marbach, von Franckenberg, ware erst Aßistenz-Einnehmer zu Chem-
niz, kame hieher an. 1754. Von den seinigen findet man Nachricht in Bahns Fran-
ckenbergl. Chron. Schneeberg 1755. 4to.

CAP. III.

CAPVT III.

Von der Religion, Gottesdien-
ste, Kirchen, Pfarre, Schule und
deren Lehrern.

§. 1.

Da die alten Einwohner des Voigtlan-Heid eu
des Heyden gewesen sind, so folget, thun u.
daß ihr Gottesdienst aus heidnischen
abgeschmackten und abgöttischen Greueln bestanden, a) wiewohl die Teutschen erträglicher
als

a) Man kan von dem heidnischen Teutschlande überhaupt nachsehen die Schriftsteller, welche angeführet werden vom seel. D. Baumgarten im Ab-
riß der Rel. Parteien Abschn. II. §. 28. p. 44. sq.
welchen beyzusetzen sind *Seb. Kirchmaier* de Germ.
ant. idololatr. ad loca quaed. Tac. Vit. 1663.
Schmelz diss. de idololatr. vet. Misn. incol. Lips.
1698. *Ayermann* diss. de origin. Germ. s. temp.
Germ. Prisc. obscuris maximam partem & fabu-
losis, Giess. 1724. und in diss. de cultus idol.
vet. Germ. orig. & increm. ibid. 1727. *Bodenburg* de cultu Deorum commentitiorum Berol.
1737. vornämlich aber *Hecht* in Germania sacra
et litterata, und der ber. Herr Prof. *Schütze* ex-
ercitat. ad Germaniam sacram gentilem facien-
tes, von den gottesdienstlichen Gebräuchen der
alten Teutschen aber *Strodtmann* in der Übereinstimmung der teutschen Alterthümer mit den
Bibl-

als andere Völker waren, und nicht so gar
unvernünftige Begriffe und unnatürliche Mei-
nungen in der Religion hatten. b)   Wenn
die Christliche zuerst in hiesige Gegenden gebracht worden, kan man so gewiß nicht sagen. c)   Denn ob man schon Spuren davon
im andern Jahrhundert in Teutschland findet; d) so ist doch dieses nur von den über den
Rhein gelegenen Ländern, so an Franckreich
und

Biblischen Abschn. III. p. 200. sq. Wolfenb.
   1755, 8vo.
b) Man vergleiche wohlgedachten Hr. Prof. *Schüze* Schutz-Schrifften für die alten Teutschen
   und Nordischen Völker.
c) Der Beweiß, so von Drewen oder Treuen,
   welches seinen Namen von den alten heidnischen Priestern der Celten, den Druiden, haben
   soll, hergenommen wird, ist sehr schwach. Man
   sehe *Olischer* Reichenb. Chron. C. III. §. 1. p. 43.
   sq. wo er auch meldet, daß man zu Treuen in
   einem Steine etliche Griechische Worte gefunden, woraus die Meinung derjenigen bestärket
   zu werden scheinet, welche glauben, daß die Ver-
   wandschaft der griech. und latein. Sprache
   von griechischen Pflanz-Bürgern in Teuschland
   herkomme. cf. *Winckler* animaduers. philol. p.
   338. sq.
d) *Pauli* in miscell. Duisburg. T. I. Fasc. I. *Cella-
   rius* diss. de initiis cult. Germ. diss. VIII. §. 27. in
   Ei. diss. acad. p. 592. sq. *Sagittar.* Hist. Gentilismi
   et Christ. in Thur. L. II. C. I - V. *Schüze* comm.
   de Germ. vict. hum. p. 119. sq. et Cl. Io. Dau. *Koeh-
   ler* diss. hist. eccl. illustr. testim. S. Irenaei ep.
   Lugd. de Germaniis Christianis in Saec. II. post
   C. N. Alt. 1747.

und die Niederlande stossen, zu verstehen.
Was aber Planer e) behaupten will, ob sey
Seuerinus im VI. Jahrhundert der Voigtländer Apostel gewesen, ist deswegen nicht wahr-
scheinlich, weil damahln hiesiger Strich wenig
oder gar nicht angebauet, überdiß mit Sorben Wenden, welche sehr abgöttisch f) und
schwer zu bekehren waren, g) besessen gewesen
wie wir Cap. II. §. 1. gezeiget haben. Worzu noch kommt, daß *Seuerinus* in Noricis ge-
lehret haben soll, also Planer, nach seiner
Gewonheit, abermahln das alte Narisciam
mit dem heutigen Voigtlande vermenget.

§. 2.

Mehr Schein hat zwar die Meinung Christen-
Widmanns, h) als welcher davor hält, daß thum.
die

e) Hist. Var. §. XXVI. p. 105. sq.
f) Von der Wendischen Abgötterey und Götzen,
deren vornehmste Radegast, Czernebog, und
Schwantewiz waren, sind nachzulesen Schurz-
fleisch de rebus Slau. *Helmold* in Chron. Slau.
Alb. Cranz in Vandal. *Bodenburg* de DIS Germ.
vet. in Cel. *Bidermanni* select. scholast. Vol. I. p.
244. *Masius* de DIS Obotrit. in Ei. diss. academ.
T. I. p. 1045. sq. und andere, welche angeführet
werden von *Schedio* de DIS Germ. p m. 750. Longol. Nachr. P. II. p. 227. und Hr. *Oettel* Hist. der
Pl Superint. p. 2. not. 4.
g) *Brotuff* Chron. Port. ed. Schamel. 1734. 4to.
h) in Chron. Cur. so zu finden in *Menckens* script.
rer. Germ. Sax. T. III. p. 630 - 771. und excerpta
davon im Alten und Neuen von theolog. Sachen

die Voigtländer ums Jahr Christi 740. durch
den Dienst Bonifacii, Bischoffs zu Maynz,
der gemeiniglich der Teutschen Apostel genennet wird, zum Christl. Glauben bekehret worden wären. Alleine man wird ihr keinen
Beyfall geben, wenn man bedencket, daß die
Bemühungen gedachten Bischoffs überhaupt
sehr unvollkommen und theils verdächtig gewesen, i) auch daher der heidnische Gottesdienst und Aberglaube, wie nur aus der Stif-
tungs-Urkunde der Plauischen Stadt-Kirche
erhellet, k) in hiesigen Gegenden biß in das
XIIte Jahrhundert getrieben worden, l) als von
welcher Zeit an sogar noch einige Spuren und
Gebräuche biß hieher an vielen Orten hiesiger
Gegenden sich erhalten. m) Zudem wohnten,
wie gedacht, in diesem Striche Wenden, eine
                                        abgöt-

chen ai. 1734. p. 397. sq. cf. *Schoettgen* diss. de
antiquiss. litter. in terris Saxon. Super. fatis, Dres-
dae 1748. et *Glafei* Kern! Sächßl. Geschichte L.
III. C. I. §. V. p. 521.

i) *Spangenberg* Tr. de Bonifacio, *Serarius* de rebus
Moguntiac. & *Sagittar.* antiquit. Gentil. & Christ.
in Thur.

k) *Koerber* Hist. Nachr. p. 133.

l) Dergl. auch von dem angränzenden Neustäd-
tischen Creyße gemeldet wird, wovon der seel.
Hr. Oberpfarrer *Schamelius* Hist. der Abtei
Saalfeld p. 144.

m) *Büchner* bey Hr. Longolio in Nachr. P. II. §. 23-
25. p. 233. sq. Hr. *Oettel* alte und neue Geschichte der Bergstadt Eibenstock contin. VIII. p. 62.
sq. 1756. 4to.

abgöttiſche und unbeugſame Nation, welche
zu bekehren Bonifacius weder uneigennützigen
Eifer genug, noch, nach damahliger Bekeh-
rungs-Art, ein Krieges-Heer hatte, wie Hr.
D. Wernsdorf n) ſehr wohl, unter andern,
angemerket hat.   Es iſt alſo das ſicherſte zu
glauben, daß, nachdem gedachter maſſen die
Wenden vom Kaiſer Heinrich dem Vogel-
ſteller an. 920. eine groſſe Niederlage erlitten, das Land aber mit Sachſen und Thüringern beſetzt worden, die chriſtliche Religion
zu der Zeit, inſonderheit in hieſigen Gegenden, durch Wegräumung der Hinderniſſe, nach und nach Fortgang erhalten,
wie die Stifftungs-Briefe der Veits-Kirche o)
bey Weida de an. 974. der Haupt- oder Ma-
rien-Kirche zu Zwickau, p) vom Jahr 1118.
der Plauiſchen Stadt-Kirche q) vom Jahr
1122. des Kloſters Mildenfurt r) de an.
1193.

n) in der Unterſuchung: Ob der teutſche Apoſtel
   Bonifacius auch in Leipzigs Gegenden das Chriſtenthum gepflanzet, ſo zu finden in der Sammlung einiger Stücke der Geſellſchaft der freyen
   Künſte in Leipzig P. II. Lipſ. 1755. 8.
o) *Koerber* Nachr. p. 23.
p) Die Urkunde davon iſt zu finden beym *Schlegel*
   de num. Goth. p. 147. ſq.
q) Die Urkunde findet man beym *Koerber* l. c. p.
   132. ſq. und *Oettel* Hiſt. der Pl. Superint.
   §. 3. p. 5. ſq.
r) Die Urkunde beym *Büchner* erl. Voigtl. p. 60.
   und Hr. *Kreyſig* in Beyträgen P. III. p. 251. ſq.

F

1193. der Kirche zum heil. Laurenz s) zu Elsterberg von 1225. der Pfarr-Kirche zu Greiz t) von eben dem Jahre, und andere mehr beweisen. Je grössern Widerstand nun die Ausbreitung der christlichen Religion im Voigtland fande, desto eifriger und andächtiger bewiese man sich, nach deren Annehmung, durch viele Schenkungen, milde Stifftungen, Erbauung und reichliche Versorgung der Kirchen und Klöster, welche unter dem Bißthum Naumburg stunden, unter dessen Sprengel das Voigtland mit gehörte. u)

§. 3.

Geistliche Stiftungē Franciscaner Kloster in Mühltrof und Frühmesse zu Thierbach.

Es ist also aus der allgemeinen Beschaffenheit hiesiger Gegend zu schlüssen, daß Mühltrof, welches bereits Saeculo XIV. eine Residenz gewesen, noch eher, als es dergleichen worden, mit Kirchen und andern zu Ausübung des Gottesdienstes und der Andacht gehörigen Gebäuden müsse versehen gewesen seyn. Hiervon zeuget das Kloster Franciscaner-Ordens

s) *Beckler* Stamm-Tafel p. 17. 18. wobey anzumerken, daß dahier ehedem eine Probstei gewesen, welcher an. 1430. Hr. Heinrich Reuß zu Graiz die Erb- und Niedergerichte auch Iurisdiction über Hals und Hand an dem Gute zu Sachswiz confirmiret, davon das Dipl. beym *Warbach* Schöneckl. Chron. P. II. p. 85. sq.

t) *Büchner* erl. Voigtl. p. 159. sq. *Longol.* Nachr. P. II. p. 115. sq.

u) *Seckendorf* Comment. de Lutheranismo L. III. §. 96.

dens, so am Schloß-Berge, über dem Hospital, gestanden, und von welchen die Mauren und alten Uberbleibsel vor nicht gar langer Zeit sind niedergerissen und ein Baum-Garten daraus gemacht worden. Es war ein sehr langes und mit vielen kleinen Stübgen versehenes Gebäude, worinnen man insonderheit ein grosses Zimmer, so das Refectorium mag gewesen seyn, gefunden, von diesem Kloster auch ein erhabener Gang in die nicht weit davon entfernte Schule gegangen, übrigens aber in demselben lange Zeit die Amts-Schösser ordentlicher weise gewohnet, solches auch die Schösserei genennet worden. Was es vor alten Zeiten vor eine Beschaffenheit damit gehabt, wer es gestifftet, welches seine Einkünfte gewesen, w) können wir aus Mangel der Nachrichten nicht sagen. Hieher gehöret ferner das geistliche Gut in Thierbach, die Früh-Messe genannt, welches seinen Ursprung aus den catholischen Zeiten herleitet, dergleichen Früh-Messen auch ehedem zu Neukirchen x) und in Theuma y) gewesen, die unter das Teutsche Haus nach Plauen gehöret. Wenn

F 2 und

---

w) Vielleicht haben die Hrn. Voigte, ehemahlige Besitzer von Mühltrof, dieses Kloster fundirt und dotirt, als welche in dergleichen Stifftungen sehr freygebig gewesen, wie Büchner mit vielen Beyspielen erweiset im erl. Voigtl. p. 16. sq. & 181. sq.

x) Marbach Schöneckl. Chron. P. II. p. 40. sq.

y) Kreysig Beytr. P. I. p. 431. sq.

und von wem diese in Thierbach gestifftet, wer
sie gehalten, und ob solche von Mühltrof aus
bestellet worden, ist uns unbekannt. So viel
wissen wir, daß sie bey der an. 1536. gehaltenen Kirchen-Visitation zur Pfarre Mühltrof
geschlagen, darnach aber verkauft worden, wovon unten ein mehres. Sonst ist dieses Gut,
von der alten Bestimmung her, noch von allen Abgaben und Frohnen frey, ausser, daß es
1. Schfl. Hafer vor den Schutz in das
Schloß Mühltrof jährlich entrichtet.

§. 4.

Teutsche
Orden.

Gleiche Absicht hat der teutsche Orden,
welcher im XII. Jahrhundert im Morgenlan-
de entstanden, und vom Pabst Cälestin III.
bestätiget worden ist. Sie werden auch Ma-
rianer genennet. Die Gelegenheit hierzu gaben die Creuz-Züge, in welchen viele Teutsche
erkrankten, zu deren Wartung ein Hospital
und dabey eine Capelle, der Jungfrau Maria
gewidmet, von einem Teutschen erbauet wurde. Dieser Orden, welcher durch der Ritter
Tapferkeit berühmt wurde, breitete sich gar
bald aus, brachte Preußen, Lief- und Curland, auch andere Länder unter sich, hatte seine eigene Hoch-Meisters, die ihren Siz anfängl.
zu Accon, denn in Venedig, ferner zu Mar-
burg, endlich aber zu Marienburg in Preußen
aufschlugen. Ob er nun gleich nach vielen und
blutigen Kriegen mit der Krone Pohlen, Mos-
cau

eau und andern Staaten, Preußen nebst den
übrigen Provinzien gänzlich verlohre, so be-
hielte er doch in andern Teutschen Landen noch
schöne und ansehnliche Güter, hat auch noch
seinen Groß-Meister zu Mergentheim in Francken, welcher von dem aus den Land-Comthurn
und Ritter-Raths Gebietern einer jeden Ballei bestehenden Capitul erwählet wird, und auf
den Reichs-Tagen seinen Siz nach dem Erz-
bischoff von Besancon hat. Es werden aber
die Ordens-Güter in Teutschland in XII.
Balleien eingetheilet, nämlich in die Utrechti-
sche, Westphälische, die zu Birsen, Coblen-
zische, Elsasische, Lothringische, Tyrolische,
Oesterreichische, Fränckische, Thüringische,
Heßische und Sächsische, denen gewisse Land-
Comthurn oder Commendatores vorgesetzt
sind. Zur Thüringischen Ballei, welche unter Chur-Sachsen stehet, und nebst der in
Hessen und Sachsen protestantisch ist, gehören alle diejenigen Güter, welche der Orden
im Voigtlande besessen, als die Teutschen
Häuser in Plauen, wo der Orten die Pfarr-
Kirche und das Schloß daselbst, die Dobenau
genannt, auf selbigen aber ein Archidiaconat
oder Consistorium gehabt, z) auch geistl.
Lehen besessen, a) ferner in Reichen-
F 3 bach,

z) Man sehe Hr. Oettel l. c. p. 9. sq.
a) Z: E. das ius patronatus in Asch, so ihm Henricus senior aduocatus de Plawe, nebst seinen
2. Söhnen an. 1280. verliehen und geschenket,

bach, b) Schlaiz und Tanna, c) wovon der um
die Sächßl. Geschichte sehr verdiente Herr M.
Kreysig d) umständlich nachzusehen, und aus
solchen Hr. Oettel zu ergänzen ist. e) Was insonderheit Mühltrof betrift; so stunde es unter dem Bißthum Naumburg, wohin es 4. fl.
jährlich Absenz-Gelder entrichtet, f) rührte
von der Ballei Thüringen zur Lehen, und gehörte zum Teutschen Hause in Schleiz, woselbst der Teutsche Orden schon im Jahre
1246. bekannt, und demselben ein eigen Haus
und Kirche, welche noch die ordentliche Pfarr-
Kirche ist, zugewendet worden, g) von solchem
auch

ket, Kaiser Albert aber an. 1307. und Ludwig an. 1341. solche Schenkung bestätiget,
davon die Urkunden zu lesen: in der
kurzen Nachricht von dem in der Marckt Asche
und deren Zubehörungen dem hohen Königl.
Chur-Hause Sachsen zustehenden iure summo
circa sacra, 1747. fol. in Beyl. sub B. C. D. so
auch zu finden in den *Actis hist. eccl.* P. 69. no. I.

b) Von dem teutschen Hause daselbst ist eine Urkunde de an. 1317. bey Hr. Kreysig Beytr. P.
IV. p. 434. sq.

c) Woselbst auch ehedem ein Plebanus und solcher
an. 1348. Henr. von Thepen ware, nach dipl.
bey Hr. *Longol.* Nachr. P. V. p. 191.

d) l. c. P. I. p. 431. sq. & P. IV. p. 144. *Hortleder*
vom teutschen Kriege L. III. C. XVII. no. I.

e) in der Hist. der Pl. Superint. §. VI. p. 13.

f) *Kreysig* Beytr. P. I. p. 433. Was aber Absenz-
Gelder sind, zeiget Hr. Rect. *Longol.* Nachr.
P. VII. p. 179.

g) *Büchner* erl. Voigtl. p. 234.

auch das Ministerium daselbst dependiret. h)
Ob nun gleich die erste Bestimmung des Ordens und andere Umstände durch Luthers Kir-
chen-Verbesserung theils aufgehoben, theils
verändert worden; so muß doch, wie an andern Orten, also auch in Mühltrof jährlich
noch etwas gewisses an Korn und Hafer, so
man Comthur-Getraide nennet, an das Teutsche Haus in Schleiz entrichtet werden, von
welchen der hiesige Pfarrer auch 2. Schfl.
Schlaizer Maaß Korn und 2. Schfl. Hafer
bekömmt. Sonsten bestehet der Ordens-Ha-
bit in einem weisen Mantel, auf welchen ein
schwarzes †, ihr Wapen aber ebenfals in einem schwarzen † in silbernen Felde, dem
König Johannes zu Jerusalem ein goldenes
beygefüget, Kaiser Friedrich *II.* den schwarzen Reichs-Adler im goldenen Felde, König
Ludwig IX. in Franckreich aber die 4. goldenen
Lilien, mit welchen die † Spitzen gezieret sind.
Mehr Nachricht findet man bey Joh. Casp.
Venator, i) **Gryphius,** k) **Zentgrav,** l)
Oli-

<hr />

h) *Seckendorf* de Luther. l. c.
i) in histor. Berichte von dem Marianl. Teutschen
    Ritter-Orden des Hospitals unserer lie-
    ben Frauen zu Jerusalem, Norimb. 1680.
    4to.
k) im Entwurf der geistl. und weltl. Ritter-Or-
    den, Lips. & Bresl. 1709. 8vo.
l) diss. de equitibus & equestr. ordin. Argent.
    1693.

Olischer, m) Fleuri, n) Helyot, o) Reinhard. p)

§. 5.

Reforma-
tion Lu-
theri.

Als endlich Luther anfienge, die Kirche
in Lehre und Leben zu verbessern, so fienge
man auch in hiesiger Gegend gar bald an den
Irrthum zu erkennen, und der Wahrheit Beyfall zu geben. Zu Plauen geschahe solches
schon an. 1524. allwo auch das an. 1274. zu
bauen angefangene Kloster Prediger Ordens,
an. 1525. von Bürgern eingerissen wurde, q)
und es ist kein Zweifel, daß andere Orte im
Voigtlande durch unermüdete Sorgfalt des
unsterbl. Churfürst Johannis zu Sachsen dieser Kreyß-Stadt bald nachgefolget sind. In
Jahren 1529. und 1533. wurden die ersten
Kirchen-Visitationes in Plauen, Voigtsberg,
Weida und den Reußl. Herrschaften gehalten, r)
bey

m) Reichenb. Chron. p. 32. sq.
n) Instit. eccl. p. 294. sq. ed. alt. Frcf. & Lipf. 1733.
o) des ordres monastiques religieux & militaires
T. I. - VIII. Paris 1714. - 19. 4to.
p) Einleit. in die Staats-Wissenschaft C. IV. §. 411.
p. 306. Erl. 1755. 8vo mai.
q) cf. excerpta ex Mon. Pirn. ap. *Mencken* script.
rer. Sax. T. II. p. 1594. sq. Mehrere Urkunden
von diesem Kloster findet man bey oft gedachten Hr. Kreysig in Beytr. p. IV. p. 452. sq.
r) Man sehe *Seckendorf* de Luther. L. III. Sect. VII.
§. XXV. add. III. p. m. 70. sq. ed. Frf. 1692.
Büchner erl. Voigtl. p. 74. sq. 85. sq. *Oettel* hist.
Pl. Superint. p. 15. sq.

bey welchen Anarg s) von Wildenfels;
und bey deſſen Unpäßlichkeit Chriſtoph Edler
von der Planitz, ferner Aſmus Spiegel zu
Grünau, Joſeph Levin Metſch t) auf Reichenbach, Georg Spalatinus, Pfarrer zu Altenburg, Georg Reimann, Pfarrer zu Weida,
und Michael Albert, Bürgermeiſter zu Altenburg, Viſitatores waren.   In Mühltrof wurde ſolche im Jahr 1536. angeſtellet, wie die
Beylage no. XI. weiſet.   Und es iſt wahr-
ſcheinlich, daß man hier die reine und wahre
Religion um ſo viel eher ergriffen, weil die
damahligen Gerichts-Herren die Edlen Säcke bey den Churfürſten zu Sachſen nicht nur
ſehr wohl ſtunden, ſondern auch einer des Geſchlechts, Nicol Edler Sack, u) der vermuthlich

s) Anarg, iſt ſo viel als ohne Arg , und ware
ein eigenthümlicher Name der ehedem berühmten Hrn. von Wildenfels, auf Wildenfels,
Schönkirchen und Ronneburg, die an. 1602. mit
Anarck Frider. erloſchen ſind, worauf Wildenfels durch einen Succeſſions-Vergleich an die
Hrn. Grafen von Solms fiele , die es noch
beſitzen, und eine eigene Linie ſich davon ſchrei-
bet. Von der Familie von Wildenfels ſehe
man des ſeel. Hrn. Gen. Superint. D. Löbers
Hiſt. von Ronneb. p. 110. ſq.

t) Deſſen Leben von Auguſt. Dolſcio beſchrieben
iſt zu finden in fortgeſetzten Samml. von alten
und neuen theolog. Sachen ai. 1747. im 4ten
Beytrag.

u) Man ſehe Hr. Oettel Pl. Kirchen-Hiſt. p. 16.
daß aber Nicol Sack Geilsdorf beſeſſen, erhellet

lich Geilsdorf beseſſen, ſchon an. 1524. diß-
fals mit dem ſel. D. Luthero correſpondiret.

§. 6.

Kirchen. Wo die freye und öffentliche Ubung des
Gottesdienſtes iſt, da müſſen auch Kirchen
und Verſammlungs-Häuſer ſeyn. Und dergleichen finden ſich auch hier, nämlich die Schloß-
und Stadt-Kirche, von deren jeder wir inſonderheit etwas anmerken wollen.

§. 7.

Stadt-
Kirche. Die alte Stadt-Kirche, von welcher man
nicht ſagen kan, zu welcher Zeit, von wem,
noch in weſſen Ehre ſolche, nach Gewonheit
der catholiſchen Zeiten, erbauet worden iſt, hat
zwiſchen dem Schloſſe und der Schöſſerei,
da, wo ietzo der herrſchaftliche Luſt-Garten
am Schloſſe befindlich iſt, geſtanden, nahe an
dem ehemahligen Franciſcaner-Kloſter, aus
welchen man durch unterirdiſche Gänge, die
man noch neuerlich gefunden, in das Schloß
und die alte Stadt-Kirche hat kommen können, und mag, nach damahliger Art, ein geringes und mehrentheils hölzernes Gebäude
geweſen ſeyn, wie die alten Kirchrechnungen
zeigen. Da nun ſolches ſehr baufällig und
unausbeſſerlich, auch vor die ſich mehrende
Gemeinde zu klein worden iſt; ſo hat ſie der
damah-

hellet unter andern auß einer Urkunde de an.
1515. beym, *Longol.* l. c. P. L. p. 241. ſq.

damahlige Gerichts-Herr Franz Wilcka von
Bodenhauſen, mit Bewilligung des hochlöbl.
Conſiſtorii zu Leipzig, an. 1648. niederreiſ-
ſen laſſen, nachdem er vorhero in einem beſondern Revers, wie aus der Beylage no. XVII.
zu erſehen, verſprochen hat, die Steine davon nicht zu entweihen, ſondern zu einer andern Kirche anzuwenden, indeſſen aber die
Bürger in ſeine Schloß-Kirche gehen zu laſſen, welches noch geſchiehet, und iſt der Auf-
bau einer neuen Stadt-Kirche zur Zeit unterblieben.

§. 8.

Die Schloß-Kirche lieget innerhalb dem
Schloß-Hofe, und ſtöſſet gegen Mittag an
groſſen Teich. Sie iſt, ſicherer Vermuthung
nach, von den erſten Beſitzern, nämlich den
Herrn Voigten von Plauen, erbauet worden,
welche hier reſidiret, und ohne Zweifel eine
Capelle zu ihrer privat-Andacht gehabt haben.
Wenigſtens findet man keine Spur, daß
nachhero die Ober-Lehnsherren zu Erbauung
einer neuen Schloß-Capelle, dergleichen wir
ſonſten noch mehrere bey gewiſſen Gütern in
Sachſen finden, als zu Oppurg, Netſchkau,
Giebenſtein, Weſenſtein, eine Conceſſion,
die da allerdings nöthig geweſen wäre, gegeben, und die Vaſallen von neuen damit beliehen hätten. Dieſe Capelle wurde von Hanns
Balthaſar Edlen Sack erneuert, und am IV-
ten

(Randnotiz: Schloß-Kirche.)

ten Advents-Sonntage im Jahre 1588. das
erste mahl darinnen geprediget und Beichte gesessen. Sie mag, weil sie nur zur
besondern Andacht und zum Hof-Gottesdien-
ste bestimmt ware, anfänglich gar klein, und,
wie die Bau-Art muthmassen lässet, nicht
mehr, als das Gewölbe vom Altar bis zur
Canzel da gewesen, bey deren Erneuerung
aber, weil der damahlige Besitzer bald darauf verstorben, wenig erweitert worden seyn,
immassen solche, nach den Kirch-Rechnungen,
nur 57. aßo. 2. gl. 6. pf. gekostet. Sie ist
aber, nach der Zeit, gar bald ansehnlicher gemacht worden. Denn Hr. Melchior von Bodenhausen zierte sie mit Gemählden an den
Emporen und mit einem Orgelwerke, erbaue-
te an. 1606. den Kirchthurm von neuen, ver-
sahe ihn an. 1607. mit neuen Glocken und
Uhrwerk mit Vierteln, welches, nach Ange-
bung der alten, 80. fl. kostete, und verwende-
te darauf überhaupt über 1500. fl. Nachdem nun die alte Stadt-Kirche, gedachter
massen, abgebrochen wurde, und die Bürger-
schaft dem Gottesdienste in der Schloß-Kirche beywohnete, so wurde solche noch mehr erweitert, indem an. 1690. das Vorhaus an
diese Kirche, an. 1696. der Kirchthurm nebst
Knopf und Fahne, nachdem der erste vom
Jahr 1606. wandelbar wurden, an. 1699.
das Chor erbauet, an. 1702. der neue Taufstein verfertiget, an. 1704. gemahlet, und mit
einem zinnern Becken nebst Simse versehen,
an.

an. 1708. die Kirche, auf welcher vorhero ein
Korn-Boden geweſen, erhöhet, zwey neue
Emporen erbauet, vergipſet, und al freſco gemahlet, die Kanzel ebenfalls erhöhet, der neue
Pfarr-Stuhl und Sacriſtei aufgerichtet, und
darauf 417. aßo. verwendet, an. 1709. eine
neue Orgel angeſchaffet, an. 1721. die Wag-
ner-und Radenſche, ietzo Möbiuſiſche, an. 1726.
die auch Möbiußiſche Capelle innerhalb dem
Schloß-Thore angeleget, an. 1753. ein neuer
zierlicher Kirchthurm erbauet, und den 29.Jul.
1754. der Knopf aufgeſetzet, dieſes alles aber
theils aus dem Kirchen-Vermögen, ſo 200. fl.
darzu gegeben, immaſſen den übrigen Aufwand bey den letzten Kirchthurm-Bau, ſofer-
ne er gedachte 200. fl. überſtiegen, Hr. Otto George Freyherr von Bodenhauſen über-
tragen hat, theils ſonſten durch milden und
reichlichen Beytrag gottſeeliger Perſonen be-
ſtritten wurde, unter welchen vorzüglich Frau
Eliſabeth Sophia gebohrne Freyhl. von Bodenhauſen und vermählte Gräfin Reuß zu
Hirſchberg an. 1687. der Kirche 100. Rthlr.,
Fr. Urſula Maria von Reizenſtein gebohrne von Behr zu Hof 130. fl. im Jahre
1642., Hannß Balthaſar Edler Sack 48. fl.
7.gl. 4. pf. an.1590., Hannß Schmidt, Bürgermeiſter 100. fl. an.1708. und in eben dem
Jahre Jgfr. Catharina Wernerin auf hieſigen Schloſſe 200. aßo., endlich aber Eva
Lippoldin auch 200. aßo. vermacht, und dadurch ihre chriſtliche und nachahmungswür-
dige

digen Gesinnungen bezeiget haben, ohne der kleinern Vermächtniße zu gedenken. Doch wird es nicht unrecht seyn, das Andenken dererjenigen in Seegen zu erhalten, welche das Haus des HErrn, in welchen seine Ehre wohnet, gezieret haben. Also hat Fr. Magdalena-Agnes von Bodenhausen gebohrne von Rheden und Gemahlin Hr. Franz Wilcka an. 1660. einen schönen neuen Kelch nebst Zugehörungen in die Kirche verehret, so wie an. 1689. Hr. Melchior Otto Freyhr. von Bodenhausen das rothe Tuchgewandt, mit welchen der Altar, Kanzel und Taufstein behangen, an. 1690. Fr. Anna Magdalena Freyhl. von Bodenhausen und vermählte Gräfin von Leiningen-Westerburg einen Ornat von goldenen Mohr und dergleichen Spitzen, an.1694. obgedachte Catharina Wernerin eine silberne Oblaten-Schachtel, an. 1693. eben dieselbe einen von Seide künstlich gesponnenen Rosen-Stock aufs Altar, an. 1729. Barb. Doroth. Ottin den Altar neu weiß bekleidet, Anna Magdalena Gasserin an. 1715. den Engel, so das Lese-Pult hält, und in eben dem Jahre Johann Besser, Herren-Müller, den am Raths-Stuhle befindlichen Leuchter, ferner Maria Margaretha, des Bürgermeisters Simon Gassers Eheweib, ein gründamastenes Altar-Tuch mit goldenen Spitzen in die Kirche geschenket, an. 1687. aber der in der Kirche hangende Leuchter, und 1728. ein neuer silberner Kelch von 33. Loth nebst Patene von milden

den Geschenken angeschaffet worden, welchen
frölichen Gebern der HErr die ewige Vergel-
tung gebe.

Was die Kirche selbst und das Gebäude
anlanget; so ist solche länglicht erbauet, auf
der linken Seite des Altars im Eingange das
herrschaftl. Kirchen-Stübgen, rechter Hand
die Kanzel und neben derselben der Raths-
Stuhl. Auf eben dieser Seite, gegen den
grossen Teich zu, an den Weiber-Stühlen ist
das herrschaftl. Begräbniß, ein ordentlich mit
einem Gegitter versehenes Gewölbe, in welchen ausser den Fahnen und andern Ehren-Zei-
chen noch der Altar aus der alten Stadt-Kirche sich befindet. Er ist mit doppelten Thü-
ren versehen, inwendig stehen die Bilder des
göttlichen Kindes nebst Maria und Joseph,
welche zwar nur von Holz, aber vortreflich
ausgehauen, stark vergoldet sind, übrigens aber
der Altar selbst schön gemahlet ist, auf dessen
Piédestal ein Edler Sack, der ihn vermuthlich machen lassen, geharnischt, doch mit un-
bedeckten Haupte und gen Himmel erhabenen
Händen und Augen auf den Knien lieget, mit
der Uberschrifft: Miserere mei. Wenn
man aber angefangen habe, würdige Personen in Kirchen zu begraben, welche Gewohnheit dem Aberglauben ihren Ursprung schuldig ist, w) und was, in Absicht auf die Aus-
dun-

w) Doughtæus anal. S. P. I. p. m. 283. sq. Cel. Schütze
de Human. Germ. vict. C. IV. § 6. p. 62. Hofmann

dunſtungen und die Geſundheit davon zu halten ſey, zeigen Cave, x) Deyling, y) Hofmann, z) Lichtwehr, a) Perrenot, b der
Graf d'Argens. c)

Endlich merken wir noch an, daß auf dem
Kirchthurme, auf welchen 3. Glocken ver-
ſchiedener Gröſſe ſich befinden, im Jahr 1695.
eine neue Schlag-Schaale zum Vierteln, an.
1736. aber, durch Beſorgung des Bürgermeiſter Simon Gaſſers als damahligen Ka-
ſtenvorſtehers, auf Koſten der Bürgerſchaft,
ein beſonderer doppelter Nachſchlag verfertiget worden.

§. 9.

Pfarre.

Da, wo der freye und öffentliche Gottesdienſt ausgeübet wird, auch ſolche Perſonen
ſeyn müſſen, deren Amt iſt, ſolchen zum Heil
der

mann de Coemet. ex vrb. toll. p. 32. ſq. und mehrere beym *Zorn* Opuſc. S. T. II. p. m. 536. ſq.
x) im erſten Chriſtenthume P. III. p. m. 659. ſq.
y) inſtit. prud. paſtor. P. III. §. XVI. p. m. 669. ſq.
z) de coemeter. ex vrb. tollend. diſſ. Frf. ad Viadr.
a) de iure ſepulcri aperti.
b) diſſ. de prohibenda in vrbe et templis ſepultu-
ra, Vltraj. 1748.
c) crit. du ſiécle T. II. p. 283. ſq. wo er wohl anmerket: nous enterrons nos morts dans nos
égliſes, et par-là non ſeulement nous expo-
ſons la ſanté de ceux, qui vont dans les tem-
ples, mais nous occaſionnons tres ſouuent des
maladies épidémiques, cauſées par les exhalai-
ſons &c.

der Seelen einzurichten, zu unterweisen, zu
strafen, zu trösten, und die Menschen zu ihrer
hohen Bestimmung vorzubereiten; so hat es
auch hiesigem Orte nicht daran gemangelt, wie
das folgende zeigen wird. Ehe wir aber die
hiesigen Lehrer benennen, so wollen wir, weil
hier die bequemste Gelegenheit ist, nur kürzlich
von Beschaffenheit der Pfarre selbst etwas
voraus setzen.

Das Mühltrofer Pastorat hat zu Mielesdorf, Görschniz, Bina, Arnsgrün, welches
allerseits Reußische Dörfer sind, gewisse Lehn-
leute, die da, bey jedesmahliger Oefnung der
Lehen, nicht nur neue Lehen-Briefe lösen, sondern auch jährlich gewisse Erbzinsen in die
Pfarre Mühltrof entrichten müssen. Woher
diese Lehen in den Reußischen Dörfern kommen,
und ob die hiesige Pfarre ehedem die Gerichtsbarkeit über diese ihre Lehnleute auszuüben gehabt, kan man so genau nicht sagen, ob es
schon also scheinet, d) immassen nach dem Lehen-Buche an. 1535. auf der Pfarre eine besondere und ordentliche Dingesbank e) gewesen,

---

d) *Schilter* iur. can. L. II. tit. VI. §. XIV. p. m. 310.
Ziegler de dote eccles. C. XII. §. 34. sq.

e) Ding, i. e. iudicium, forum, daher Burckting,
Dinggraef, wovon *Pfeffinger* über den *Vitriar.*
L. I. tit. XVII. §. VIII. *Wachter* gloss. p. 288 sq.
Schilter thes. ant. T. III. voc. Ding. Daher
Dingesbanck so viel als Gerichts-Banck, so,
wie die Acten und Protocolle Dingeswinde

G   genen-

sen, Consense ausgestellet, Erbvertheilungen errichtet, auch so gar in theils Lehenbrie-
fen bedungen worden, daß, wenn über die zu
Lehen rührende Güter Streit und Klage vorfiele, solches auf Erkänntniß des Lehnsherrn
und der Herrschaft zu Mühltrof stehen soll.
Ob nun gleich, da über diese Lehen bereits mit
Rudolph von Bünau auf Dürrenhof wegen
eines Lehn-Mann in Görschniz, zur Pfarre
Mühltrof gehörig, an. 1662. und folgende Jahre Streit entstanden, die hiesige Pfarrer ihre
Rechte zu behaupten gesuchet, auch die Ge-
richts-Herrschaft Hr. Franz Wilcka von Bodenhausen der Sache sich angenommen, so ist
doch solche, weil dergleichen Rechtshändel
langwürig und kostbar, auch aus dem eigenen
Vermögen eines Pfarrers nicht zu bestreiten
sind, nicht verfolget worden, so, daß die hiesige Pfarre nur noch die Lehen und Zinsen über
gewisse Güter und Stücken in Bina, Görschniz und Arnsgrün, die völlige Lehen und Iurisdiction aber über ein starkes Bauer-Gut in
Mielesdorf, auf welchen die Hegner bey etlichen 100. Jahren sitzen, und welches, bey To-
des-Fällen der Besitzer, nicht nur die Lehen su-
che, sondern auch 60. fl. Lehn-Geld, so bißweilen nach Würderung des Gutes erhöhet
worden, nebst Schreibe-Gebühren entrichten
muß, erhalten hat. Zur Pfarre Mühltrof,
welche anfänglich von geringen Einkünften gewesen,

genennet worden, wovon Brockes diss. de ve-
terum Dingeswinde, Ien. 1753.

wesen, ist ehedem auch an. 1536. von den
Churfürstl. Visitatorn die so genannte Früh-
Messe, oder das geistliche Gut in Thierbach
getheilet worden, wie die Urkunde no. XI.
zeiget. Da aber die Kosten, welche man auf
deren Bestellung und Erhaltung der Gebäude
verwenden müssen, die Einnahme und den
Nutzen überstiegen, so hat Rudolph von Bünau auf Christgrün und Elsterberg, als Vormund des hiesigen Lehnherrn, Hans Balthasar Edlen Sack, vor gut gefunden, solche im
Jahr 1571. um 400 Gulden Rheinisch zu
verkauffen, und besitzen solche von an. 1520.
die Frotscher, von welchen Urban Frotscher
solche zuerst an sich gebracht hat. Wie es eigentlich damit zugegangen, wie es wieder
verkaufft und von der Pfarre Mühltrof abgezogen werden können, ist uns unbekannt.
Vermuthlich hat die Pfarre davor eine andere gleichmäßige Vergütung erhalten. Und
daher mögen die auf gewissen Häusern haff-
tende Capitalien kommen, von welchen der
hiesige Pfarrer noch jährlich Zinsen bekommt.
Wie nun dadurch die Pfarr-Einkünste vermehret wurden; also geschahe auch solches
an. 1644. durch Hr. Otto von Bodenhausen,
der vor 250. fl. legirtes Capital hiesiger Pfarre ein Stück Feld, den so genannten Röddel,
zu genüssen überliesse, welcher aber neuerlich
von Hr. Otto Georgen Freyhl. von Bodenhausen wieder eingezogen worden, und an.
1661. den 10. Jun. durch Andreas Schmidt,

G 2 sonst

sonst Ohsel genannt, der seine über der Ober=
Mühle gelegene und so genannte Graben=
Wiese samt dem dabey befindlichen Aecker=
lein an hiesige Pfarre vermacht. Woher
aber ein Viertel Korn und eben so viel Ha=
fer, so der hiesige Pfarrer aus dem Amte Pau=
sa, und die 13. fl. so er aus der Kämmerei zu
Schlaiz erhält, kommen mögen, ist uns un=
wissend. Vielleicht ist dieses von den Zeiten
herzuleiten, da die ganze hiesige Gegend unter
die Herren Reussen gehöret, oder noch von
dem Teutschen Orden daselbst, oder von den
Gütern zu Pöllwiz und Ebersgrün, so die Ed=
len Säcke ehedem an sich gebracht hatten,
nachhero aber wieder abgekommen. Son=
sten wurden die hiesigen Priester zugleich als
Hof= und Stadt=Prediger beruffen, auch al=
so genennet, weil die ehemahlige Herrschaft
Mühltrof das ius Capellae und seinen eige=
nen Hof=Prediger zu haben prätendiret, der=
gleichen besonderer Hof=Prediger allhier an.
1650. und folgende Paul Brater, welcher
nachhero Stadt=Prediger worden, gewesen ist.
Wie aber Mühltrof in Sequestration, und
dadurch vieles abkame, so geschahe auch hier=
innen eine Veränderung, so daß Joh. Chri=
stoph Roth der letzte gewesen, den man zu=
gleich als Hof= und Stadt=Prediger vocirt,
und der sich also geschrieben, welches zu Herr
Franz Wilcka Freyhl. von Bodenhausen Zei=
ten geschehen, als der da insonderheit auf Be=
obachtung der Gerechtsame, die er zu haben

glaubt e

glaubte, und auf den Wohlstand hiesigen Ortes sehr aufmerksam ware. In solcher Absicht, als an. 1658. die Priester der Schrifft-
saffen im Voigtlande, mithin auch die Bodenhausischen von den Inspectionen Plauen und
Oelsniz abgezogen und an den damahligen
Superintendenten in Zwickau, D. Barthol.
Stepner gewiesen wurden; f) So hielte gedachter Hr. Franz Wilcka bey dem Churfürsten Joh. Georg I. nicht nur zu verschiedenen
mahlen darum an, daß seine 6. Priester, wegen Entlegenheit und vieler Reise-Kosten, von
Zwickau möchten abgesondert bleiben, sondern er bate auch, nach vorher gepflogener
Communication mit dem zeitigen Superint.
in Leipzig, D. Hülsemann, und dem Ober-
Consist. Praesid. zu Dresden, Haubold von
Miltiz, unterm 19. Jul. 1658. und 2. May
1659., daß seinem hiesigen Pfarrer als Spe-
cial - Superint. die Inspection über seine 7.
Kirchen und deren Priester per viam Com-
missionis möchte aufgetragen werden, zumahl,
nach dem uralten Herkommen, die Superint. in Plauen zu Anhörung der Probe-

G 3 Pre-

f) Solchemnach irret Hr. Oettel Hist. der Pl. Superint. p. 79. wenn er daselbst saget, es sey
schon zu dieser Zeit die Separation und Translocation der Schrifftsäßigen Priester nach Reichenbach vorgewesen, da es vielmehr Zwickau
betroffen, die Translocation nach Reichenbach
aber, wie bald soll gesaget werden, lange hernach erfolget.

Predigten und Abnahme der Kirchrechnungen niemahln wären zugelaſſen worden, immaſſen ſie nur dem Candidaten, der durch ſie
nebſt der Vocation dem Conſiſtorio vorge-
ſtellet worden, die Kanzel eröffnet und ſolchen inveſtiret. Er ſande aber ſo viele
Schwürigkeiten, daß er von ſeinem Vorha-
ben abſtehen muſte, ſo, wie ſein Anlangen
bey hochgedachten Churfürſten um Setzung
eines Diaconi in Mühltrof, der allhier nebſt
dem Paſtor den Gottesdienſt verwalten, die
Aufſicht über die Schule führen, und alle
Sonntage frühe in Ranſpach, welches Dorf
nebſt den Einkünften er von der Pfarre Thierbach abzuziehen, und ihm zu ſeinem Unterhalte zuzutheilen vorſchluge, predigen ſollte, keinen Fortgang hatte. Sonſten lieſſen die
Pfarrer zu Mühltrof bey beſondern Begebenheiten, die ſich mit hieſiger Herrſchaft ereig-
net, als bey Geburts-Trauer- und andern
Fällen, an die Geiſtlichen des Mühltrofer Patronats, auf Befehl der Herrſchafft, notifica-
tiones, litteras patentes und andere Verordnungen, dergleichen noch viele bey den
Pfarr-Actis ſich befinden, ergehen, in welchen ſie nicht nur gewiſſe Vorfallenheiten gemeldet, ſondern auch vorgeſchrieben, wie es
bey Abkündigungen, und bey äuſſerlicher Ein-
richtung des Gottesdienſtes, in Beziehung
auf gewiſſe Fälle, ſolle gehalten werden, indem man z. E. gewiſſe auf die Umſtände ein-
gerichtete Gebets-Formuln überſchicket, 4. wö-
chent-

chentliches Trauer-Läuten angeordnet, Orgel-
schlagen, Music und Lustbarkeiten untersaget,
überhaupt die Exemtion hiesiger zur Herrschaft Mühltrof gehörigen Priesterschafft ur-
giret, und in solcher Absicht sich geweigert,
die Superintendenten zu den Kirch-Rechnungen zu admittiren, worüber noch unter
dem ehemahligen Inspector zu Reichenbach,
D. Richtern, unter welchen die Pfarrer der
Voigtländischen Schrifftsassen ehedem biß
an. 1720. gestanden, Streitigkeiten gewesen.
Nachdem man aber vor gut befunden, hierinnen nachzugeben; so stehen die Priester des
Mühltrofer Patronats, wie die übrigen, unter der Superintendur zu Plauen, nachdem
sie vom Jahre 1697. biß 1720. unter den In-
spectoribus zu Reichenbach, welches seit gedachten Jahre wieder mit dem Plauis. Sprengel vereiniget ist, sich befunden. Aus welchen Grunde aber man die exemtion prätendiret, und was es in alten Zeiten damit
vor eine Beschaffenheit gehabt, ob man auf
würkliche Ertheilung dergleichen Vorzüge sich
beruffen können, oder solche nur durch Nach-
sicht und einen langen Besitz erlanget, mögen
wir nicht untersuchen.

Endlich ist noch dieses anzumerken, daß die
alte Pfarre, welche im Jahre 1581. fast gänzlich abgebrannt, und etliche 30. Aßo. zu repa-
riren gekostet, da, wo die alte Kirche, neben
dem Kloster am Schloßberge gestanden. Die
neue aber, welche an. 1679. erbauet, und im

G 4   Monat

Monat Junio deſſelben Jahres gehoben worden iſt, befindet ſich hinter dem Schloſſe in
der Neuſtadt, an der ſo genannten Schanze,
und iſt ein ziemlich anſehnlich und bequemes
Gebäude.

§. 10.

Prieſter.　　Von denenjenigen, welche im Pabſtu-
me den Gottesdienſt allhier verrichtet, kan
man nichts melden, weil keine alten Nachrichten vorhanden ſind.　Wir fangen alſo von
Luthers Kirchen-Verbeſſerung an, wobey wir
uns der Kirchen-Bücher bedienet haben, wiewohl ſolche, nach damahligen Zeiten, theils
ſehr unordentlich geſchrieben ſind, theils nicht
mit den erſten Zeiten der Reformation anfangen, weswegen wir vieles, nicht ohne groſſe Mühe, unter einander vergleichen, und dadurch etwas zuverläßiges heraus bringen müſſen.　Es ſind zwar die hieſigen Prieſter bereits vom ehemahligen Paſtore allhier, nun-
mehro aber beſtverdienten Stadt-Prediger in
Plauen,　Hr. M. Adam Henr. Meiſnern
dem Mühltrofer Geſang-Buche, ſo er an. 1745.
mit einer gelehrten Vorrede vermehrt wieder
auflegen laſſen, vorgeſetzt, theils in den IIIten
Theil der ieztlebenden Prieſterſchaft in Sachſen von Hrn. Diac. Dietmann, unſern wer-
then Freunde, eingerückt: es wird aber das
folgende zeigen, daß unſere Bemühung hierinnen nicht ſo gar unnötig geweſen, ob gleich ſo
viel

viel nicht daran lieget. Es sind demnach die hiesigen Priester seit der Reformation Lutheri folgende:

a) Nicol Seytcz oder Seiß. Diesen hat weder Hr. M. Meisner noch Hr. Diac. Diet-mann berührt. Er ist aber der erste allhier gewesen, wie das Lehn-Buch zeiget, in welchen man ihn vor allen findet. Wenn er hieher gekommen, und woher er gewesen, weiß man nicht, wiewohl der Name selbst hierum nicht unbekannt, da man dergleichen noch in Kornbach, Schönberg und andern Orten hiesiger Gegend findet. *g)* Vermuthlich ist er schon in catholischen Zeiten allhier gewesen, und hat die Messe mit der reinen Lehre vertauschet; dergleichen Beyspiele in der Reformations-Geschichte eben nicht so selten sind. Ob er hier gestorben, wissen wir nicht.

b) Johannes Plencklau, kommt als Pfarrer allhier im Lehen-Buche vor, und ist von ihm weiter nichts bekannt.

c) Paul Geyer, wurde hier Priester an. 1543. und starbe im Jahr 1567. In seinen Lebens-Umständen sind wir gänzlich unwissend.

d) Christoph Steinbach, kame hieher im Jahre 1568. und starbe den 17. Nov. 1576. Woher er gewesen, ist keine Nachricht vorhanden,

Nicol Seytcz von an. -- biß 1540.

Jo. Plencklau, von 1540-1542

Paul Geyer, von 1543-1567

Christoph Steinbach von 1568-1576.

G 5

g) Vielleicht ist er ein Sohn Hannsen Seiz gewesen, welcher an. 1489. Pfarrer zu Krebis ware, so damahln auch den Säcken gehörte. Longol. Nachr. P. I. p. 247.

handen, so wenig als von seinen Leben. Es scheinet aus denen Kirchen-Büchern, daß er ein ordentlicher und gar geschickter Mann gewesen sey.

Chr. Rost, von 1576-1619. æt. 80. *e*) Christoph Rost, wurde hieher berüffen im Jahre 1576. und starbe den 16. Febr. 1619. Von ihm ist weiter nichts bekannt, als daß er unter denenjenigen ware, welche dem Crypto-Calvinismo, der sich in Chur-Sachsen, unter der Regierung des Churfürsten Christian I. durch den Kanzlar Crell und andere einschliche, nicht beypflichteten.

Nic. Olearius von 1615-1643 *f*) Nicol Olearius oder Oehler ware von hier gebürtig, wurde Schulmeister zu Neunhofen, an. 1613. aber erster Diaconus in Roda, dann an. 1619. in seiner Vaterstadt Pastor, und starbe den 21. Nov. 1643. Ob er gleichen Ursprung mit dem an Gelehrten fruchtbaren Geschlechte der Oleariusse oder Oehler in Thüringen und Meissen habe, von welchen eine besondere Geschlechts-Kunde an den III-ten Theil der Dietmannischen ietzt lebenden Priesterschaft angehänget ist, können wir nicht sagen. Sonsten ware er ein geschickter und frommer Mann, der in vieler Achtung stunde, immassen er auch in die hiesige Schloß-Kirche begraben worden.

M. Christ. Siegfried 1643-1651 *g*) M. Christian Siegfried, ware ein Sohn M. Joh. Siegfrieds, Superint. zu Schlaiz, stunde daselbst als Rector vom Jahre

re 1626. biß 1638. h), in welchen er als Pfarrer nach Löhma, in der Herrschaft Schlaiz,
von dar an. 1643. nach Mühltrof, und denn
an. 1651. den 24. Mart. nach Kirschkau in
das Gräfl. Reußische kame, wo anietzo durch
unsterblichen Eifer des Erlauchten Grafen,
Hrn. Heinrich XII. Reussen zu Schlaiz eine
kostbare Kirche sich befindet.

b) Paul Brater ware von Hof gebürtig, Paul Bra-
und vorhero herrschaftl. Hof- und Schloß- ter von
Prediger, wurde aber zum hiesigen Pastorat 1652-1657
beruffen den 22. Mart. 1652. und kame an.
1657. verschiedener Mißhelligkeiten, vornämlich seines grossen Eifers wegen weg, ware
übrigens ein überaus gelehrter und von der
Gemeinde geliebter Mann, wurde hierauf
Pfarrer zu Nugendorf in Francken.

i) M. Christian Siegfried kame wieder M. Christ.
von Kirschkau hieher den 26. Febr. 1658. und Siegfried
starbe den 2. Febr. 1677. von 1658-
1677. æt. 77

k) Joh. Christoph Roth, ware von Leubniz Jo. Christ.
gebürtig, besuchte die Schule zu Zwickau un- Roth, von
ter dem berühmten Rector Daumio, der ihm 1677-1715
ein schönes academisches Zeugniß gabe, gien- æt. 74.
ge an. 1664. auf die hohe Schule nach Leipzig, und wurde den 8. Mart. Hof- und Stadt-
Prediger allhier, nachdem er als Informator
der

h) Man sehe von ihm das Verzeichniß der Lehrer an der Schule zu Schlaiz in des berühmten
Hr. Rect. *Bidermanns* nov. Act. Scholast. T. II. p.
83. sq.

der jungen Herrschaft vorhero 3. und ein halb
Jahr seinen Vorfahrn M. Siegfried sublevi-
ret. Er starbe den 24. Jul. 1715.

M. Jo. Fr.
Seyfert,
von 1715-
1743. æt.
65.

l) M. Joh. Friedrich Seyfert, ware des
hiesigen Landrichters Nicol Seyferts Sohn,
gebohren den 4. Mart. 1677., gienge auf die
Schule zu Freyberg, denn auf die Universität
Wittenberg, wurde Pfarrer zu Lehenthal im
Bayreuthischen, dann an. 1715. den 2. Jun.
in seiner Vater-Stadt dem alten Pastor Roth
adjungiret, und starbe den 5. Jun. 1743. Er
war ein sehr ansehnlicher und geschickter
Mann.

M. Henr.
Ad. Meiss-
ner, von
1743-1747

m) M. Henr. Adam Meisner, gebohren zu
Schlaiz an. 1711. frequentirte die Stadt-
Schule daselbst, gienge an. 1731. auf die A-
cademie Jena, denn nach Leipzig und Göttingen, an welchen letzten Orte er promovirte, wurde im Jahr 1742. Pfarrer zu Rödersdorf und Tegau, in der Herrschaft Schlaiz,
an. 1743. allhier in Mühltrof, von dar er an.
1747. nach Plauen als Stadt-Prediger beruffen wurde, wo er noch mit Seegen und
Erbauung lehret. Mehrere Lebens-Umstände
und seine herausgegebene Schriften findet
man angeführt in Hr. Dietmanns ietztleben-
der Priesterschaft in Sachsen Th. III. p.
782. sq.

Hen. Frid.
Krause, v.
1747-1751

n) Heinrich Frid. Krause, von Schlaiz
gebürtig, gienge von dasiger Schule auf die
Universität Leipzig, dann aber in Information
nach

nach Dresden, kame als Pastor hieher an.
1747. und starbe den 30. Mart. 1751.
ꝛt. 33.

o) Christoph August Gabler, gebohren
an. 1722. zu Etzdorf bey Eisenberg im Altenburgischen, besuchte die Schule zu Zeiz, gienge an. 1740. auf die Universität Jena, wurde
an. 1745. Cantor zu Orlamünde im Altenburgl., an. 1751. aber hieher als Pastor beruffen, wo er noch mit Seegen und Erbauung lehret. Er hat seine Fähig- und Geschick-
keit öffentlich gezeiget in einer Schrift- und
Vernunftmäßigen Abhandlung von der Sünde wider den Heil. Geist, gedruckt zu Jena
1749. und an. 1757. in Schlaiz wieder aufgelegt.

Chr. Aug.
Gabler, v.
1751. biß
hieher.

§. 11.

Gleichwie die Glückseeligkeit eines gemeinen Wesens auf die Tugend seiner Bürger sich gründet; also ist die vornehmste Sorge weiser Obrigkeiten allezeit diese gewesen,
Schulen, in welchen die Gemüther der Jugend zur Tugend und Weisheit gebildet werden, aufzurichten, und treue und geschickte
Lehrer in selbigen zu bestellen. Da nun in
hiesigen Gegenden der Aberglaube und die
Unwissenheit schwer zu bestreiten waren, indem
die Wenden den Wissenschafften und der Religion sich sehr widersetzten; so waren wenig
Schulen im Lande, und man findet die ersten

Schule.

Gelehr-

Gelehrten im Xten, im XI. Saeculo aber fienge man erst an Klöster, als Werkstädte der Wissenschaften und der Andacht, zu erbauen. i) Was es also mit hiesiger Schule vor der Reformation des grossen Luthers vor eine Beschaffenheit gehabt, und wenn sie aufgerichtet worden, können wir, in Ermangelung der Nachrichten, nicht sagen, noch auch, wer der erste Schullehrer allhier gewesen, und von wem er bestellet worden ist, immassen, wie gedacht, die hiesigen Kirchen-Bücher mit den ersten Jahren der Reformation sich nicht anfangen. Was wir mit Gewißheit davon melden können, ist dieses, daß zu Erhaltung hiesiger Schule gewisse Legata, unter welchen Bürger-Meister Arnold von Grün allhier 60. fl. zum Schuldienste gewidmet, bestimmet sind, die als eiserne Gelder auf Gütern hafften, davon die Interessen zu Salarirung der Lehrer vor den Unterricht 12. armer Kinder angewendet werden, wie denn ferner der Cantor, ausser den zur Schule gehörigen Feldern und Wiesewachs, den Zehenden und anderen Gebühren, noch Geld und Getraide sowohl aus hiesigen Schlosse, als den Ritter-Guthe Leubniz, auch Geld aus den Gotteshäusern zu Langen- und Thierbach erhält. Es stehen aber in hiesiger Schule zwey Lehrer, nämlich der Cantor und der Organiste, welche die
Kinder

---

i) cf. *Schoettgen* progr. de antiquiss. fatis litter. in terris Saxon. super. Dresd. 1748.

Kinder in einen beſondern Schul-Hauſe un-
terrichten, ſo am Schloßberge, wo ehedem
auch das alte Kloſter geſtanden, lieget, und in
welchen die Cantores wohnen.

Die Schul-Lehrer, die man nach da- Cantore-
mahliger Art Schulmeiſter k) genennet, ſind
folgende:

a) Nicol Roſt, ein Bruder des hieſigen
Pfarrers, wurde Schulmeiſter an. 1576., im
Jahre 1585. Stadtſchreiber, und ſtarbe
1595.

b) Joh. Röhrer folgte dem vorigen im
Amte, und nennte ſich Rector der Schule.
Ob er hier geſtorben oder weggekommen ſey,
iſt ungewiß.

c) Andreas Schedtler, wurde Schulmeiſter an. 1609. ſtarbe aber ſchon wieder im
folgenden Jahre 1610.

d) Veit Roſe, von Graiz gebürtig, folgte an. 1610. als Schulmeiſter und Organiſte,
wurde 1624. Stadtſchreiber, und ſtarbe an.
1628.

e) Jacob Püchner, von Eger gebürtig,
wur-

k) Ehedem war das Wort Schulmeiſter nicht ſo
verächtlich, immaſſen man auch die obern
Lehrer, die ſich mit dem Unterrichte anderer
beſchäfftigten, damit bezeichnete. Alſo hat z. E.
bey Churfürſt Johannis Teſtament M. Lucas
als Herzogs Jo. Ernſt Hof- und Schulmeiſter
ſich unterſchrieben, nach *Müller* in annal. ad
annum 1529. p. 83.

wurde 1628. Schulmeister und Organiste, starbe 1638.

f.) Andreas Pauli, erhielte an. 1638. den Schulmeister- und Organisten-Dienst, zoge aber an. 1642. nach Regenspurg als Schul- diener.

g) Hermann Treuner, vorher Cantor und Organist zu Ziegenrück, kame hieher als Schulmeister und Organiste an. 1642. und † 1646.

h) Joachim Henr. Hartmann, vorher Schulmeister zu Rudischleben bey Arnstadt, wurde Schulmeister und Organiste an. 1646. zoge aber im Jahre 1650. nach Gesell.

i) Andreas Pauli wurde den 11. Mart. 1650. von Regenspurg wieder hieher berufen, zoge abermahls den 11. Oct. 1652. von hier weg nach Vohenstrauß in der jungen Pfalz.

k) Christian Kretzschmar, S. Theol. Stud. aus Chemnitz, nennte sich zuerst Cantor, und † den 28. Oct. 1673.

l) Joh. Christoph Seyfert, S. Theol. Stud. eines hiesigen Land-Richters Sohn, wurde Cantor zu Anfang des Jahres 1674. und blie- be hier bis an. 1682. da er als Pfarrer nach Langenbuch, Mühltrofer Patronats, beruffen wurde. Ware ein gelehrter und geschickter Mann.

m) Jo. Wilhelm Kraus, aus Schlaiz ge- bürtig, S. Theol. Stud. kame als Cantor hieher, an. 1682. und zoge als Pfarrer nach

Dölen,

Dölen im Bayreuthischen den 21. Dec. 1690, von dar er zur Pfarre in Leubniz Bodenhausl. Patronats gelangte.

n) Christian Samuel Möller, aus Witz-leben in Thüringen, Fürstl. Schwartzburgl. Hoheit, allwo sein Vater, Martin Möller, Pfarrer gewesen, gebürtig, besuchte die Schu-le zu Arnstadt, denn die Universität Jena, wo er Iura studirte, von dannen er als Cantor an. 1691. hieher beruffen wurde, und starbe den 24. Dec. 1733. æt. 65. Er ware ein treuer, fleißiger und verdienter Schul-Mann, der vie-le geschickte Männer gezogen, und sich Liebe und Hochachtung erworben hatte.

o) Christian Friedrich Cramer, gebohren den 28. Dec. 1709. zu Neustadt an der Orla, allwo sein Vater, David Cramer, Bacca-laureus und 4ter Schul-Collega ware, be-suchte die Schule zu Schlaiz, denn die Uni-versität Leipzig, wo er der Rechtsgelehrsam-keit sich beflissen, kame als Cantor hieher an. 1734. und starbe den 26. Febr. 1746. Er hat den Ruhm eines redlichen und fleißigen Schul-Lehrers hinter sich gelassen.

p) Christian Friedrich Pauli von Alten-burg gebürtig, besuchte die dasige Schule un-ter dem Direct. Wenzel, wurde erstlich Quin-tus der Schule zu Reichenbach, dann an. 1729. allhier Organiste, und an. 1746. Cantor.

H §. 12.

§. 12.

Organi-
sten.

So lange der Ort wenig volkreich gewesen, hat man hier nur einen Schul-Bedien-
ten gehabt, welcher, ausser der Unterweisung
der Jugend, Sonntags die Orgel mit geschlagen. Da aber die Stadt angewachsen und
deren Einwohner sich gemehret; So hat man
einen besondern Organisten, als den andern
Schul-Collegen, gesetzt, und dem ersten das
Prädicat als Cantor gegeben, welches im
Jahre 1653. geschehen, mit welchen wir auch
anfangen, da vorhero der Cantor- und Organisten-Dienst in einer Person vereiniget gewesen. Er bekommt, ausser den Accidentien,
die ihm bestimmt sind, jährlich Mich. und Walp.
Zinsen von der Stadt, auch gewisse Gelder
aus dem hiesigen Schlosse und den Gotteshäusern zu Mühltrof, Ranspach und Leubniz.
Es sind also von an. 1653. an folgende Organisten und 2te Schul-Collegen anzumerken:

a) Joh. Gömbß, Hof-Organist an. 1652.

b) Joh. Georg Hofmann, Hof-Organiste
an. 1653.

c) Elias Radecker, aus Lengefeld gebürtig,
wo sein Vater Cantor gewesen, wurde Organiste und Schul-Collge allhier an. 1653.
und kame von hier weg.

d) Joh. Beyer, von Meisselbach, kame
hieher als Organiste, an. 1715. aber nach
Möschlitz als Cantor, wo er 1721. gestorben,
dessen

deſſen Hr. Sohn nach Graiz als Cantor, und von dar in gleicher Station nach Plauen beruffen worden.

e) Joh. Georg Otto, ein Sohn Chriſtian Ottens, Kaſten-Vorſtehers allhier, gebohren den 16. Jun. 1696. wurde Organiſt 1715. und ſtarbe den 11. Aug. 1729.

f) Chriſtian Friedrich Pauli, von welchen vorhero, wurde hier Organiſte 1729.

g) Jo. Gottlieb Uhlich, aus dem Schönburgl. wurde an. 1746. als anderer Schul-College hieher beruffen, gienge an. 1751. von hier weg nach Reuth als Schulmeiſter.

h) Joh. Chriſtian Gabler, ein Bruder des hieſigen Paſtoris, gebohren zu Schkölen an. 1720. beſuchte die Schulen zu Eiſenberg und Zeiz, dann 1741. die Univerſität Jena, wo er iura ſtudirte, und wurde 1751. als Organiſte und Schul-College hieher beruffen.

§. 13.

Ehedem muſte der hieſige Cantor zugleich Kirchner-Kirchnersdienſte mit verrichten. Nachdem aber demſelben ſolches zu beſchwerlich, und wegen Unterweiſung der ſich mehrenden Jugend unmöglich wurde, auch überdiß nicht allzu anſtändig ware; ſo wurde an. 1699. ein beſonderer Kirchner allhier geſetzet, welchem theils der Cantor von ſeinen Einkünften etwas abgiebt, theils aber das Kirchen-acrari-

um

um zu deſſen Unterhalte etwas beyträget, über dieſes demſelben an Accidentien von Leichen, Kindtauffen, Trauungen, privat- und Hauß-Communionen, auch von andern gottesdienſtlichen Verrichtungen, auſſer den Mahlzeiten, etwas an Baarſchafft und Gebühren ausgeſetzet und beſtimmet iſt. Jedoch iſt er nicht confirmiret, und hat der Cantor, bey Setzung des erſten Kirchners, ſich durch einen Revers ſo wohl als ſeinen Nachfolgern ſein habendes Recht und die beliebige Wiederruffung vorbehalten. Es ſind aber als Kirchner folgende hier anzumerken:

a) Georg Pößnecker, der erſte Kirchner, verwaltete ſolchen Dienſt 26 Jahre, und ſtarb 1728.

b) Joh. Gottlieb Pößnecker, wurde dem Vater im Dienſte beygeſetzet, dem er 20. Jahr vorſtunde, † 1758.

c) Joh. Ernſt Klemeyer, von hier, ein Tiſchler, wurde Kirchner an. 1746. und † 1757.

d) Philipp Chriſtian Wachsmuth, von Gailsdorf, ware vorher herrſchaftl. Bedienter allhier, wurde Kirchner 1757.

CAPVT IV.

Von öffentlichen Gebäuden, als Schloß, Amt= Rathhauß, Hospital und Kirchhof.

§. 1.

Das hiesige Schloß lieget auf einem er= Schloß. habenen und dichten Felsen, stösset auf der einen Seite an grossen Teich, und ist mit Wassergraben umgeben. Wenn und von wem es eigentlich erbauet worden ist, kan man nicht sagen. Doch hat man Ursa= che zu glauben, daß es sehr alt, und noch äl= ter als das Städtgen selbst seyn müsse. Die= ses zeiget nicht nur hauptsächlich die Lage und deren Verhältniß gegen die Stadt, als wel= che an der Seite angebauet ist, sondern auch die an theils Orten noch befindliche Gothische Bau=Art, und denn ausser dem dieses noch an, weil schon im XIV. Jahrhundert, nämlich an. 1342., Heinrich V. Voigt von Plauen auf demselben residiret, Mühltrof auch unter dem Namen eines Schlosses in der ersten Be= lehnung de an. 1436. und ferner im Egeri= schen Haupt=Vergleiche de an. 1459. vor= kommt. Daß es anfänglich nicht so groß noch weitläufftig gewesen sey, kan man sowohl aus

Beschaf=

Beschaffenheit der damahligen Zeiten als des
Gebäudes selbst urtheilen, an welches neue
Flügel angebauet, und das Schloß erweitert
worden. Daß es aber ehedem veste und halt-
bar gewesen seyn müsse, ist nicht nur daraus
zu schlüssen, weil die Oberlehnsherren bey dessen Verleihung die Oeffnung desselben bey allen ihren Kriegen und Nöthen sich vorbehalten haben, sondern auch, weil es auf der einem Seite am Wasser, übrigens aber auf einem Felsen lieget, wie es denn noch im vorigen Jahrhundert mit Wasser-Graben und
Schanzen, welche eingegangen sind, umgeben,
auch mit Zugbrücken und Stücken, welche mit
nach Zeiz vor die Oberländische Jagd gekommen seyn sollen, versehen gewesen. Gegenwärtig ist das Schloß sehr weitläufftig, überaus ansehnlich und enthält viele schöne Zimmer. Die doppelte Gallerie oben an dem
Thurme, auf welcher man herum gehen, und
die ganze umliegende Gegend übersehen können, ist seit etlichen Jahren abgebrochen, der
Thurm selbst aber an. 1719. und, nachdem er
wandelbar worden, an. 1753. wieder neu errichtet worden. Auf demselben blasen die
Stadt-Musici a) täglich früh Morgens, Mittags

a) Von dieser in vielen Städten sehr löbl. Anord-
nung, zumahl wenn die Andacht durch er-
bauliche Lieder ermuntert wird, ist des mehrern nachzulesen, welcher davon gar schöne Gedancken hat, Hr. M. Io. Mich. *Schmidt* in seiner
Musica-

tags und Abends ab, und bekommen davor ein
gewisses Deputat aus dem Schlosse an Geld
und Getraide. Hier ist auch noch anzumerken der überaus schöne und räumliche Stall,
in welchen etliche 30. Pferde stehen können,
desgleichen die Reit-Ställe und Bahnen,
welche Hr. Otto George Freyherr von Bodenhausen bauen lassen.

§. 2.

Die alte Schösserei ware in dem ehemah- Schösserei
ligen Kloster, über dem Hospital, allwo die oder Amt-
jedesmahlige Schösser wohnten. Da aber hauß.
das Gebäude überhaupt sehr alt, unbequem,
auch baufällig wurde, bauete man ein neues
Amthauß bey der Herren-Mühle, so ein ziemlich ansehnlich steinernes Gebäude ist, in welchen der Amtmann wohnet, und woselbst die
Gerichts-Tage gehalten werden.

§. 3.

Das alte Rathhauß, von welchen, ohn- Rathhauß
gefähr zu Ausgange des XVI. Jahrhundert,
der hiesige Bürgermeister Arnold von Grün
dem Rathe ein Stücke vor 90 fl. abkauffte,
und darüber mit selbigen in Streit verfiele,
stunde neben dem Gasthofe, die Sonne ge-
nahnt, und ware das Hauß, so ietzo des
Schneiders Oertels Witbe inne hat, welches
H 4   daher

Musico-Theologie §. 61. p. 139. ed. Hof 1754.
8vo.

daher noch, ob es schon unbegütert ist, die
Brau- und Schenck-Gerechtigkeit besitzet,
auch kein Lehn-Geld giebet.   Das neue und
ietzige Rathhauß, welches am Marckte stehet,
und ein gar ansehnlich Gebäude ist, wurde
an. 1609. erbauet, und darzu von schon gedachten Bürgermeister alhier Arnold von
Grün 154. fl. 15. gl. 9. pf. vorgeschossen, zu
deren Wiederbezahlung aber eine gemeine
Anlage gemachet.   Auf dem Thurme desselben befindet sich eine Glocke, so schon 1590.
von Nürnberg her angeschaffet, und dazu von
Hans Balthasar Edlen Sack 10. fl. geschencket worden, nebst einer Schlag-Uhr.   Die
Zeit, wenn der Ort Stadt-Recht erhalten, ist
ungewiß, weil alle Urkunden, die der hiesige
Rath gehabt hat, verlohren sind.   So viel ist
indessen sicher, daß Mühltrof schon sehr lange,
und wenigstens von dem XIVten Jahrhundert her, eine Stadt ist, wie die beygebrachten Urkunden beweisen, obschon der Ort keine Mauren hat, und die Bürgerschafft sonst
operas rusticas verrichtet; b) woraus aber
kein Beweiß vor das Gegentheil zu nehmen,
wie der langwürlge Streit des Städtgens
Wildenfels wieder Zwickau zeiget. Ubrigens hat Mühltrof alle Stadt-Gerechtigkei-
ten

b) Dergleichen Frohn-Dienste auch ehedem die
Stadt Weimar gehabt, von welchen sie gegen
einen gewissen Zinß von Marggraf Friedrich
dem jüngern an. 1707. gefreyet worden, Müller annal. p. 4.

ten, als die Brau-Gerechtigkeit nebst dem
iure prohibendi, Handwercks-Innungen,c)
gemeinschafftliche Stadt-Güter, vier Jahr-
und Vieh-Märckte, von welchen die 2. ersten,
so abgekommen waren, und nicht wieder erlanget werden konnten, von Hr. Melchior
von Bodenhausen mit vieler Mühe und Geld-
Aufwand erhalten, die 2. andern aber, nämlich der nach dem Vten post Trinit. und auf
Creuzes Erhebung von dem Allerdurchl. Hrn.
Friedrich Augusto, König in Pohlen und Churfürsten zu Sachsen an. 1694., nach der Beilage von diesem Jahre, sind verliehen worden,
ferner die Policei-Besorgung. Sonst ware
auf dem Marckte ein Brunnen. Nachdem
aber solcher eingienge, wurde ein Röhr-Ka-
sten errichtet, und von Hr. Melchior Otto
Freyhl. von Bodenhausen sub 28. Aug. 1709.
schrifftlich erlaubet, das Wasser von der bey
Langenbach befindlichen Quelle in gewisser
maasse hereinzuleiten. Das hiesige Stadt-
Wapen ist ein schwimmender Fisch, welcher
zum Andencken einer grossen Uberschwem-
mung soll angenommen worden seyn, oder
wahrscheinlicher von den in ältesten Zeiten
hierum befindlichen Gewässern, insonderheit
der grossen See am Schlosse, und den deswegen hierum angebaueten Mühlen, von welchen der Ort seinen Namen hat. Der Rath

H. 5   beste-

c) *Ludwig* diss. de opifice exule in pagis C. III. p.
16. sq. Hal. 1724.

bestehet aus 2. Bürgermeistern, dem Stadt-
schreiber und 4. Rathsherren.

§. 4.

Bürger-
meister.
Die Bürgermeister, so viel wir deren in
den vorhandenen Nachrichten finden können,
sind in der Ordnung folgende:

1) Erhard Flach, an. 1517.
2) Clemen Sachs, an. 1523.
3) Nicol Neithart, an. 1529.
4) Cunz Naupaur, an. 1535.
5) Franz Lippold, an. 1542.
6) Nicol Kemniz, an. 1556.
7) Hanns Lippold, an. 1576. † 1607.
8) Ambrosius Gasser, † 1579.
9) Hanns Bleidner, an. 1583.
10) Nicol Mühlich, † 1589.
11) Blasius Gasser, † 1590.
12) Balthasar Keumel, † 1605.
13) Mart. Neuper, † 1613.
14) Jobst Seyfert, † 1613.
15) Mart. Hofmann, an. 1615.
16) Arend von Grün, d) an. 1608 - 1618.
17) Jac. Hegner, † 1627.
18) Christoph Macher † 1632.
19) Balth. Kemniz, † 1634.
20) Christoph Hilpert, an. 1648.

21)

d) Von dieser Adel. Familie, so ehedem Hofeck
und Wiedersberg besessen, ist nachzusehen *Gau-*
be Adels-Lex. p. m. 553. Hr. *Longol.* de Curia
Regnit. §. VI. p. 38. und in Nachr. P. L. p. 122. sq.

21) Hanns Beyer † 1655. æt. 71.
22) Joh. Oehler, † 1683. æt. 69.
23) Nicol Oehler, † 1688. æt. 77.
    offic. 45.
24) Seb. Seeboth, † 1688. æt. 69.
25) Hanns Macher, † 1698. æt. 77.
26) Mart. Müller, † 1699. æt. 42.
27) Hanns Schmid, † 1704. æt. 59.
28) Joh. Werner, † 1709.
29) Joh. Töpfer, † 1713. æt. 65.
30) Joh. Siegfried, † 1715. æt. 70.
31) Augustin Richter, † 1725. æt. 79.
32) Christian Kirmeß, 1735. æt. 74.
33) Joh. Georg Seyfert, † 1739. æt. 82.
34) Joh. Peter Müller, † 1751. æt. 72.
35) Simon Gasser, † 1754. æt. 64.
36) Joh. Petr. Frid. Hanf, † 1758. æt. 71.
37) Joh. Tobias Petschner.
38) Otto Wilh. Hohenstein, † 1757. æt. 56.
39) Joh. Christoph Hermann.

§. 5.

Die hiesige Stadtschreiberei, von welcher Stadt theils eine gewisse jährliche Besoldung, theils Schreiben aber, ausser den Sportuln, eine eigene Wiese zu genüsen ist, hat, wie der Rath nach dem Abschiede no. XIII. zu thun berechtiget, bald ihre besondere Stadt-Schreiber gehabt, bald sind solche zugleich Amts= und Gerichts= Personen gewesen, die wir hier in der Ordnung anführen wollen, so viel uns deren wissend sind, als:

a)

a) Nicol Gaſſer, † 1577.

b) Nicol Roſt, Stadtſchreiber, † 1595.

c) Chriſtoph Roſt, Stadtſchreiber, † 9 Apr. 1627. war ein Sohn des hieſigen Paſtoris gleiches Nahmens.

d) Veit Roſe, Stadtſchreiber † 1655. deſſen Sohn Auguſt Roſe Lieutenant in Bayriſchen Dienſten wurde.

e) Kilian Lange, Iur. Pract. Stadtſchreiber und Amts-Actuar. kame hieher an. 1655. und gienge 1663. als Stadtſchreiber von hier nach Zwencka bey Leipzig.

f) Nicol Nöthling, von Liebengrün, Iur. Pract. Stadtſchreiber, auch Amts-Actuar. † 18. May 1676. æt. 37.

g) Joh. Ernſt Fordtran, von Schlaiz, Amts-Actuar. Stadtſchreiber, Accis - und Steuer-Einnehmer † 1714.

h) Joh. Chriſt. Wagner, zugleich Amtmann.

i) Joh. George Grohe, auch Amtmann.

k) Joh. Chr. Klaubart, auch Amtmann.

l) Henr. Gottfr. Milde, auch Amts-Adjunctus.

m) Gottl. Chriſt. Lange, Stadtſchreiber und Amtmann.

§. 6.

Hoſpital. Das hieſige Hoſpital, welches am Schloß-Berge lieget, und ein ſehr fälliges Gebäude iſt, wurde an. 1621. den 20. Nov. von Hr. Melchior von Bodenhauſen, Wil-

Wilckens Sohne, gestifftet, und mit ansehnlichen Gütern, zu Erhaltung dieser Stifftung, begabet, nach dem die Urkunde no. XV. zeiget. Wie groß und gründlich die Gottseeligkeit dieses Menschen-Freundes und liebreichen Stiffters, der dadurch ein ewiges Denckmal bey GOtt und den Menschen sich gesetzet, müsse gewesen seyn, ist noch daraus zu erkennen, daß er, über die fonds zu Ranspach und Oberpirck, noch 212. fl. an Straf- und Pfändungs-Geldern von ungehorsamen Unterthanen, sein Sohn und Nachfolger Otto von Bodenhausen von gleich christl. Gesinnungen, 20. fl. 15. gl. in das Hospital geschencket hat. Und wie die Beyspiele der Grossen von vieler Würckung zur Nachahmung sind; also folgten diesen noch viele christliche barmhertzige und wohlthätige Hertzen, welche ihr Gedächtniß durch Vermächtnisse in das Armen-Hauß im Seegen erhalten, deren Namen zu berühren zu weitläufftig seyn würde. Dadurch und durch die Zinsen, auch die legata dererjenigen, welche in dieses Hospital sind aufgenommen worden, ist dessen Vermögen ziemlich angewachsen, wiewohl es auch viele Einbussen erlitten. Es werden aber ordentlicher weise Sechs Personen, so arm elend und unvermögend, doch dabey fromm und ehrlichen Herkommens sind, in dasselbe aufgenommen, und mit Speise, Tranck, Kleidern, Holz, Licht und andern Bedürfnissen reichlich versorget. Da nun den armen Leuten vieles abgebrochen würde, und

und deswegen Beschwerden einliefen; so sezte
Hr. Franz Wilcka von Bodenhausen alles
auf einen gewissen Fuß, und verordnete nach
der Beylage vom Jahr 1672. nicht nur, was
den armen Leuten solte gegeben werden, sondern wolte auch, daß das Hospital, weil es
schon damahln baufällig ware, und hiernächst
an einen unbequemen Orte stehet, sollte neu
gebauet und an die Strasse gesezet werden,
wozu er das Holz herzugeben sich erboten, so
aber beydes nach der Hand unterblieben.
Ubrigens wird das Hospital-Vermögen durch
einen besondern Hospital-Verwalter, welcher
zugleich Land-Richter mit ist, besorget, und
sind, von der Stifftung desselben angerechnet,
folgende:

1) Barthel Seyfert, von 1621. den 15.
Nov.
2) Joh. Stange, von 1628.
3) Nicol Seyfert, sen. an. 1658-1683.
4) Nicol Seyfert, iun. von 1684. bis
1705.
5) Christian Otto, von 1706-1717.
6) Christoph Kaden, von 1717-1740.
7) Joh. Gottfr. Berg, von 1740-1755.
8) Joh. Gottlob Haller, von 1755. bis
hieher.

§. 7.

Kirchhof.   Die vornehmste Sorge der Menschen ist
allezeit diese gewesen, vor ihre Ruhestädte und
ein

ein ehrlich Begrdbniß nach dem Tode bekm̄m-
mert zu seyn. e)   Derowegen liessen sich viele noch bey Lebzeiten ihr Grab selbst verfertigen, f) oder empfohlen ihr Begrdbniß den
Kindern, die hierzu vorzüglich verbunden waren, g) oder ihren Freunden und Erben auf das
nachdrücklichste. h)   Niemahln aber ist wohl
eine Pflicht der Menschlichkeit, die sich auch
biß auf die Feinde im Kriege erstrecket, i) hei-
liger und genauer von allen gesitteten Völckern
erfület worden, als eben diese, die Todten
zur Erde zu bestatten. k)   Diejenigen, welche
entweder gar nicht, l) oder nicht in ihren vä-
ter

e) Gen. XXIII. 17. Cel. *Schlichter* Dec. sacr. p. 34. et
   Carmeli storia di vari costumi sacri e profani T. I.
   p. m. 172. Padoua 1750. 8vo.

f) *Plin.* L. VI. ep. X. *Kirchmann* de funer. L. III.
   C. XI. *Gruter.* inscript. p. 1127. no. I. Cel.
   Funccius ad leg. XII. tab. p. 426. et *Strodtmann*
   l. c. p. 428.

g) Matth. VIII. 21. cf. *Schoettgen* hor. Ebr. ad
   Matth. l. c. Cel. *Kypke* obseru. S. T. I. p. 46. et
   Doughtaeus anal. S. P. I, p. 166, ad II. Sam.
   VIII. 18.

h) Gen. XLVIII. 29.

i) Cel. *Schlichter* Dec. S. p. 31. sq.

k) Gen. XXIII. 19. XLVIX. 30. sq. *Quenstaedt*
   de sepult. vet. C. XV. XVII. *Leon. Hofmann* diss. de
   singulari Ebr. cura sepeliendi mortuos Ien. 1726.
   rec. 1733. *Schlichter* l. c. p. 28. sq. *Salmas.* ad
   ius Att. p. 563. *Nicolai* de luctu Graec. C. I.
   Gutther. de iure manium L. I. C. IX. Cel. *Cassel*
   in symb. litter. Brem. T. II. p. 339. sq.

l) *Cassel* l. c. p. 338. wo mehrere Schriftsteller
   hiervon angeführet werden,

terlichen Grüfften begraben werden konnten, m)
hielte man vor höchst unglückseelig. Derowegen wuste man einem kein grösser Übel
anzuwünschen als dieses, daß er mögte unbe-
graben bleiben. n)   Man fienge gar zeitig an,
gewisse Familien-Gräber o) vor sich und die
seinigen zu machen, und zwar überhaupt theils
auf Bergen, p) theils in Gärten, q) auf den
Feldern, r) am allermeisten aber ausserhalb
den Städten, s) an den Land-Strassen t) sowohl der schädlichen Ausdünstungen halber, u)
als

m) Iustin. L. III. C. V. *Clericus* Comment. ad Gen.
   XXIII. 4. et Cel. *Bidermann* de Xenotaph. Frib.
   1755.

n) cf. *Aringh.* Roma subterr. p. 436. et *Mabillon.*
   Muf. Ital. p. 149.

o) Gen. XXIII. 4. 20. Cl. *Brunings* antiqu. Graec.
   C. XXIX. §. 5. p. m. 385. Cel. *Bidermann* progr.
   de scholis ollarum, Frib. 1747. *Brisson* de For-
   mul. L. VII. p. m. 679. ed. *Conrad* et *Heineccius*
   ant. Rom. L. II. tit. I. §. 7. T. I. p. m. 431. sq.

p) *Almeloueen* specim. ant. p. 57. sq.

q) *Zorn* Biblioth. ant. exeg. T. I. p. 603.

r) *Zorn* l. c. p. 599. 602.

s) *Deyling* instit. prud. past. P. III. C. X. §. XV. p.
   m. 666. sq.

t) *Nimptsch* diff. de sepult. in viis publ. Lips. 1721.
   Cl. *Eisenhart* Comm. de inscript. p. 67. sq. ed.
   Helmst 1750. *Eskuche* Erläuter. der heil. Schrift
   auß Reise-Beschreib. T. I. p. 381. sq. et 416.
   Strodtmann Übereinstimmung der teutschen Al-
   tertümer ꝛc. p. 420.

u) Wovon man mehr Schrifftsteller angeführet
   findet bey gedachten *Strodtmann* l. c. p. 420.
   not. h)

als auch, damit die vorbeygehenden ihrer
Sterblichkeit erinnert werden möchten, und
wurden unter andern w) insonderheit coeme-
teria, dormitoria, Ruhe und Schlaf-Städ-
te genennet x) und vor heilig gehalten, y) Diejenigen aber, so diese der Stille und Sicherheit geheiligten Orte schändeten und die Todten störten, als Bösewichter und sacrilegi
ernstlich bestrafft, auch, wie alle grobe Verbrecher, des Begräbnisses beraubet. z) Und
damit das Andencken würdiger und verdienter Personen nicht nur geehret, sondern auch
erhalten würde; so sezte man auf deren Grä-
ber gewisse, mehrentheils steinerne, Denck-
male a) mit Auffschrifften, in welchen der
Name

w) Mehr Benennungen sehe man bey angeführten *Schlichter* l. c. obf. II. not. * p. 22. fq.

x) *Maius* obf. S. L. IV. p. 118. fq. *Zorn* Biblioth.
   p. 503. et *Almeloueen* amoenit. p. 34.

y) Ill. *Plaz* diff. de relig. sepulcr. *Heineccius* iur.
   Germ. T. II. p. 303. fq. et ant. iur. T. I. p. 428.
   Strodtmann l. c. p. 426. fq.

z) *Sam. Petitus* ad leg. Att. L. VI. tit. 8. §. 18. p.
   603. T. III. iurisprud. Rom. & Att. ed. *Heinecc.*
   Lichtwer de iure aperiendi sepulcra, *Hofmann*
   diff. de coemet. ex vrb. toll. p 9. fq. *Muratori*
   thef. nou. inscript. T. II. p. 1063. & T. III. p.
   1298.

a) Gen. XXXV. 19. 20. *Wichmannshausen* de statua
   Rahel. sepulcr. Vit. 1706. *Hottinger* de cippis
   Vitringa obf S. L. I. p. 203. *Lackemacher* obf.
   philol. P. VIII. obf. V. p. 205. fq. *Deyling* obf.
   S. P. V. obf. VII. §. VIII. p. 106. fq. Cel. *Mi-*

                    J   *chaelis*

Name und die vornehmsten Lebens-Umstände
des Verstorbenen angemercket waren, b) welche
und noch andere alte Gebräuche c) man mehrentheils heutiges Tages beybehalten hat.

Der Kirchhof zu Mühltrof lieget ausserhalb
der Stadt an der vorbeyfliessenden Wiesenthal gegen Abend nach der Lippolds-Mühle
zu, welches weißlich also geordnet, damit die
lebendigen durch die nahen und schädlichen
Ausdünstungen nicht beschweret werden. Er
ist räumlich genug, mit einer Mauer umfasset,
und auf beyden Seiten mit bedeckten Gän-
gen, worunter die Leute stehen können. In der
Mitte, dem Thore gegen über, findet man ein
Häuß-

chaelis in symb. litter. Brem. T. III. §. 8. p. 628.
Eskuche l. c. p. 385. sq. Schudt memorab. Iud.
T. I. p. 56. et 292. Adami de statua Socratis
diss. Lips. 1745. Strodtmann l. c. Abschn. IV.
§. 49. p. 423. Zorn opusc. S. T. II. p. m. 183.
sq. Wolf Cur. T. I. p. m. 330.

b) Man sehe davon, was die Ebräer betrifft,
Hottinger de cippis, Geïer de luctu Ebr. und
Schœttgen de inscript. Ebr. von den Griechen
Brunings l. c. p. 387. von den Römern Heinec-
cium in fundam. stili p. m. 287. ed. Amstel. über-
haupt aber Strodtmann l. c. p. 433.

c) Wovon ausser den schon angeführten handeln
Morestellus Kirchmann, Meursius, Quenstedt,
Geier, Nicolai und andere beym Io. Albert Fa-
bricius in Bibliogr. antiqu. C. XXIII. Io. Bing-
ham in origin. eccles. Vol. X. und dem ber. Hr.
D. Winckler hypomnem. philol. et crit. p. 70. sq.
Hamb. 1745. 8vo.

Häußgen, wo die Schule und der Pfarrer
stehet, als welcher an einem Pulpet kurze Lei-
chen-Reden hält, die Predigten aber und
Trauerreden werden in der Kirche gehalten.
Es sind auch einige Familien-Begräbnisse auf
demselben in gewissen darüber erbaueten Ca-
pellen und Gewölben, als das Möbiusische,
Gasserische, Hanfische und Lippoldische.
Wenn der Gottes-Acker zuerst hieher gebracht
worden, ist ungewiß. Aber in Jahren 1647.
und 48. ist eine neue Mauer von 93. Klafftern,
wozu Bürgermeister Arnold von Grün alhier
ein Legat von 40. fl. gemacht hatte, darum
geführet, der Kirchhof erweitert, und darzu,
ausser gedachten Legat, eine gemeine Anlage,
zu welcher die grossen Häuser 8. gl. die kleinen 4. gl. beygetragen, zusammen von 20. aßo.
8. gl. gemacht, auf den ganzen Bau aber 61.
aßo. 14. gl. verwendet worden. Neben dem
Kirchhofe ist ein Häußgen, in welchen der
Todtengräber wohnet.

CAP.

CAPVT V.

Von des Ortes ehemahliger und ießiger Beschaffenheit und Narung.

§. 1.

Innerliche Beschaffenheit. Die äusserliche Beschaffenheit des Ortes haben wir Cap. I. §. 4. beschrieben. Was aber die innerliche betrifft; so ist zwar ausser Streit, daß Mühltrof, von ältesten Zeiten her, ein Städtgen gewesen, doch haben die Bürger operas rusticas und Frohnen verrichten müssen, ist ihnen auch nicht erlaubt gewesen, ihre Feldgüter nach Gefallen zu verkaufen, oder sonst zu veräussern, als über welches letztere sie sich bey dem obersten Landesherrn beschweret, wie der Vergleich zwischen Hannß und Caspar Edlen Säcken und den zur Herrschafft Mühltrof gehörigen Städtgen und Dorfschafften de dato Weimar 1523. in Beylagen no. IX. deßgleichen der vom Jahr 1545. no. X. zeigen. Endlich haben sie sich mit Hr. Franz Wilcken von Bodenhausen in einen besondern Frohn-Vergleiche unterm 6. Mart. 1663. dahin vereiniget, daß die Bürgerschafft von allen Frohnen und Diensten, biß auf die so genannte Hofwehre zu mehen, zu heuen und einzufahren, den so genann-

ten

ten Land-Tag oder einen Tag schneiden und die
Bären-Jagd, befreiet ist; wogegen dieselbe ein
gewisses, nach dem Werthe der Güter eingerichtetes, jährliches Frohn-Geld übernommen, wie
die Beylage no. XVIII. des mehrern beweiset.
Wie sie sich denn ferner in eben demselben
und noch) in einem besondern Receß de 23.
Jun. 1666. verglichen, daß die Bürger, und
zwar ein jeder seines Gefallens, ihre Felder und
Güter Stückweise versetzen, verkaufen, vertau-
schen und veralieniren mögen, doch dergestalt,
daß gewisse Stücken Felder und Wiesen beständig bey den Häusern verbleiben, so wie alle
und jede Onera auf denselben hafften, ferner:
daß das Lehn-Geld nur auf den Fall, wenn
der Besitzer stirbt, oder das Hauß verkauffet,
keinesweges aber wenn die Herrschafft verändert wird, soll gegeben werden. Dargegen
die Bürgerschafft ein gewisses und beständiges
Lehn-Geld, das Hauß mag in grossen oder
geringen Werthe seyn, zu geben, versprochen, wovon die Urkunden no. XVIII.
und XIX. nachzusehen sind. Deßgleichen da
die zum Schlosse Mühltrof gehörigen Unterthanen ehevem, laut des Abschiedes no. VIIII.
die Fräuleins wegfahren mußten, ihnen aber,
deswegen Pferde zu halten, zu beschwerlich
wurde, so kamen sie mit wohlgedachten Franz
Wilcka von Bodenhausen den 10. Mart. an.
1663. dahin überein, daß sie, statt dieser Frohne, einen gewissen und nach Beschaffenheit der
Höfe eingerichteten Zinß, so man das Pfer-

I 3   de-

de-Geld nennet, und zwar ein jeder ganzer
Frohnhof 2. Rthl., ein halber Hof 1. Rthl., die
3 Viertels-Höfe zu Tirbach und Ranspach ieder 2. rthl., die 3 Viertels-Höfe zu Langenbuch
und Langenbach ieder nur 1. Rthl. 8. gl. jährl.
zu Weinachten entrichten. Weiter musten
auch hiesige Unterthanen die Fräuleins aus-
statten. Als nun darüber zwischen Hannsen
Sack und seinen Unterthanen schwere und
langwürige Irrungen entstunden; so wurde
dieser Streit wegen der Fräulein-Steuer
an. 1499. vom Churfürst zu Sachsen Hrn.
Friedrichen in einen Vorbescheide, davon
die Urkunde no. VIII. im Anhange befindlich,
dahin verglichen, daß diese Fräulein-Steuer
abgebracht, statt derselben aber ein jährlich
und beständiger Erbzinß an 50. Rheinl.Gold-
gülden halb zu Michaelis und halb zu Walpurgis bestimmt wurde. Endlich was das
Boten gehen anlanget, zu welchen die Unterthanen nach den Urkunden no. VIII. und XIII.
in gewisser masse verbunden waren; so entrichten die Bauern davor jährlich ein gewisses so genanntes Brief-Geld.

Es ist also Mühltrof, ausser den gedachten, von allen übrigen Frohnen und Diensten frey, und hat völliges Stadt-Recht,
besizet als gemeines Stadt-Gut die so genannte Heilings-Wiese zu 8.Fuder Heu, welches nach Ordnung der Höfe gemehet und vertheilet wird, ihr gehört auch, und zwar nur
den begüterten Häusern, der Zeiter-Bach am
Schlai-

Schlaizer Walde zu fiſchen, ferner allgemeine Huten, wie denn nach dem Abſchiede no.
XIII. den Unterthanen zu offenen Zeiten erlaubt geweſen, auch die herrſchafftlichen Wehren und Wieſen mit ihren Viehe zu behüten.
Der Rath beſorgt die Policei, ertheilet das
Bürgerrecht, ſtehet aber unter hieſigen Amte,
und hat weiter keine Gerichtsbarkeit, ob er
ſchon die niedere und die cognition über die
Händel und Sachen, ſo unter der Bürgerſchafft
vorlauffen, prätendiret, die ihm auch nebſt Ge-
burts-Briefen und Günſten oder Conſenſen,
ſo wie dem Gerichtsherrn auf den Dörfern,
nach klarer maſſe der Urkunde no. XIII., unter dem Vorbehalt, daß dem Gerichtsherrn
jährlich die Raths-Rechnungen und andere
Händel zu durchſehen übergeben werden, zu-
geſtanden worden, zu welchen Ende er ehedem ſeine eigene Dingesbanck, auch im Rathhauſe den Bürgergehorſam, oder das ſo genannte Hundeloch, als ein Zeichen der Gerichtsbarkeit, noch neuerlich gehabt, über dieß
auch mehrere Spuren und Urtel hiervon vorhanden ſind. Doch die Chur- und Fürſtl.
original-Priuilegia und andere alte Urkunden
von den Säcken, die man hieſigen Ortes beſeſſen, und worauf man ſich in den Streitigkeiten mit Henr. von Schönberg vor dem O-
ber-Hofgerichte zu Leipzig und denn 1590. vor
der Churfürſtl. Regierung zu Dresden bezogen und ſolche beygebracht, ſind durch Unacht-
ſamkeit oder Untreue verlohren gegangen, und

J 4   hat

hat der Rath allhier dermahln weiter nichts
mehr, als die Käuffe und Erbvertheilungen.

Ubrigens ist hier noch anzumercken, daß
Mühltrof ehedem seine eigene und wieder das
ius commune & Saxonicum laufende Statuta gehabt, die man Landes-Gewohnheiten genennet, und woraus man auch beweisen wollen,
daß Mühltrof vor diesen eine besondere Herrschafft gewesen sey. Dergleichen uralte Gewohnheit ware unter andern diese, daß wenn
ein Mann oder Frau ohne Kinder verstorben,
alsdenn der überlebende Ehegatte des verstorbenen Verlassenschafft geerbet, und dessen collaterales davon gänzlich ausgeschlossen. (a) Hierauf ist auch rechtlich erkannt, und unter andern an. 1535. im Schöppen-Stuhle zu Leipzig darnach gesprochen
worden. Eine solche uralte consuetudo, die
in der Herrschafft Mühltrof ehemaligen Gerichts-Ordnung enthalten, ware ferner auch
diese, daß wenn ein Unterthan einige Rüge
verschwiegen, von ieder Feuerstadt, da er
wohn-

a) Eine gleiche Gewohnheit findet man auch noch
in Schöneck, nach *Marbach* in der Schöneckl.
Chron. P. I. C. II. §. 3. p. 15. Schneeberg 1731.
4to. welcher meinet, daß sie aus Böhmen
herrühre, und zugleich versichert, daß noch
bis hieher darauf gesprochen werde. Eben
dieses, daß Eheleute, so keine Kinder haben,
sich beerben, ist in den Statutis der Hochfürstl.
Schwartzburgl. Residenz-Stadt Rudolstadt
enthalten.

wohnhafftig, 5. fl. zur Straffe entrichtet werden, davor die ganze Gemeinde ſtehen, ſolche
erlegen, und ſich hernach, an den Verbrecher
wieder erholen müſſen.   Deswegen hat der
hieſige Rath ſub 6. Sept. 1665. bey Herrn
Franz Wilcken von Bodenhauſen gebeten,
daß dergleichen harte Gewonheit, weil ſie dem
Aufnehmen der Stadt entgegen, möchte ge-
ändert, und derjenige, der eine Rüge ver-
ſchwiege, alleine beſtraffet werden.

§. 2.

Die erſte und älteſte Narung des Ortes Narung.
iſt ohne Zweifel der Feldbau, weil die Einwohner viele Feld-Güter und Grund-Stücke
beſizen, ferner das Bier-Brauen mit dem
iure prohibendi, nach der Beylage no. XIII.
wozu noch die verſchiedenen Handwercker
mit der Zeit gekommen, und inſonderheit die
Manufacturen, von welchen wir gleich ein
mehres melden wollen.

§. 3.

Nachdem das Edict von Nantes, ſo Manufac-
Henrich IV. König in Franckreich an. 1598. ctur.
den Reformirten zum beſten ertheilet, von
Ludwig XIV. an. 1673. wieder aufgehoben
wurde; ſo giengen zum gröſten Nachtheile
Franckreichs b) eine unglaubliche Menge re-
              J 5   formir-

b) Wovon Deslandes eſſais ſur la marine et ſur le
                                        com.

formirter Franzosen, die man davon refugiés,
Flüchtlinge, wegen der Religion aber Hugenotten c) nennte, ausserhalb Landes nach Engelland, den Niederlanden, vornämlich aber
nach Teutschland, und brachten, weil sie mehrentheils manufacturiers waren, die Manufacturen, die vorher in hiesigen Gegenden wenig bekannt gewesen, mit sich, so, daß viele
grosse Herren diese Leute, die vielen Nutzen
brachten, willig aufnahmen, ihnen allen Vor-
schub thaten, und durch deren Commercium
sich und ihr Land bereicherten, wie denn viele
Financiers und Staats-kluge Männer lange
eingesehen, daß die Stärcke eines Landes in
Commercien und Manufacturen, welche dem
Unterthan zu thun geben, und den Umlauff
des

commerce p. 159. j'avoue, que depuis la re-
vocation de l'édit de Nantes, sur laquelle on
doit tirer le ridau, comme le plus facheux
événement du regne de Louis XIV., plusieurs
de nos manufactures se sont naturalisées dans
les pais étrangers. Desgleichen der Graf
d'Argens lettr. Juives T. I. p. m. 68. ed. à la
Haye 1742. 8vo l'état aima mieux perdre la
quart de ses suiets et voir passer son or et ses
manufactures dans les pais étrangers, que de
permettre de prier Dieu en françois et de man-
ger du mouton le Samedi.

c) Daß Hugenotten so viel bedeuten als Genoten,
Genossen, Eidgenossen, Verbundene, behauptet
mit Loeschern, Salig und andern Hr. D. Heumann
Sylloge dissert. T. I. p. 194. not. (i)

des Geldes befördern, d) beſtehe. Da nun
Hr. Franz Wilcka Freyhl. von Bodenhauſen
vor die Aufnahme hieſigen Ortes beſorgt ware; ſo zoge er auch dergleichen Leute hieher,
lieſſe vor ſie Häuſer bauen, dergleichen eines
noch hier ſtehet in der Neuſtadt, ein bequemes und mit vielen Stuben verſehenes Gebäude, ſo biß dato die Manufactur genennet
wird, desgleichen das iezige Amthauß, ſo eben
zu dergleichen Beſtimmung am Bache erbauet
wurde, thate ihnen allen Vorſchub, und legte
eine Strumpf-Fabrique an, bey welcher man
an 12. Stühlen arbeitete, und welche ziemlich in Ruf kame. c)   In dieſen rühmlichen
Unternehmen folgte auch ſein Herr Sohn
Melchior Otto Freyhl. von Bodenhauſen. So
befanden ſich von Zeit zu Zeit Gamaliel Lam-
mas, Joh. Jac. Montpaſſan, und endlich Joh.
David Seyfert, als Manufactur-Principals
und Verwaltere: Jaques Rochelin, Pierre
Pietôt und andere aber als Pachter und Ar-
beiter allhier, wodurch der Ort nicht nur vielen Zugang und Nuzen durch die Menge der
Leute, ſondern auch ſelbſt die Einwohner viel
                                              zu

d) Man ſehe Paul Jacob Marperger neueröffne-
   tes Manufacturen-Hauß Hamb. 1704. 12. und
   andere, welche angeführet werden vom ber.
   Hr. Prof. Achenwall in der Staats-Verfaſſung
   der Europäiſchen Reiche p. m. 19. ſq. edit. alt.
   Goetting. 1752. 8vo maj.

e) cf. Hübners Zeitungs-Lexic. und Ludouici all-
   gem. Lex. voc. Mühltrof.

zu verdienen Gelegenheit erhielten. Da aber
nicht so viel Vertrieb mehr seyn, oder vielleicht
der Aufwand den Nuzen übersteigen, oder,
welches am gewissesten, die hiesige Freyhl.
Herrschafft, welche den Vorschuß thate, sehr
hintergangen werden und vieles einbüssen
mochte, indem etliche mit Schulden durch-
giengen; So gienge endlich die Manufactur
und Fabric selbst ein, und das Hauß wurde
verkauffet. Vom Nuzen der Fabriquen aber
kan man nachsehen Schröter, f) Brunnemann, g) Gundling, h) von Loen, i) von
Justi, k) und mehrere, insonderheit was Sachsen betrifft, bey Hr. Kreysig. l)

§. 4.

Jetzige Na-
rung. Dermahln bringen dem Orte die meiste
Narung, ausser dem Feldbau, die Zeug- und
Strumpfwürcker, auch andere Wollen-Ar-
beiter, die da ihren Vertreib nach Gera,
Plauen

f) In der Fürstl. Rent- und Schatz-Kammer, Leipzig 1721. 8vo.
g) diss. de increment. vrb. German. C. II. §. X. p.
   38. sq. Hal. 1703.
h) in politischen Discoursen.
i) in freien Urtheilen zu Verbesserung der menschl.
   Gesellschafft.
k) Staats-Wirthschafft P. I. C. II. und desselben
   vollständige Abhandlung von Manufacturen
   und Fabriquen, Hafn. 1758.
l) Histor. Bibl. von Ober-Sachsen P. I, p. 299. sq.

Plauen und mehrere Orte haben. Uberdiß
ſind noch allerhand Innungen und Zünffte von
Handwercken allhier, welche ihr Gewerbe treiben, und die von hieſiger Herrſchafft, ſo dazu
berechtiget, aufgerichtet, confirmiret und allenthalben zünfftig ſind. Die erſten Innungen allhier ſind die der Schuſter, Schmidte, Schrei-
ner, Becker, Böttger, Schneider, Fleiſch-
hauer, Schlöſſer und Wagner geweſen, die
da den 10. April an. 1590. von Hannß Balthaſar Edlen Sack ſind établiret, ihre Arti-
cul, die ſie, mit Zuziehung anderer Meiſter
aus Plauen, Schlaiz und Elſterberg, verfaſ-
ſet, confirmiret und beſtätiget worden. Denn
ob man ſchon vor dieſer Zeit Handwercker
allhier gefunden, ſo waren ſie doch in andern
Städten Meiſter worden. Nachhero ſind
von den Hrn. von Bodenhauſen, zu beſſerer
Aufnahme des Städtgens und des ganzen
Gebietes, immer noch mehrere Zünffte, als
Gerber, Strumpfwürcker, Glaſer, Zeugmacher, und neuerlich von Hr. Otto George Freyherrn von Bodenhauſen an. 1754. die In-
nung der Barchend-Lein- und Wollenweber,
an. 1756. aber diejenige der Seiler aufgerichtet worden. Endlich hat der Ort noch einigen Zugang von der Straſſe, welche hierdurch nach Francken gehet, wie aus der zu Amſterdam 1758. herausgekommenen accuraten
Charte des Voigtländiſchen Creyſes zu erkennen, weswegen auch eine Grenz-Zoll- und

Licent-

Licent-Einnahme sich hier befindet, und, zu
Bequemlichkeit der reisenden, ausser dem
Raths-Keller, 2. Gasthöfe , die Sonne genannt, und der halbe Mond, einige aber eingegangen sind, als der Gasthof zum goldenen Stern auf dem ehemahligen Kochischen,
iezo Fischerischen Hause in der Neustadt, welches zugleich das Priuilegium besessen haben
soll, Seiffe zu sieden und Lichter zu ziehen, so,
wie das ehemahlige Seyfertische iezo Lippoldische Hauß aufn Marckte, die goldne Trau-
be genannt, die Gerechtigkeit Wein zu
schencken.

CAP. VI.

CAPVT VI.

Von Unglücks-Fällen und merck-würdigen Begebenheiten, so sich hier zugetragen.

§. 1.

Es wird leicht kein Ort, so geringe er *Unglücks-* auch ist, zu finden seyn, der nicht zu- *Fälle über-* weilen die Ruthen des erzürnten *haupt.* GOttes, theils in Gemeinschafft mit andern, theils ins besondere erfahren, um daraus Be-wegungs-Gründe zur Demut, zur Tugend und Besserung, und zu einer vorsichtigen Klugheit auf die Zukunfft zu nehmen. Und von dergleichen ist auch Mühltrof nicht frey geblieben, obwohl die göttliche Erbarmung es mit diesem Orte, wie vielen andern geschehen ist, niemahln ganz ausgemacht, sondern ihre Straf-Gerichte gemäßiget, wie wir gleich melden werden.

§. 2.

Unter allen Ubeln ist das schrecklichste die *Insonder-* Pest. Und diese hat hier etliche mahle, vor- *heit die* nämlich im 30jährigen Kriege, graßiret, als: *Pest.*

a) an. 1598. wurde solche durch Marcus Krausen, einen Thüringischen Meher a) hie-her

a) In eben dem Jahre ware sie zu Orlamünde in

her gebracht, und riſſe ihn den 28. Novembr. deſſelben Jahres, nachhero aber noch 28. Perſonen dahin, desgleichen auch

b) 6. Perſonen an. 1625.
c) 25. ⸗ ⸗ 1633. b)
d) 17. ⸗ ⸗ 1634.
e) 35. ⸗ ⸗ 1635.

§. 3.

Rothe Ruhr und andere Kranckheiten.

An der rothen Ruhr ſtarben

a) 25. Perſonen an. 1597.
b) 3. ⸗ ⸗ 1690.
c) 2. ⸗ ⸗ 1691.
d) 10. ⸗ ⸗ 1692.
e) 121. ⸗ ⸗ 1738. und
f) 10. ⸗ ⸗ 1699. an hitzigen Fieber und Haupt-Kranckheiten.

§. 4.

Krieg.

Ob Mühltrof, wie leicht zu glauben iſt, in den Hußiten-Kriegen, c) bey welchen das Voigt-

in Thüringen, nach *Loeber* hiſt. Ephor. Orlam. p. 224. zu Arnſtadt, nach *Olear.* ſynt. rer, Thuring. p. 8. zu Reichenbach *Oliſcher* annal. §. 1. p. 88. zu Franckenberg *Bahn* in annal. Francomont.

b) Dergleichen bamahln bey nahe in ganz Sachſen geweſen, als zu Dresden, wovon der neue Bücher-Saal T. IX. P. I.. p. 87. zu Reichenbach nach *Oliſcher* l. c. desgleichen zu Schöneck nach *Warbach* l. c. p. 62.

c) Von Hußiten-Kriegen ſind, auſſer den *Dubravius*

Voigtland insonderheit allen Arten des Elendes und der Wuth ausgesetzt gewesen, auch damahln nämlich an. 1429. und 1430. ausser Altenburg, Schmellen, Krimmitschau, Werda, nur in hiesiger Gegend, d) Auerbach, Plauen, Reichenbach, Oelsniz, Adorf nebst mehrern Orten verbrannt, andere aber sonst verwüstet worden sind, e) etwas mit erlitten, können,

rius, *Hagecius, Cochlaeus, Aen. Sylvius* und andern, insonderheit nachzusehen *Theobald* de bello Huffit. und *Lenfant* hist. de la guerre des Huffites et du Concile de Basle T. I. II. Amst. 1731. 4to avec le supplement de Mr. de *Beausobre* Amst. 1746. 4to. Dieser Hußiten-Krieg fienge sich an. 1420. an, wurde vornämlich an. 1429. und 1430. mit unmenschlicher Grausamkeit im Voigtlande, wo in diesem Jahre auch obengedachte Orte ruiniret worden, geführet, und nicht eher, als an. 1436. durch das Basler Concilium geendiget.

d) Wovon *Fabricius* orig. Sax. L. VII. p. 744. und die annales vet. Cell. beym *Mencken* script. rer. Saxon. T. II. p. 417. Mehr Schriftsteller werden angeführet vom Hr. Rect. *Longolio* in Nachr. P. VI. p. 135. sq.

e) Deßhalber und wegen der Plackereien auch Sicherheit der Strassen in hiesigen Gegenden die Herren Marckgrafen in Meissen an. 1422. zu Schlewiz mit Hr. Friedrich Marckgraf und Churfürst zu Brandenburg, deßgleichen an. 1423. mit Kaiser Sigismund, und an. 1429. zu Plauen abermahln mit den Hr. Marckgrafen zu Brandenburg sich verbanden, wovon die Urkunden beym *Horn* im Leben

K　　　　Fries

können wir aus Mangel genauer Nachrichten
nicht sagen. Viel gewisser ist leider, daß,
gleichwie in dem so genannten 30jährigen
Kriege, f) welcher an. 1618. sich anfienge,
und an. 1648. durch den Westphälischen Frieden geendiget wurde, unerhörte Grausamkeiten ausgeübet, und ganz Teutschland erbärmlich mitgenommen worden, es also auch in
Sachsen, und vornämlich im Voigtlande, geschehen, als welches, da es Böhmen am nächsten mit lieget, bald von den Käiserl. Soldaten, bald von den Schweden und allerley
streifenden Parteien ruiniret, geplündert, geraubet, verbrannt, getödtet, und noch viele
Unmenschlichkeiten mehr, welche die Nachkommen kaum glauben würden, wenn die Geschichte, diese treue Bewahrerin der Wahrheit,
solche nicht aufbehalten und angemercket hätte, verübet worden. Damahln erlitte Mühltrof auch vieles. Denn nach einer vom
Bürgermeister Nicol Oehlern allhier hinterlassenen kurzen Nachricht, die wir ergänzet
haben, wurde 1)an.

Friedrich des streitbaren p. 855. sq. und 869.
sq. deßgleichen *Ludwig* rel. Mscr. T. VII. p.
499.
f) Man sehe von solchen *Hortleder* von den Ursachen des Teutschen Krieges, und die Geschichte des 30. jährigen Krieges auch hierauf
erfolgten Westphälischen Friedens. Frcf. et
Lips. 1748. 4to. Mehrere werden angeführet
von Hr. *Kreysig* in der Ober-Sächßl. Biblioth.
P. I. p. 127. sq.

1) an. 1632. den 26. Sept. das hiesige
Schloß zum ersten mahle von 50. Gallaschi-
schen Reutern beraubt, nachdem sie vorhero
den Schlaizer Wald visitiret, nachhero die
Nacht über im Schlosse geblieben, alle musi-
calische Instrumenta zerschlagen und verbrannt haben.

2) Den 10. Oct. eben desselben Jahres lage das Forgatschische Regiment von Mitt-
woch biß Freytag hier stille, plünderte das
Schloß zum zweyten mahle, zerstümmelte und
zerschluge alles, so daß damahln dem hiesigen
Schlosse sowohl als dem Orte der gröste
Schade geschahe, wie denn die Bad-Stube
nebst einem Hause und Scheune abgebrannt,
und der Bader George Schweiser von Soldaten erschlagen worden.

3) an. 1633. den 7. Aug. wurde Mühltrof,
welches biß hieher 2. mahl den Kirchen-Ornat
erhalten, mit selbigen rein ausgeplündert, auch
solches

4) den 29. desselben Monats wiederholet,
vielen das Vieh im Holze, wohin sie sich ge-
flüchtet und verborgen hatten, ertappet und
entführet.

5) Den 29. Sept. eben dieses Jahres wurde Jobst Macher am Mich. Tage, an welchen er frühe zum heil. Abendmahle gegangen,
zu Mittage im Holze gefangen, und von Soldaten erschossen, dergleichen auch an. 1640.
dem so genannten Hirten Michel wiederfahren.

6) an. 1634. den 1. April wurde alles Vieh im Schloſſe und der Stadt, vielen auch die Pferde von mehr als 150. Croaten, welche von den 16. Regimentern waren, ſo in den 6. Marggräfl. Aemtern lagen, weggenommen, und ware hier ein überaus erbärmlicher Zuſtand, biß zu Himmelfahrt. Denn um 1. oder 2. Uhr früh Morgens, auch noch eher, muſten ſich die armen Einwohner in die Hölzer und dicken Büſche verkriechen. Zu der Zeit wurde auch in Langenbach, einem nach Mühltrof gehörigen Dorfe, vieles Vieh weggetrieben.

7) Den 24. April ei. ai. wurde die Vorſtadt zu Schlaiz vor dem Böhmiſchen Thore von den Croaten abgebrannt, wobey die Einwohner daſelbſt noch viele Brandſchatzung geben muſten, auch viele Pferde und Vieh, und zu Ranſpach, ſo ebenfals nach Mühltrof gehöret, alleine 400. Stücke Schaafe weggenommen.

8) an. 1637. nachdem der Churfürſt zu Sachſen mit dem Kaiſer ſich vereiniget, haben ſtarcke Schwediſche Parteien von der Banneriſchen Armée öffters hieher geſtreiffet, gebrandſchazet, auch wohl gar geplündert, welches faſt 3. Wochen alle Tage gedauret, worauf die Kaiſerlichen ſich eingefunden, und die Schweden zurück getrieben, bey welcher Gelegenheit man denn auch hier viele Einquartirung leiden müſſen, worüber mancher verarmet,

armet, und die Leute weder Vieh noch etwas
zu essen gehabt.

9) eod. an. ist im grossen Marche das
vermauerte Gewölbe im Schlosse vom Feinde erbrochen, und daraus viele, unter solchen
aber 54. fl. deponirte und dem hiesigen Hospital gehörige, Gelder geraubet worden.

10) an. 1639. den 24. Aug. sind von einer
Kaiserl. Partie den Bodenhausischen Unterthanen 195. Stücke verschiedenes Vieh, so
man nur nach geringen Anschlag auf 1978.
Rthlr. 9. gl. geschäzet, weggenommen, und
nach Eger auch andere Orte in Böhmen getrieben worden, deßgleichen ist in eben dem
Jahre der Schwedische General Banner mit
seiner Armée wieder in hiesige Gegend gekommen, da man denn auch von hier an einen in Plauen gestandenen Obristen, Schlang
genannt, und nachher an einen andern Obristen, Gelvyr Namens, der in Zwickau lage,
monatlich grosse Brandschazung und Contribution bezahlen müssen, welches bis um das
Jahr 1640. gedauret, da man an das Chur-
Sächsische Schleinizische Regiment, so in
Plauen gelegen, ebenfals starck contribuiren
müssen, zu welcher Zeit mancher Mann seine
Güter zu verlassen, und im Elende herum zu
gehen genöthiget worden.

11) an. 1640. vor Ostern, da beyde feindliche Arméen, die Kaiserl. und Schwedische,
aus Böhmen herein marchiret, hat Mühltrof das Piccolominische Regiment 11. Tage

im

im Quartier gehabt, worauf beyde Parteien
nach Saalfeld in das Lager gegangen, von
dar alle Tage Streiffereien hieher geschehen,
und alles hinweggenommen worden, daß sich
in die 4. Wochen lang niemand dürfen sehen
lassen, sondern die Leute sich mehrentheils in
Schlaiz aufhalten musten. Worauf erst die
gröste Noth angegangen, weil weder Vieh
noch Getraide mehr vorhanden gewesen, viel=
mehr die Einwohner mit dem Schiebekaru
gegen die Böhmische Gränze hinauf fahren
müssen, um allda Korn zu kaufen, welches all=
hier sehr theuer gewesen, und das Viertel
1. Rthlr. 12. gl. gegolten, überhaupt aber die
Noth und das Elend nicht auszudrücken ge=
wesen, biß nach hergestellten Frieden die Leu=
te nach und nach sich wieder erholet, und das
Land tausendfältige Früchte getragen hat.
Vermuthlich hat man nach diesem Jahre 1640.
von dem Kriege, als welcher sich in andere Ge=
genden gezogen, hierum nicht so viel mehr em=
pfunden, zumahl auch der Schwedische Gene=
ral Banner den Bodenhausischen Unterthanen
zu Mühltrof und Leubniz unterm 29. Dec.
gedachten Jahres einen Salua guarda Brief
ertheilet, wovon die Beylage no. XVI., nach
welchen alle Brandschatzung, exaction und
Plünderung bey Leib und Lebens=Strafe ver=
boten wurde.

12) an. 1660. den 5. und 6. Sept. lage
allhier der General=Stab der Kaiserl. Trup=
pen unter dem General=Feld=Marschall Mon=
tecuculi

tecuculi, dem General-Feld-Zeugmeister
Marggraf von Baaden, und General-Feld-
Wachtmeister Graf Götze, nebst 1618. Pferden und 4179. Mann, welche Mühltrof und
Langenbach zusammen 2378. Rthlr. 18. gl.
kosteten. Dieses Corpo erhielte vieles Geld von
jedem Wirthe vor salua guarda, und muste
der Pfarrer zu Langenbach vor die Kirche zu
saluiren alleine 16. Rthlr. geben.

13) an. 1672. den 2. Sept. litte das Bo-
denhausische von den Kaiserl. Völckern unter
eben dem Montecuculi wiederum vieles, und
lage in hiesigen Gebiete das Görzische Dra-
goner-Regiment.

14) Von dem, was bey dem Schwedischen Einfall in Sachsen an. 1706., und
denn, in neuern Zeiten des gegenwärtigen
Krieges allhier sich zugetragen, finden wir um
so viel weniger etwas zu erinnern nöthig, je
mehr beydes noch in frischen Andencken ist.
Doch können wir, unter andern, unangemerckt
nicht vorbey lassen, wie daß an. 1758. den 22.
Febr. ein starcker Scharmüzel zwischen dem
Kaiserl. Königl. Splenischen Husaren-Regi-
mente, so mehrentheils in der Herrschafft
Schlaiz in Winter-Quartieren gelegen, dann
einem Bataillon Königl. Preußl. Grenadiers
von Prinz Ferdinand- und Bornstädtischen
Regimentern, welche nebst einer Escadron
Husaren vom Regimente Czeckuli und 2. Ca-
nonen von Zwickau über Elsterberg, Pausa
und Ranspach, hier angekommen und hinter
der

der Stadt dichte an den Häusern chargiret
haben, vorgefallen.

§. 5.

Feuer. · Vom Feuer hat hiesiger Art gelitten:

1) an. 1581. da hiesige alte Pfarre fast ganz
abgebrannt.

2) an. 1619. den 24. Mart. da ein Stücke vom hiesigen Schlosse durchs Feuer ver-
derbet, auch zugleich viele kostbare Sachen
in die Asche geleget worden.

3) an. 1632. brannte die Bad-Stube allhier nebst einer Scheune ab.

4) an. 1635. den 10. Aug. entstunde in
einem kleinen Häußgen bey der Herrn-Müh-
le eine schreckliche Feuers-Brunst, wodurch in
die 15. Feuer-Städte nebst Ställen und
Scheunen verzehret worden sind.

5) an. 1665. den 31. Aug. kame allhier
durch Verwahrlosung der Amtsschösserin Marien Magdalenen Freudelin Feuer aus, durch
welches 4. Häuser, als des Korn-Schreibers,
Hannß Hermanns, Martin Teubers, Simon
Gassers und Jobst Milizers nebst den Scheunen in die Asche geleget wurden, weswegen
ihnen vom Churfürsten zu Sachsen sub 11.
Jun. 1666., auf dißfalls gethanes suppliciren
und erstatteten Bericht, 2. Jahre die Land-
Steuern erlassen, und sie der Trancksteuer
von einem Gebräude Bier befreyet worden.
Gedachte Freudelin aber wurde zur Inquisi-
tion

tion und Gefangenſchafft gezogen, deren ſie,
nach geſchwornen Urpheden und Bezahlung
der Koſten, entlaſſen worden.

6) an. 1727. den 2. Jul., als am Feſte
Mariä Heimſuchung, ſchluge Mittags unter der Predigt, bey entſtandenen ſchweren
Gewitter, der Donner in die Kirche, verletzte
einen Kirchen-Vorſteher, thate aber weiter
keinen Schaden. Zu deſſen Andencken wird
noch jährlich an eben dem Feſt-Tage Nach-
mittags eine Danck-Predigt gehalten.

7) an. 1746. wurden im Hauſe des
Schmidt Bartels, und zwar im Hofe, alle
in der Hütte daſelbſt befindliche Kohlen glü-
end, ſo daß die anſtehenden Häuſer ſchon anfiengen zu glimmen, durch die Gnade Gottes
und Zulauf der Leute aber wurden ſie wieder
gelöſchet, daß weiter kein Schade geſchahe,
obſchon die Hütte ganz ausbrannte.

8) an. 1748. den 5. Mart. Mittags um
12. Uhr kame in des Schneider Oehlers Hauſe, über der Brücke, in der Vorſtadt, durch
einen glüenden Stein, welcher in die
Schweinskophe geleget worden, Feuer aus,
wodurch das Oehleriſche und des ältern Ho-
pfen Haus in die Aſchen geleget wurden.

9) an. 1748. den 4. Aug. zwiſchen 11.und
12. Uhr Mittags ſchluge der Donner in das
Petſchneriſche Haus auf dem Marckte ein,
und zündete, wurde aber auch ſogleich wieder
gelöſchet. Zu gleicher Zeit hatte auch der
Donner in das darneben gelegene Kirmeßiſche

K 5　　　　　　　Hauß

Hauß in die Stube geschlagen, und die Gläser auf den Simsen zerschmettert.

10) Den 4. Dec. ei. ai. entstunde im Schloße Feuer, wodurch ein Balcken ausgebrannt, übrigens aber kein Schade geschehen.

§. 6.

Andere unglückliche Begebenheiten. Von andern Unglücks-Fällen haben sich allhier folgende zugetragen:

1) an. 1554. sollten Christoph Ammendorf und Margaretha Macherin, wegen getriebenen Ehebruchs, am Leben bestrafft werden, wurden aber beyde von hiesiger Gerichtsherrschafft begnadiget und des Landes verwiesen.

2) an. 1584. starbe allhier Jacob Franz endlich seelig, nachdem er, wie in hiesigen Kirchen-Buche gemeldet wird, vom bösen Geiste leibhafftig besessen gewesen, und von solchen 7. Tage übel geplaget worden seyn soll.

3) an. 1586. erfrore allhier ein Koch von Schlaiz.

4) an. 1614. wurden allhier 2. Pferde-Diebe, Namens Hannß Schober und Hannß Rense durchs Schwerd hingerichtet, als in welche Straffe der zuerkannte Strang von hiesiger Herrschafft gemildert wurde.

5) an. 1619. wurde Veit Oertel von einem Baume geschlagen, davon er starbe.

6) eod. an. fiele Eberhard Kerner in der Feuers-

Feuersbrunst vom Schloße allhier, und starbe.

7) an. 1632. wurde der hiesige Bader Georg Schmeiſſer von Soldaten erschlagen, dergleichen

8) an. 1633. den 29. Sept. Jobst Machern allhier und

9) an. 1640. dem so genannten Hirten Michel wiederfahren.

10) an. 1633. wurde Christoph Seyfert, ein Sohn des hiesigen Richter Barthel Seyferts, zwischen Willesdorf und Rothenacker bey einer Mühle bößlich erschlagen.

11) an. 1637. wurde Catharina Kemnizin zu Wallengrün, die ihr eigenes Kind umgebracht, der Sack und das Rad zuerkannt, solches aber von Hr. Otto von Bodenhausen ins Schwerd verwandelt.

12) an. 1647. den 25. Nov. wurden 2. Mägde, Nahmens Margar. Hellerin von Rothenacker, und Dorothea, Nicol Gundelts von Langenbach Tochter, auf der Schanze, nahe an der iezigen Pfarr-Wohnung, von einem groſſen einfallenden Stücke Erden getroffen, die erste auf der Stelle todt, der andern, die den Tag darauf starbe, ein Bein zerschmettert, beyde aber den 27. Nov. in ein Grab geleget.

13) an. 1648. den 12. Jun. wurde Jacob Pfaff, ein Bodenhausischer Dragoner von Reuth, der sich Tages vorhero, als er ein
Pistol

Piſtol auspuzen wollen, durch einen unverſehenen Schuß im Schloſſe ſelbſt verletzet, und weidewund geſchoſſen, nach Soldaten-Art begraben.

14) an. 1651. fiele Hannß George Hecke, ein Jüngling von 20. Jahren, zwiſchen Koskau und Mühltrof bey Abend in die Wieſenthal, ertrancke und wurde den 20. Jan. in Mühltrof begraben.

15) an. 1661. wurde Jacob Keumel, Maurer, welcher in der Schloß-Arbeit zu Zeiz mit einem Rüſtholze an die rechte Seite getroffen worden, und daran geſtorben, hier begraben.

16) an. 1677. iſt Peter Richter, Amts-Bote allhier, von Simon Gaſſern im Rathhauſe durch einen Büchſen-Schuß unvorſichtiger weiſe verletzet worden und geſtorben.

17) an. 1679. den 4. Jul. iſt allhier Michael Lenck, ein Schaaf-Knecht, da er aus- und nach Langenbach getrieben, bey groſſen Donnerwetter unter einen Kirſchbaum, nahe bey Langenbach, getreten, vom Donner getödtet, die Kleider vom Blitze angezündet, und zugleich 23. Schaafe und 1. Hund erſchlagen, er aber hier begraben worden, æt. 19.

18) an. 1695. wurde allhier Chriſtian Matthes von Reichenbach, ein Schloß-Discantiſte, von Friedrich Stelznern mit einer Büchſe in der Stall-Stube unverſehens ins Herze geſchoſſen, und den 11. Febr. begraben, æt. 17.

19) an.

19) an. 1699. den 10. Jan. ist Joh. Köberlein, der am hitzigen Fieber gelegen, in der
Verwirrung in Christoph Hegners Brunnen
gesprungen, und ersoffen, doch, weil er vorhero christlich gelebet, ehrlich begraben worden,
æt. 29.

20) an. 1712. ist Johann Kemniz, nachdem er eine Zeitlang schüchtern und leutescheu
in der Einsamkeit herum gelauffen, endlich erschlagen, im Zeiter-Bach todt gefunden, aber
doch ehrlich begraben worden, æt. 13.

21) an. 1734. den 3. Mart. wurden allhier
2. Kinder-Mörderin, die Pragerinn von Langenbach, Mutter und Tochter, durch das
Schwerd hingerichtet.

22) an. 1756. den 6. Dec. ersäuffte sich ein
hiesiger Bürger und Loh-Gerber Johann Georg Oehler, indem er von seinem Krancken-
Lager aufgestanden und in das vorbey flies-
sende Fluß-Bette in der Vorstadt beym Bache sich gestürzet. Er wurde wegen dabey vor-
kommender Umstände, auf Erlaubniß der Superintendur, in der Stille an die Gottesacker-
Mauer begraben.

22) an. 1756. den 24. Sept. wurde ein
Sodomiter, Namens Joh. Adam Englert von
Ranspach, der da sollte verbrannt werden,
durch das Schwerd umgebracht, nachdem die
hiesige Herrschafft die Straffe gemildert und
verwandelt.

13) an.

23) an. 1757. mens. Ian. erhenckte sich ein hiesiger Bürger, Namens Johann Christoph Morgeneier, auf seinen eigenen Boden im Hause.

§. 7.

Conuersi. Hier sind noch diejenigen anzumercken, welche von der Jüdischen, Türckischen, Catholischen und Reformirten Religion zur Evangelisch-Lutherischen sich gewendet haben, als:

1) Ant. Dobry Tafel-Decker mit seinem Weibe ao. 1659.

2) Mart. Fischers, Schneiders Weib, ao. eod.

3) Quirin Hesse, Cammerdiener und Kunst-Drechßler.

4) Johann Möschel, Bildschnitzer, an. 1660.

5) Sal. Hofmann, Sprachmeister, an. 1661.

6) Joh. Frid. Frölich, Goldschmidt, an. 1675.

7) Lucas Camin, Glaser aus Graubündten, reform. an. 1676.

8) Mar. Magdalena, Zeugmacher Hallers Weib, aus Eger, an. 1680.

9) Anna Dorothea, Hr. Hofmeister von der Mosel Gemahlin, reform. an. 1683.

10) Jac. Hofmann von Heiligenstadt im Eichsfelde, an. 1686.

11) an.

11) an. 1688. Dom. Inuoc. wurde ein Türcke, dem Capitain-Lieut. von Posern Minckwitzischen Regiments gehörig, allhier getaufft.

12) an. 1692. ein Barbier, Johann Kreuzer, Namens, bey Grässlitz gebürtig.

13) Mar. Magd. Bircken, bey Neustadt an der Hardt zu Hause, an. 1694.

14) Wolf Christoph Meyer, Schuster aus der Pfaltz, an. 1706.

15) an. 1707. den 6. Nov. wurde allhier ein Jude, Namens Jacob Davidis, aus Vilna in Litthauen gebürtig, getäufft, und Gottlieb Christian Caroli genennt.

16) Iean Wawod, bey Strasburg zu Hause, an. 1723.

17) Anna Ros. Hünerwolfin, an. 1753.

18) Mar. Gertraud Gansmüllerin, aus Naßau-Siegen, reform. an. 1757.

CAP. VII.

CAPVT VII.

Von gelehrten Stadt = Kin= dern.

§. 1.

Von Teut= schen über= haupt. Ohnerachtet man unter allen Völckern wizige und düstere Köpffe findet; so haben doch einige den Ruhm der Ge= schicklich= und Gelehrsamkeit sich alleine zu= eignen, andere aber vor ungeschickt und unfä= hig halten wollen. Dieses ist, ausser andern Nationen, als Schweden, a) Dänen, b) Rus= sen, c) insonderheit unsern Teutschen wieder= fahren, nachdem von den Franzosen, und un= ter

a) Die *Molesworth* ferrei ingenii homines genen= net. cf. Ill. *Nettelbladt* in der Schwedischen Bibliothec St. II. no. II. p. 1. sq. wobey zu ver= gleichen der ber. Hr. D. *Heumann* Conl. reip. litter. C. VII. §. VIII. p. m. 436.

b) Von welchen, insonderheit was den neuerlich von *Petr. Burmann* gemachten Vorwurf be= trifft, nachzusehen der Freyhr. von Holberg in seiner Lebens=Beschreibung und einem be= sondern Brief, der seinen epist. lat. angehän= get, mehrere aber beym Hr. Rath *Jugler* Bibl. litter. T. I.

c) cf. *Okolski* Russia florida, und *Janozki* von ra= ren Polnischen Büchern P. I. no. 29.

ter solchen vornämlich vom Vater Bouhours d) von der Gesellschafft Jesu, und vom
Cardinal Perron, welchen andere, als Scali-
ger, Baillet, Breteville, Xaver de la Sante,
Ceiller, die Verfasser der Bibliotheque rai-
sonnée, auch so gar der wizige und in verschiedener Gestalt bekannte Voltaire, e) nachgefolget sind, die tieffsinnige Frage aufgewor-
fen worden: Ob ein Teutscher könne ein bel
esprit oder ein schöner Geist seyn, welchen
man ihnen gänzlich abgesprochen hat, dahin-
gegen den von den Teutschen abstammenden
Franzosen selbst von ihren Landes-Leuten mehr
ein spielender Wiz als Gründlichkeit beygeleget wird. f)   Mehres kan man davon nachlesen

d) Von welchen der grosse *Leibniz* saget: le Pere
Bouhours n'est propre, qu'a dire des bagatel-
les en bon francois, je n'ai rien vû de lui de
quelque conséquence, in einem Briefe, den man
findet in der Berlin. Biblioth. T. I. p. 258. Mehr
Urteile von ihm sind zu sehen im Journ. des savans
mois Jaill. 1702. und beym *Niceron* memoires
pour servir a l'hist. des hommes ill. T. II. p.
278.

e) Welcher dem berühmten Rousseau die von ihm
in Teutschland verfertigte Französische Gedichte
verwiesen, wovon der vortreffl. Hr. von *Baar*
epitr. diu. T. I. p. m. 215. sq. ed. Lond. 1753.
8vo.

f) Also nennet sie der Graf *d'Argens*, mehr spirituels
als savans in Lettr. Juiv. T. V. p. m. 228.
womit zu vergleichen Muralt lettres sur les ang-
lois & les Francois 1712. 8vo. Von dem Wiz

lesen in der Berlinischen Bibliothec, g) bey
dem ber. Hr. Prof. Gottsched h) und Hr.
Rath Jugler, i) welcher den ganzen Streit
erzählet, und zugleich mehr Schrifftsteller nennet, welchen Beausobre, Quandt, und vornämlich Grimm beyzusetzen sind, die den
Teutschen Namen, selbst in Franckreich, geschickt vertheidiget haben, k) so daß vernünff-
tige Franzosen, die vom Nation-Stolz und
Vorurteil nicht eingenommen sind, den Teutschen, wie schon ehedem Cheureau, Menage,
Baluze, Baile und Lenfant gethan, Gerechtigkeit wiederfahren lassen, indem sie ihre
Schrifften nicht nur lesen und hochschäzen, sondern auch übersezen, dergleichen Vorzugs die
Hrn. Mascov, Gellert und Rabener sich
rühmen können.

§. 2.

ze und caractére der Franzosen aber gedachter
d'Argens lettr. Juiv. T. I. p. 230. sq. desgl. in
ésprit du siécle T. I. p. 335. sq. und Tom. II.
p. 334. sq. der Hr. Présid. von *Loen* in freien
Gedancken Samml. II. p. 86. sq. und in kleinen Schrifften P. I. Sect. III. p. 84. sq.

g) Tom. II. p. 260. sq.

h) In den Anmerckungen zum achten Theile der
Abhandl. der Königl. Academie der Wissen-
ten zu Paris, Art. I. der teutschen Übersez.

i) Biblioth. litter. T. I. p. 679.

k) Man sehe auch: les progres des Allemans dans
les sciences & belles lettres, &c. Amsterd. 1752.
8vo. deßgl. des ber. Hr. D. *Büsching* neue Erd-
beschreibung P. III. T. I. Einleit. §. 17. p. 36. sq.
ed. alt.

§. 2.

Unter den Teutschen aber hat man, ausser den Westphälingern l) und Schlesiern, m)
insonderheit die Voigtländer vor unbeugsa-
me, ungeschickte zu den Wissenschafften und
grossen Unternehmungen unfähige Leute halten wollen, über welche unbillige Urteile schon Planer, n) Büchner o) und
Olischer p) nebst andern sich beklaget, und
deswegen ihren Chronicken und Schrifften
Verzeichnisse gelehrter Voigtländer mit einverleibet, q) andere aber, als Röber, r)
Stemler, s) und Haymann t) dieselben in
besondern Abhandlungen vertheidiget haben.
So wenig vernünfftig nun dergleichen Vor-

Von
Voigtlän-
dern in-
sonderheit.

L 2   würfe

l) Cel. *Rathlef* im gel. Europa im Leben des ber.
Hrn. D. *Jerusalem*.

m) Theoph. Frid. *Kaemler*, orat. de Silesiorum studiis humanior. &c. Frcf. ad Viadr. 1746. 4to.

n) de Variscia §. XVII. p. 68. sq.

o) im erl. Voigtl. p. 7.

p) Reichenb. Chron. p. 94.

q) Also findet man auch ein Verzeichniß von gelehrten Oelsnizern in curiosis Saxonicis.

r) sched. de Variscis eruditis, iis praecipue qui
scriptis inclauerunt, Ger. 1689. so man auch
in dessen dissert. schol. sel. findet, Lips. 1704.
8vo.

s) in einer gelehrten Abhandlung de Variscia viro-
rum eruditorum feraci, Lips. 1727. 4to wiewohl
er sich in einigen, insonderheit was die Erd-
beschreibung betrifft, selbst verbessert in Pago
Orla p. 16.

t) diss. epist. de claris Lobensteinens. Altenb.

würfe sind, welche Brusch u) zuerst gebraucht
zu haben scheinet, und die man mit keinen
tüchtigen Grunde behaupten kan; so leicht ist
es, solche, wenn man auch sonst keine Ursachen hätte, nur mit der Erfahrung und Beyspielen zu wiederlegen, indem das Voigtland
der grösten Krieges - und Staats-Männer
auch anderer gelehrten sich rühmen kan, so,
daß niemand, ohne Verdacht des grösten Un-
verstandes und einer elenden Unwissenheit, diesen thörichten Vorwurf wiederholen darf. w)

§. 3.

Mühltrof-
fer Stadt-
kinder.

Ob nun schon Mühltrof, nach seiner Beschaffenheit, nicht eine Menge, noch so grosse
Gelehrte darstellen kan; so hat es doch nicht
an Männern gefehlet, welche im Stande gewesen sind, dem Vaterlande würdig zu die-
nen. Wir könnten zwar eine grössere An-
zahl anführen, wenn wir alle gelehrte, so in
der Herrschafft Mühltrof gebohren worden
sind, benennen wollten. Wir begnügen uns
aber nur mit denenjenigen, welche Mühltrof
vor ihren Geburts-Ort erkennen, und welche
folgende sind:

1) Adam Keumel, von hier, Pfarrer in
Langenbuch, an. 1577.

2) Mi-

---

h) Nach dem Berichte *Planers* vom Voigtl. p. 73.
w) Mehres hiervon wird zu finden seyn in meinem Voigtlandia litterata, so zum Drucke fer-
tig, und zwar in der weitläufftigen Vorrede.

2) Nicol Oehler, von hier, ein geschickter Mann, Pastor in seiner Vater=Stadt, von welchen C. III. §. X.

3) M. Martin Gasser, wäre Pastor in Treuen, von ihm ist zu lesen *Dietmann* P. III. der ietztlebenden Priesterschafft in Sachsen.

4) Joh. Gasser, Adjoutant beym Chur= Sächßl. Feld=Maréchal von Neitschütz, und Quartier=Meister der reutenden Trabanten, an. 1692.

5) Joh. Georg Lenzner, Gräfl. Tättenba= chischer Secretaire und Gerichts=Inspector zu Gailsdorf, auch Iur. Pract. allhier, zoge nach Plauen.

6) M. Joh. Fried. Seyfert, Pastor allhier, von welchen oben C. III. §. X.

7) Joh. Nicol Seyfert, ein Bruder des vorigen und hiesigen Landrichters Sohn, wurde Marckgräfl. Brandenburg=Baireuthi= scher Commissaire, Amts=Voigt, Steuer= und Zoll=Einnehmer zu Kasendorf.

8) Joh. Christoph Seyfert, ein Vetter des vorigen, und ebenfalls hiesigen Land=Richters Sohn, wurde erst Cantor allhier, denn Pfar= rer zu Langenbuch, Mühltrofer Patronats.

9) Wilhelm Andreas Krause, des hiesigen Cantoris, nachherigen Pfarrers in Leubnitz Sohn, gienge, nachdem er die hohe Schule verlassen hatte, nach Schlesien in Condition, von dar er hieher auf das Schloß, als Hof= meister der jungen Herrschafft kame, erstlich Pfarrer zu Langenbuch, denn zu Tirbach wur=

wurde, so beydes Mühltrofer Patronats, und
den 14. April 1726. starbe.

10) Carl Christoph Roth, des hiesigen
Pastoris Sohn, wurde Pfarrer zu Langenbuch, und † den 28. Jun. 1725.

11) D. Christian Carl Otto, eines hiesigen Land-Richters Sohn, ware hier gebohren den 25. Aug. 1705. besuchte erst die Schule zu Mühltrof, denn die zu Schlaiz, endlich
das Gymnasium zu Hof, gienge an. 1723.
auf die Academie Leipzig, hörte daselbst
Mencken, Philippi, Rechenberg, Bauern,
Käftnern, begabe sich hierauf nach Wittenberg, wo er die Vorlesungen Wermers, Bastineller, Krausens und Bergers sich zu Nutzen machte, disputirte daselbst unter Kem-
merich de rusticis illorumque operis, liese
sich examiniren und zu Dresden zur Praxi
immatriculiren, promovirte an. 1728. zu
Erfurt in Doctorem iuris, worzu er sich
mit einer gelehrten Streit-Schrifft de fini-
bus geschickt machte, practicirte allhier, und
† den 30. Jan. 1735. dessen hier gebohrner
und geschickter Herr Sohn Enoch Christian
August, von welchen wir keine besondern Lebens-Umstände wissen, ausser, daß er in
Plauen und Leipzig mit Ruhm studiret, an
letztern Orte als Mag. sich befindet.

12) Joh. Friedr. Lenderich, besuchte die
Schule zu Schlaiz, hernach 1728. die Universität Leipzig, wurde Advocate und practicirte in seiner Vater-Stadt, †

13) Joh.

13) Joh. Christoph Macher, eines hiesigen
Bürgers und Beckers gleiches Namens Sohn,
und von mütterlicher Seite ein Urenckel des
so genannten gelehrten Bauers, Nicol Schmid
oder Künzel in Rothenacker, x) gebohren allhier den 16.Jan. 1720. legte die ersten Gründe
im Christentume und der lateinischen Sprache
in der Schule zu Mühltrof unter dem Cantor
Möller, worauf er zu Schlaitz unter Haynisch
und Schlottern seine Studia fortsetzte, denn im
Jahr 1749. nach Wittenberg gienge, daselbst
Hassen, Sperbach, Haferung, Hofmann, die
Zeibiche, Vater und Sohn, Bergern, Bauern, Bosen, und Boden hörte, begabe sich
an. 1742. wieder in sein Vaterland, wurde
an. 1744. Conrector bey der Schule zu
Schlaitz, an. 1745. nach Neustadt an der Orla als Rector, und an. 1747. in gleicher Station nach Plauen gerufen, so er aber beydes
ausschluge, immassen der Hochgebohrne Graf
Herr Heinrich XII. Reuß, als ein grosser
Kenner und Wohlthäter der Gelehrten ihn
mit Gnaden=Bezeugungen überhäuften, endlich aber wurde er an. 1751. nach Gera als
Professor beym Gymnasio verlanget, welchen
L 4 Ruf

x) Von welchen, ausser den vielen Schriftstellern,
so von Büchnern angeführet werden im erl.
Voigtl. p. 49., nachzusehen Cl. *Wilisch* de claris Ni-
colais, Frib. 1755. *Planer* Hist. Var. p. 73. Ein
gleiches Beyspiel meldet Hr. D. *Chr. Gotthold
Hofmann* in einer besondern Schrifft: der gelehrte Bauer betittelt, Dresd. 1756. 8vo.

Ruf er auch annahme, und sein neues Amt den 14. Oct. ei. ai. mit einer zierlichen Rede antrate, solches aber, obwohln mit den größ ten Beyfall, dennoch nicht lange verwaltete, indem er daselbst gar frühzeitig an. 1755. verstarbe. Er ware ein überaus fähiger, ge schickter und fleißiger Mann, wovon seine mit so vieler Anmut als Gründlichkeit abgefaßten Schrifften und sein hinterlassener Ruhm zeu gen, dessen Verdienste zwar erkannt und be lohnt, deren Genuß aber dem gemeinen We sen allzubald entzogen worden.

14) M. Joh. August Möbius, ein Sohn Hr. Joh. Aug. Möbii, Königl. Pohln. und Churfürstl. Sächßl. Cammer-Procuratoris des Voigtländischen Kreyses, auch Accis-Insp. zu Pausa, und Sophien Elisabeth geb. Möllerin. Wir enthalten uns, diese Nach richten durch unsere eigene Lebens-Umstände zu erweitern. Memoria nostri durabit, si vita meruimus. Plin. L. X. ep. 19.

15) Joh. Frider. Wilhelm Möbius, ein Bruder des vorhergehenden, gebohren zu Mühltrof den 28. Apr. 1738., hatte in der Jugend privat-Unterweisung, besuchte eine Zeitlang die Schule zu Plauen unter dem ver dienten Hrn. Rector Roßt als alumnus Pri mæ Classis, gienge zu Ostern 1756. auf die Universität Jena, hörte daselbst in der Welt weißheit Hr. Prof. Polz, über die schönen Wissenschafften den jüngern Hr. Prof. Walch, über die Institut. Hr. Prof. Dietmar, über
die

die Geschichte des Rechts Hr. D. Wunder-
lich, über das Recht der Natur den Hr. Hofrath Darjes, und starbe daselbst in der Blüte
seiner Tage am rothen und weissen Friesel den
11. Febr. 1757. Man konte von dessen persönlichen Eigenschafften, Fleisse und Geschicklichkeit, nach den Zeugnissen seiner Lehrer und
derer, die ihn gekannt, vieles gute erwarten,
wenn, diese Hofnung zu erfüllen, ihm wegen
Kürze seines rühmlichen Lebens wäre erlaubt
gewesen.

§. 4.

Mehrere, die noch auf Schulen sind, Beförde-
rungen.
übergehen wir, und erinnern nur noch, daß
gleichwie es ein sonderer Vorzug ist, wenn
ein Ort geschickter und brauchbarerBürger sich
rühmen kan; also eine Obrigkeit ein eigenes
Lob verdienet, wenn sie solche, nur in Absicht
auf wahre Verdienste, versorget. Denn
Belohnungen sind Ermunterungen zur Tugend, ohne welche dieselbe öffters matt wird.
Und es ist allezeit vor ein gewisses Zeichen eines wohlbestellten gemeinen Wesens sowohl,
als eine sichere Beförderung des Reichs der
Wissenschafften gehalten worden, wenn Obrigkeiten die rühmlichen Bemühungen der ihrigen
durch Versorgung zu vergelten, andere aber
darzu zu reizen sich beflissen. Derowegen haben weise Fürsten befohlen, daß ihre Landes-
Kinder vorzüglich vor fremden sollen befördert

dert werden, damit den Eltern, ihren Kindern etwas redliches lernen zu lassen, Gelegenheit gegeben werde. y) Von solchen redlichen Absichten finden wir auch hier Beyspiele, nach welchen die hiesige Herrschafft das Glücke der in ihren Gebiete gebohrnen Kinder, wenn tüchtige vorhanden gewesen sind, vor andern gemacht haben. Dieses thaten nicht nur die ersten Gerichts-Herren allhier, die edlen Säcke, wovon wir viele Personen beybringen könnten, wenn es nöthig wäre, sondern auch die Herren von Bodenhausen, vornämlich Hr. Melchior Otto, Freyhl., welcher als ein Herr, den seine viele Wissenschafften und gutes Hertze eben so viel Ehre machten als seine Geburt, die meisten, nämlich Joh. Friedr. und Joh. Christoph die Seyferte, Wilh. Andr. Krausen, Carl Christoph Rothen, und George Christoph Langen, als Stadt-Kinder und einheimische auf die uneigennützigste und großmüthigste Art befördert, dererjenigen nicht zu gedencken, die er anderwerts und auf dem Lande versorget, da mehrentheils der Vater dem Sohn im Pfarr-Amte gefolget, wie denn die Klaubarte in Roda, die Hauenschilde in Langenbuch beynahe ein Jahr hundert sich befunden. Endlich hat Herr Otto George Freyhr. von Bodenhausen, nach der ihm eigenen Neigung gutes zu thun, Hr. M. Hauenschild,

y) cf. Die Erledigung der Landes-Gebrechen vom Jahre 1612. tit. von Justitien-Sachen, §. 15.

schild, der seinen Herrn Vater zu Langenbuch
schon im Amte beygesezt ware, nach Roda, und
Hr. Past. Köthen nach Leubniz, allwo sein Hr.
Vater Pfarrer gewesen, als eingebohrne befördert.

CAPVT VIII.

Von den besondern Vorzügen der Herrschafft Mühltrof.

§. I.

Unter die besondern Gerechtsame der
Herrschafft Mühltrof, deren sie theils
ex concessione, theils praescriptio-
ne sich rühmet, werden gerechnet der Burg-
Friede a) worüber Urthel vorhanden, die
Fräulein-Steuer, so ehedem nach der Beylage no. VIII. hergebracht gewesen, die hohe,
insonderheit aber die Bären-Jagd, das Recht
den Unterthanen gewisse Gesetze zu geben, immassen Mühltrof ehedem seine eigene Gerichts-
Ordnung gehabt, nach welcher gesprochen worden, ferner: das ius lustrandi, das ius braxandi

Benen-
nung.

a) Vom Burgfrieden Schwarzkleb cp. T. I. no.
CCCLXXXX,

xandi b) in Städtgen und Dörfern zu verleihen, nach der Beylage no. XVIII., Handwercke zünftig zu machen und zu confirmiren, das Milderungs-Recht, das ius maioris mulctac nach der Mühltrofer Gerichts-Ordnung, welches in Sachen Erhard Schebels zu Langenbach im contradictorio erhalten, und darauf an. 1658. m. Iun. von dem Schöppen-Stuhle zu Leipzig, auch in Sachen Sigmund Arnolds wieder Köberlein von den Jenaischen Rechtsgelehrten erkannt worden, noch mehr das ius Capellae und einen eigenen Hof- und Schloß-Prediger, sowohl als ein eigenes Amt und Amtleute zu halten, wie denn Hr. Franz Wilcka von Bodenhausen seine Räthe gehabt, auch prätendiret, aus dem Sprengel des Amtes Plauen eximirt zu seyn, immaßen Mühltrof, als eine ehemahlige Domaine, unmittelbar unter dem Landes-Fürsten gestanden, und man dahero sich geweigert, von jemand anders Befehle anzunehmen, als unmittelbar von der Churfürstl. Regierung, c) worüber an. 1662. und folgende unter Herzog Moriz zu Zeiz gestritten worden, da gedachter Franz Wilcka von Bodenhausen einen Umlauf und Patent wieder zurück

b) Welches sonst ad regalia gehöret, und von den Gerichts-Herren regulariter nicht kan verliehen werden, Wernher sel. obs. for. P. VII. obs. 29. & P. X. obs. 434.
c) Mencken diss. de iure competente Vasall. VIII. P. 55. XXXXXX.

zurück geschicket, und sein prätendirtes Befugniß in zwey Vorstellungen an Churfürst Johann Georg II. sub datis den 23. Aug. 1661. und 12. Dec. 1665. weiter an und ausgeführet. Wie denn die Besitzer von Mühltrof ehedessen gewisser massen das ius circa sacra exerciret, die exemtion der zu Mühltrof gehörigen Geistlichkeit verlanget, auch niemahls Defensions-Mannschafft noch Schantz-Gräber gestellet haben wollen, biß es zu Zeiten des Obersten Goldstein an. 1615. und 1616. versehen, und in Abwesenheit der Herrschafft vom damahligen Amts-Schösser Abel Feigen dergleichen nach Plauen zum Auslesen geschickt worden sey, weswegen die hiesige Herrschafft sich gereget, auch nachhero Herzog Moriz selbst bey hochgedachten Churfürsten intercediret habe, weil Mühltrof in den alten Defensions-Rollen nicht zu finden sey. Bey diesen allen hat man sich theils auf die erste Belehnung vom Jahre 1436. da Mühltrof als ein Schloß, welche Benennung regalia unter sich begreiffen soll, und denn also verliehen worden, wie es ehemahls die Herren Marckgrafen in Meissen erblich besessen,

d) Dergleichen, wie auch das Recht ein Consistorium zu halten, bißweilen den Besitzern territorii subordinati und nobilibus mediatis von der Gnade der Landes-Fürsten, jedoch salvo sublimi sacrorum iure, verliehen worden, *Drewer* diff. II. de iure territ. subordin. §. VII. p. 18. sq. *Boehmer* iur. eccl. Protest. L. I. tit. 18. §. 28.

sen, nichts ausgeschlossen, als die Oefnung
und Ritter-Lehen. In solcher Absicht sey
Mühltrof als ein besonderes territorium betrachtet, und von ältesten Zeiten her das Sä-
ckische Ländlein, auch sowohl von Chur- und
Fürstl. Sächßl. als Gräfl. Reußischen Beamten eine Herrschafft, deren Statuta, wie
wir bereits angeführet, Landes-Gewohnheiten genennet, nicht weniger dem Amte Plauen,
unter dem Schösser Zürner, ehemahls durch
ein Ober-Hofgerichts-Rescript anbefohlen
worden, Mühltrof aus den Patenten zu
lassen.

§. 2.

Ursprung.   Wir haben keinen Beruf ist auch unsere
Sache nicht, diese Gerechtsame zu untersuchen, noch in selbige uns einzulassen, indem
wir einem jeden, nach den beygebrachten Urkunden, davon zu urtheilen, überlassen. Diese gemeldete Vorzüge, die man, wie gesagt,
nicht nur ex concessione, sondern auch prae-
scriptione praetendiret, rühren ohne Zweifel daher, weil Mühltrof, oben angezeigter
massen, ein Reichs- und Böhmisch Afterlehen gewesen, und da es ehedem den Herren
Voigten von Plauen gehöret, eodem titulo
& qualitate, nämlich mit den Regalien, wie
die übrigen Herrschafften derselben, von ihnen besessen worden. Ob wir nun schon von
dem ältesten Zustande der ehemaligen Herrschafft

schafft Mühltrof, insonderheit quoad nexum feudalem, wenig sagen können, noch wissen, wenn und wie es an die Hrn. Voigte gekommen, und an die Crone Böhmen zur Lehen aufgetragen worden; so ist doch, sowohl aus Beschaffenheit der Zeiten, als auch der formula translationis dominii, no. II. in Beyl. und andern Umständen leicht zu schlüssen, daß Mühltrof mit der völligen Oberbothmäßigkeit und Herrlichkeiten an die Hrn. Landgrafen in Thüringen und Marckgrafen zu Meissen gelanget sey. Und da diese, wie aus der ersten Lehens-Urkunde zu ersehen, dasselbe so, wie sie es erblich besessen, an Vasallen verliehen, und daran sich nichts vorbehalten haben, als die Ober-Lehensherrlichkeit, Oefnung und Ritter-Lehen; so sind daher die Vorzüge dieser Herrschafft, als regalia minora, oder superioritátis territorialis aemula et analoga, welche bisweilen den Landsassen von der Gnade des Landes-Fürsten, vornämlich in subfeudis und territoriis subordinatis, dergleichen Mühltrof ohne Streit gewesen, verliehen worden sind, wovon des mehrern nachgelesen werden können Griebner e) und Drewer. f) Ubrigens sind dergleichen sublimia iura territorii strictissimae interpretationis,

e) diss. de subfeudorum imperii, quae olim immediata fuerunt, praerogatiua, Lips. 1728.
f) de iure territorii subordinati diss. I. II. Lips. 1727.

tionis, und ist in zweifelhafften Fällen die
Vermutung allezeit für den Landes-Fürsten,
wenn die Belehnungen das Gegentheil nicht
ausdrücklich beweisen. g)

§. 3.

Gebrauch. Ob nun gleich von diesen Gerechtsamen,
die insonderheit Hr. Franz Wicka von Bodenhausen, gemeldeter massen, bey der deswegen geordneten Commission dem Amtmann Johann Philipp Romanus in zwey
Vorstellungen vertheidiget und mit Docu-
menten bescheiniget, nach der Zeit einige
theils gefochten worden, theils, vornämlich in
der Sequestration der Herrschafft Mühltrof,
abgekommen sind; so besizet solche doch noch
die völlige Ober-Gerichte über Kopf und
Hand, das Milderungs-Recht, so noch kürzlich an. 1756. an einem Sodomiter, Namens Englert, in Ausübung gebracht worden, die Kanzlei-Schrifftsäßigkeit, das ius
venandi zu allen Jahres-Zeiten, das ius de-
tractus, Innungen aufzurichten und zu bestä-
tigen, das ius Patronatus über die Kirchen zu
Mühltrof, Langenbach, Langenbuch und Tirbach, deßgleichen das Cantorat, Organisten-
und Kirchners-Dienste zu Mühltrof, auch die
Schulmeistereien zu Langenbach, Langenbuch,
Tirbach und Ranspach, ferner den Zoll und
Gelei-

g) *Drewer* l. c. diss. II, §. XIV. p. 39.

Geleite, das ius ſubcollectandi, h) beynahe
ungemeſſene Frohnen der Unterthanen, das
Städtgen und Wallengrün außgenommen,
obgleich öfters, auch noch neuerlich, darüber
geſtritten worden.

CAPVT IX.

Von der zur Herrſchafft Mühl-
troff gehörigen Dorfſchafften.

§. 1.

Die Herrſchafft Mühltrof gränzet, wie Mühltrof,
aus der zu Amſterdam an. 1758. was darzu
bey Peter Schencken heraus gekom-gehöret?
menen ſehr accuraten Charte des Voigtländl. Kreyſes zu erſehen, an die Chur-Sächßl.
Aemter Plauen und Pauſa, desgleichen an die
Gräfl. Reußl. Herrſchafften Schlaitz und Saalburg, beſtehend in den Städtgen und den
Dorfſchafften Langenbach, Langenbuch, Tirbach, Ranſpach, Wallengrün und Dröswein,
welche ſämmtlich hieher gehören, und die wir
einzeln mit wenigen beſchreiben wollen, worzu
noch 4. Güter in Schönberg, einem eine halbe Stunde von Mühltrof gelegenen Dorfe, zu
rechnen ſind, welche die Säcke kurz nach der
Zeit

h) Von welchen *Stryck* pecul. diſſ. und *Drewer*
diſſ. cit. II. §. X. p. 28.

M

Zeit, als sie mit Mühltrof beliehen worden
sind, an sich gebracht, so wie etliche Bauern
zu Pöllwiz und Ebersgrün, welche leztere so
wenig mehr dabey sind, als die neun Güter zu
Groß-Zöbern, a) so die Säcke zu Mühltrof
besessen und von welchen wir nicht wissen,
ob sie solche besonders gekaufft, und als allo-
dium innen gehabt, noch wie sie abgekommen. Daß aber Mühltrof von langen Zeiten ein eigen und geschlossenes territorium
gewesen, will man daher beweisen, weil es
sonst, zum Unterscheide der Reußl. Herrschafften, das Sackische Ländlein genennet, und von
den angränzenden von Alters her durch
Land-Graben abgesondert worden sey, wie die
alten Grenz-Bücher und Beschreibungen, vornämlich die an. 1604. von dem Chur- und
Fürstl. Sächßl. Commissariis, den Reußl.
und Mühltrofl. Beamten gehaltene Berei-
nung, zeigen. Ubrigens hat in den zum Schloß
Mühltrof gehörigen Dorfschaften eine andere Herrschafft nicht einen einzigen Mann, sondern sie gehören sämmtlich hieher.

§. 2.

Ehedem ist die Herrschafft Mühltrof weit-
läufftiger gewesen, indem laut der ersten Lehns-
Urkunde no. VI. die Ritter-Lehen und erbare
Mannschafft, unter welchen Ausdruck Adel.
Lehn-Leute pflegen verstanden und angezeigt
zu

a) *Longol.* Nachr. P. I. p. 263.

zu werden, b) ausgenommen und vorbehalten
worden sind, ob man schon, welche es eigentlich gewesen, ausser einigen Muthmassungen,
nicht sagen kan. Indessen erhellet unter andern daraus zugleich, daß Mühltrof ehedem
würcklich ein dynastia, dergleichen im Osterlande sich viele befunden, gewesen sey, inmassen sie ihre besondere Fürstl. Voigte, Vasallen, und dabey die grösten Vorzüge gehabt,
von welchen noch die gemeldeten Uberbleibsel
und Spuren vorhanden sind.

§. 3.

Langenbach ist ein Dorf eine Viertel Mei- Langen-
le von Mühltrof gelegen, 65. Häuser starck bach.
mit einer Kirche, an welchen dermahln Hr.
Joseph Benedict Köcher, von Harra bey Lobenstein gebürtig, mit Seegen dienet. Daß
ehedem allhier kein besonderer Priester wohnhafft gewesen, ist daher zu muthmassen, weil
nach der Urkunde no. VII. von Ulrich Sacks
Ahnleuten, welche Mühltrof an. 1436. erblich
erhalten, erst ein halber Hof zu der Pfarre ge-
baufft worden. Ob aber vorhero dieses
Dorf in geistlichen von Tanne aus, wo in al-

M 2   ten

b) Man sehe, ausser *Müller* in annal. und die deduct. Schwarzburg-Arnstadt contra Weimar
p. 27. *Thorschmid* antiquar. ecclef. Sax. P. I. p.
139. Lipf. 1732. 8vo. Cl. *Haltaus* Wörterbuch
T. I. p. 354. sq. und Hr. *Longol.* Nachr. P. VI.
p. 172. sq.

ten Zeiten schon ein Plebanus oder Ober-
Pfarrer gewesen, c) und wohin noch viele
Häuser in Langenbach frohnen, oder, weil es
von der Ballei Thüringen zu Lehen rührte, d)
vom Teutschen Orden in Schlaiz, von welchen das Ministerium dependiret, und wohin,
wie wir bald sagen werden, Langenbach jährlich gewisses Getraide ehedem entrichten muste, versorget worden, können wir nicht sagen,
so wenig uns bekannt ist, wenn und von wem
die hiesige Kirche gebauet, und die Pfarre
gestifftet worden. So viel wissen wir nach
der Beylage no. VII. daß Ulrich Sack Ritter an. 1461. einen halben wüsten Hof, wo
der iedesmahlige Priester wohnet, zur Pfarre
daselbst gewidmet, und von allen Zinsen und
Frohnen frey gemacht hat. Hiernächst muste

c) Dergleichen, wie wir p. 86. schon angeführet,
  an. 1348. Henrich von Thepen gewesen, welcher
  an. 1358. als Pfarrer zu Hof vorkommt. Daß
  aber Plebanus einen Rectorem ecclesiæ oder O-
  ber-Pfarrer bedeute, und was damit verbunden gewesen, zeigen B. Loeber Hist. von Ronneb. L. III. C. V. p. 228. sq. und der Hr. Consist. Rath Löber de Burggrau. Orlamund. p.
  55. sq.
d) Hr. Kreysig dipl. Beitr. P. I. p. 433. wo auch
  gemeldet wird, daß es vor jährliche Absenz-
  Gelder wenig oder nichts gegeben. Es musten sich aber die Pfarrer ordentlicher Weise
  ehedem bey ihren Pfarren aufhalten, oder re-
  sidiren. Wer nun dessen überhoben seyn wolte, den muste der Bischof oder Vicarius das
  von loßzählen. Longol. l. c. P. VII. p. 179.

sie vor diesen das Dorf Langenbach jährlich
42. Schfl. Getraide nach Schlaiz zum Pfarr-
Hofe geben. Es wurde aber solches, laut einer alten Nachricht, dem Pfarrer in Langenbach zugeeignet, dargegen dem Rath in Schlaiz
das Einkommen der geistlichen Lehen daselbst,
so Johann Moßbachs gewesen, und welches
gegen ein Stipendium von einen von Wazdorf
erlanget worden, folgen solte. Ehedem sollen
von hiesiger Gerichts-Herrschafft 2. Unterthanen in Langenbach, Namens Martin Erhardt
und Blasius Oehler, mit Zinsen und Lehen in
das Kloster zum heil. Creuz bey Saalburg e)
vermacht worden seyn. Ob nun schon der
Rath zu gedachten Saalburg, als Vorsteher
des Gottes-Kastens daselbst, an. 1622. bey
Hr. Otto von Bodenhausen um fernere Fort-
sezung dieser Stifftung und Folge der Unterthanen anlangte; so sind sie doch nach der
Zeit bey der Herrschafft Mühltrof geblieben.

§. 4.

Langenbuch ebenfalß ein Dorf, so drey Langen-
Viertel oder eine kleine Stunde von Mühl- buch.
trof lieget, in welchen 43. Häuser sich finden,

M 3

nebst

---

e) Dieses Adel. Nonnen-Kloster zum heil. † Bene-
diciner-Ordens, eine und eine halbe Viertel
Stunde vor Salburg ware von Henr. IV. Voigt
zu Gera an. 1193. gestifftet, auch von Jahren
zu Jahren mit neuen Einkünfften versehen.
Beckler Stamm-Tafel p. 477. 489.

nebſt einer Kirche und Pfarre, welche Hr. M.
Falcke, von Barby gebürtig, dermahln verwaltet. Dieſes Dorf hat vom Marckgraf Friedrich VI. in Meiſſen an. 1414. nach der Urkunde no. V. die Erlaubniß erhalten, Bier,
Wein und Meth zu ſchencken. Bey der Kir-
chen-Viſitation im Voigtlande an. 1582.
wurde das Dorf Dröswein nebſt andern Einkünfften, laut der Beylage no. XII., von der
Pfarre zu Thierbach ab, und zu der in Langenbuch, die ſehr ſchwach ware, gezogen, ſolche auch ſonſt durch Zulage aus Ranſpach,
wovor der iedesmahlige Prieſter allhier 5.
Predigten thun muß, und durch gewiſſe Zin-
ſen in Pauſa verbeſſert, über deren Rückſtand
an. 1646. einige Verdrüßlichkeiten zwiſchen
dem Rath daſelbſt und den damahligen Pfarrer in Langenbuch entſtunden. Unterhalb
dieſem Dorfe, eine Viertel Stunde, hart an
der Gräfl. Reußl. Herrſchafft Schlaiz, lieget
die ſo genannte Mißgunſt, oder ein Eiſenham-
mer nebſt einer Mühle, ſo beydes noch zum
Schloſſe Mühltrof gehöret.

§. 5.

Thierbach.   Thierbach, ein Dorf von 67. Häuſern,
liegt eine halbe Meile von Mühltrof, und hat
eine eigene Pfarre und Kirche, welcher Hr.
Joh. Caſp. Gipſer, von Dobia aus dem
Reußl. gebürtig, kürtzlich vorgeſtanden. Ob

das

das Geschlecht der von Tyrbach, f) so man in
Urkunden, und unter andern in einer Kalands-
Quittung, g) mit welchen man es in Zwickau,
Werda, Plauen, Schlaitz und andern Orten
gehalten, findet, von diesem Dorfe benennet
sey, können wir so wenig sagen, als wenig wir
wissen, wenn und von wem die Früh-Messe
daselbst gestifftet, wer solche verwaltet, und
ob solche, wie zu vermuthen, ehedem mit dem
Deutschen Orden zu Schlaiz in Verbindung
gestanden. Diese Früh-Messe oder geistl.
Frey-Gut, von welchen wir schon oben etwas
erinnert, ist zwar in schlechtern Umständen als
ehedem, dennoch aber von allen und jeden
Frohnen und Abgaben, nach der Beylage

M 4   no.

f) vom Jahr 1387. beym Büchner erl. Voigtl.
p. 13. Eben dieser Henr. von Tyrbach kommt
vor in einem Schenckungs-Briefe des Klosters
zu St. Petersberg bey Eisenberg de ah. 1382.
beym Horn im Leben Friedrich des streitbaren p. 657. und Dorothea von Tirbach in einer Urkunde de an. 1417. bey eben demselben
l.c. p. 830. desgl. Conrad von Tirbach, portarius
im Kloster Waldsassen an. 1358. in *Schoettgen*
und *Kreysigs* diplomat. med. aevi T. I. p. 801.
Wer weiß, ob diese Familie, da sie hierum
bekannt gewesen, zu Stifftung dieser Früh-
Messe nicht etwas beygetragen.

g) Vom Kaland sehe man, ausser *Feller* de fratr.
Calend. *Blumberg* vom Kaland, *Iken* in symb.
litter. Brem. T. II. p. 376. sq. *Schoettgen* inuent.
diplom. in indice voc. Kaland, mehrere Schriftsteller und Nachrichten, insonderheit was
Sachsen betrifft, im alten und neuen von
theolog. Sachen ai. 1738. p. 579. sq.

110. XI. frey, ausgenommen 1. Schfl. Zins-Hafer ins Schloß Mühltrof, und besitzen es dermahln Christoph Frotschers Erben. Sonsten ist von der Pfarre dahier noch anzumercken, daß der iedesmahlige Pfarrer der hiesigen Herrschafft, wenn sie auf dem sogenannten Kettenwalde jaget, nach dem Abschrecken nebst den Bedienten eine Mahlzeit, so man die Laab-Stallung nennet, geben muß, dagegen derselbe einen Haasen bekommt, so wie auch einen Karpffen vor denjenigen Stollen, so er zu Weinachten jährl. der Herrschafft zu schicken, oder davor 7. gl. zu geben, verbunden ist.

§. 6.

Ranspach. Ranspach, in Urkunden Rabesbach, auch Ramsbach, ein Dorf aus 41. Häusern bestehend, lieget drey Viertel oder eine kleine Stunde von Mühltrof, hat eine Kirche, so eine Filia von Thierbach ist, und einen eigenen alda wohnenden Schul-Meister. Hier ist ein gewisses Gut, welches noch von allen Frohnen frey ist, und von welchen man sagt, daß es ehedem seine Unterthanen gehabt habe, wenigstens ist dergleichen subinfendation ehedem eben so ungewöhnlich nicht gewesen. Daß es sehr alt, h) ist gewiß: wo es aber herkomme, und

h) Schon an. 1393. kommt Conrad Peler zu Rasbespach gesessen vor in der Urkunde no. III. wo gesessen von wohnhafftig unterschieden zu werden und was mehres, als einen blossen Einwohner anzuzeigen scheinet; daher er vielleicht auf

und was es in alten Zeiten eigentlich damit
vor eine Beschaffenheit gehabt, können wir
nicht sagen. Dieses Gut besassen die von
Neuendorf, insonderheit George, i) dessen
jüngster Sohn Ernst von Neuendorf, der mit
einer von Feilitzsch verheurathet ware, nach dem
väterlichen Testamente de an. 1607. solches
Gut in der brüderlichen Theilung um 2000.
Fl. annahme, und als unter den 4. Brüdern,
namentlich Christoph, Georg Heinrich, Marquart und Ernst über die väterliche Disposi-
tion und Verlassenschafft Streit entstanden
ware, sich den 4. Sept. 1617. zu Mühltrof mit
seinem Bruder Marquart, der das Gut Linden bekommen, und mit einer von Raab aus
dem Hause Schlodiz sich verbunden hätte,
verglice. Hierauf kam es an die Familie
von Brandenstein, von welchen Veit von
Brandenstein an. 1631. solches zuerst an sich
gebracht, dessen Sohn Adam Henrich an.

M 5   1646.

auf diesem Gute kan gesessen seyn. Man sehe
auch von diesem Worte Hr. *Longol.* Nacht. P.
VI. p. 372.

i) Dieser Georg von Neuendorf zeugete:

Christoph,	Georg Heinrich, bliebe in Franckreich, komt auch vor beym Stemler Pag. Orl. p. 217.	Marquart bekame das Gut Linden, vx. eine von Raab aus dem Hause Schlodiz,	Ernst, vx. eine v. Feilitzsch.

1646. bey der Leß-Mühle im Reußl. aus eines jungen von Metsch Rohre erschossen wurde, nach welcher Zeit, und zwar an. 1660.
Henr. Ernst von Kospoth, ob erblich oder nur
Pacht weise? können wir nicht sagen, solches
besessen. Da nun auf diesem Brandenstei-
nischen Gute viele Schulden haffteten, so kame
es an. 1664. in Concurs, wurde in eben dem
Jahre von Hr. Franz Wilcka von Bodenhausen
ge- und an. 1668. an einen Namens Hermann
um 900. Rthlr. wieder verkaufft, dessen Nachkommen es noch als ein Frohnfreyes Gut besizen, obschon über diese Frohne-Streit entstanden, wie aus dem Vorbescheide de an.
1523. und der Beylage no. IX. zu ersehen.

§. 7.

Wallen-grün. Wallengrün, k) oder, wie es auch geschrieben wird, Wallgengrün liegt ein und eine hal-
be Stunde von Mühltrof, eine halbe
Stunde von Pausa, und bestehet aus 23. Häusern. Es ist gegen ein jährlich gewisses
Frohn-Geld von allen Frohnen frey, und ob
gleich, nach dem Vergleiche de dato Weimar
1523., darum gestritten worden; so ist es doch
biß

k) Dieses Dorf hat vermuthlich seinen Namen
von wallen, d. i. gehen, daher Wallfart, deßgleichen die Valons, die Vandali, i. e. Wande-
ler. Es hiesse, wie es auch geschrieben worden,
Wallgengrün, gen oder nach den grünen wallen, weil das Dorf auf lauter Wiesen in einem
schönen Grunde lieget.

biß hieher dabey geblieben. Sonsten soll Wollengrün nach Pausa in die Kirche, wovon der Kirch-Steig noch vorhanden, gegangen, Saec. XVI. aber nach Tierbach gezogen worden seyn.

§. 8.

Dröswein hat 12. Häuser, und lieget an Dröswein der Reußl. Gränze 5 Viertel Stunde von Mühltrof. Ehedem ware dieses Dorf, wie wir bereits erinnert, nach Thierbach gepfarret. Weil aber die Pfarre daselbst starck, die zu Langenbuch hingegen schwach ware, so wurde es von den Visitatoribus an. 1582. zu lezterer geschlagen, wohin es noch zur Kirche gehet.

CAPVT X.

Vom Rittergute Leubniz.

§. 1.

Dieses Rittergut, welches 2. Stunden von Plauen und 2. von Mühltrof lieget, besasse ehedem die Adeliche Familie der Röder, a) von welchen es an Hildebrand

a) Von welchen Conrad Röder auf Leubniz, Otto zu Rödersdorf, und Conrad auf Pöhl, nebst noch wohl 100. andern von Abel an. 1430. zu Plauen, bey Ergebung des dasigen belagerten Schlosses

debrand Eichelberg von Trützschler, b) und von solchen an Melchior von Bodenhausen kame. Von der Zeit an ist es beständig, obwohln als ein besonderes, unter dem Bezirck des Amtes Plauen gelegenes, und ehedem zu der Zeizer Landes-Portion gehöriges Gut mit Mühltrof unter einem Herrn verbunden gewesen.

§. 2.

Es gehöret darzu das ganze ansehnliche und in einer angenehmen Gegend liegende Dorf Leubniz, allwo ehedem 2. Güter oder Vorwercke, nämlich der Ober- und Unter-Hof, waren, davon noch der eine, so ein altes Gebäude ist, am Ende des Dorfes stehet, ferner: einige Mühlen bey Leubniz, unter welchen eine gute Pappier-Mühle, dann viele einzelne Unterthanen und Güter in den Dörfern Roda, Demeusel, Tobertiz, Stelzen, Closchwiz, Oberpirck, Drochaus, Mel-

theuer

Schlosses von den Hußiten, wider den gemachten Vertrag, treuloser und mörderischer weise, umgebracht worden. cf. *Planer* hist. Var. p. 116. sq. Die von Abel benennet *Münster* Cosmograph. p. 1010.

b) Diese Familie, so Stein, Leubniz und Schneckengrün besessen, soll von der noch, vornämlich in hiesigen Kreyße, blühenden berühmten Trützschlerischen unterschieden gewesen, und an. 1632. ausgegangen seyn nach *Gauhen* Adels-Lex. p. 1759.

theuer, Kowizwalde, Thiergarten, Schönberg, Fasendorf, auf welchen ehedem meistens
Adeliche, als die von Gailsdorf, Röder,
Tettau und mehrere gesessen, nachhero aber
zusammen gekaufft worden, mit allen Gerichten, obersten und niedersten, Zinsen, Frohnen, Diensten und Zugehörungen, nach der
Beylage no. I. im Anhange. So gar hat
dieses Gut den dritten Theil an dem alten
Schlosse c) zu Plauen, und gewisse auf ver-
schiede-

c) Ist vermuthlich das noch stehende Schloß, so
der Ratschauer heisset. Das uralte nunmehro verwüstete aber, die Dobenau genannt,
auf welchen in ältesten Zeiten die Grafen von
Eberstein residiret haben, lage ohngefähr eine
Viertel Stunde von der Stadt, ware, wie die
Endung au anzeiget, ohne Zweifel von den
Wenden erbauet, und gehörte darzu ein gar
ansehnliches Gebiete oder vielmehr besonderer
Pagus Dobenc, von dem Plaw der Haupt-Ort
seyn mochte. Die Grafen von Eberstein, älteste Besitzer desselben, so viel man zuverläßig
weiß, haben solchen ohnfehlbar von Sächsi-
schen Kaisern, welche die Wenden in hiesiger
Gegend überwunden und vertrieben, erhalten, cf. *Moser* hist. diplomat. Belustig. Tom. I.
p. 189. und damit die Hrn. Voigte von Plauen
Saec. XI. beliehen, endlich aber insonderheit
Hermann Graf von Eberstein, mit Genehmi-
gung seines Bruders Otto, Domhr. zu Hildesheim und Minden, das Gebiete Dobenc,
so bisher von ihnen zu Lehen genommen worden, an. 1328. an die Crone Böhmen überwie-
sen, wie wir bereits p. 23. sq. gemeldet. Vielleicht wird der ber. Hr. Rect. *Longolius,* der eine

schiedenen Häusern daselbst liegende Zinsen
an Gelde und Unschlitt. Woher aber und
durch welche Verbindung solche hieher gekommen, kan man nicht sagen. d)

§. 3.

Sonsten ware das Rittergut Leubniz ein
Mann-Lehen, hat aber nunmehr die Erb-qualité, so, daß davon nach Gefallen kan disponiret

ne Chronick von Plauen öffentlich versprochen, auch dieses, nach seiner weitläufftigen
Wissenschafft in der Geschichte, zu deren
Sammlung er so viele Gelegenheit gehabt,
in ein grösseres Licht sezen. Von den alten
ber. Grafen von Eberstein aber ist die Nieder-
Sächßl. Linie, welche hieher gehört und vieles
besessen, an. 1413. mit Graf Hermann die
Schwäbische, an. 1660. die Pommerische, an.
1663. ausgestorben. Man sehe des ber. Hrn.
D. *Büsching* neue Erdbeschreib. P. III. T. II. p.
1402. 2166. und 2585.

d) Vielleicht ist Leubniz ein zu Plauen gehöriges
Burg-Gut gewesen, und mit demselben be-
benannte Zinsen gewissen Vasallen, wie an.
1337. von Heinrich dem langen Voigt zu
Plauen Hannßen von Kospoth, als Burg-
gut verschrieben worden, man sehe *Beckler*
Stemm. p. 45. oder es sind die ehemahligen Besitzer von Leubniz Burg-Voigte in Plauen gewesen.

niret werden, wie auch die Kanzlei-Schrifft-
säßigkeit, welches beydes Hr. Melchior von
Bodenhausen zuerst erhalten, ferner und in-
sonderheit die hohe Jagd durch die Hölzer und
Fluren der Dörfer Rößniz, Rodersdorf,
Thossen, Schönlind, Tobertiz, Roda und
Kornbach, welche Franz Wilcka von Bodenhausen den 9. Sept. 1664. vom Herzog
Moriz zu Sachsen-Zeiz um acht hundert Gülden Meißnl. als Mann- und Weiber-Lehen
an sich gebracht, und darüger im Namen Hr.
Joh. Georg III. Churfürsten, und dessen Hr.
Söhne, Joh. Georg IV. und Friedrichs als
Vormünder Herzog Moriz Wilhelms zu Zeiz
vom Präsidenten und Erblandes Regierung
desselben sub dato Morizburg den 16. Jan.
1684. die Lehen erhalten. Es sind mit dieser hohen und niedern Jagd auf alles hohe und
niedere Wildpret, insonderheit aber auf Bä-
ren, Luchse, Hirsche, Thiere, Sauen, Wölfe
und dergleichen, die Ober-Gerichte, die Folge, und andere Vorzüge verbunden, nach welchen in den Resieren der Adelichen gejaget
werden kan, die Verbrecher dargegen sogleich
ausgeliefert werden müssen, die Hölzer, worinnen gejagt wird, pfleglich gebraucht, und
nicht abgetrieben werden dürfen, u. d. m.
Überdiß darf in diesen Resieren durch das ganze Jahr ohne Beobachtung gewisser Zeiten,
gejaget, geschossen und gepürschet werden, auf
den Fall, wenn die Landes-Herrschafft dergleichen

gleichen thut, als nach welcher man sich hierinnen zu richten hat, nach der Beylage im Anhange no. II.   Ferner besitzet das Rittergut
Leubnitz die Ober-Gerichte über Halß und
Hand, so weit die Leubnitzer Fluren gehen,
auch an einigen andern Orten, nach der Urkunde no. I. im Anhange, nicht weniger das
ius Patronatus über die Kirchen zu Leubnitz
und Roda, so daß es Pfarrer und Schulmeister beruffet, an welchen ersten Orte Hr. Otto
Heinrich Köthe als Pastor, am andern aber,
nämlich in Roda, Hr. M. Hauenschild dermahln als Diaconus von Leubnitz stehet. Dieser Dienst ist an. 1613. gestifftet, und Nicol
Olearius von Mühltrof als der erste Diaconus berufen worden.   Denn weil der Pfarrer in Leubnitz die dahin bis hieher gewiesenen
11. Dörfer in geistlichen, ferner alleine gehö-
riger massen zu versorgen nicht im Stande
ware; so wurde Hr. Melchior von Bodenhausen, als Collator, mit den eingepfarrten Herren von Adel zu Roda, Schneckengrün, Rößnitz und Tobertitz einig, einen neuen Diaco-
num nach Roda zu setzen, und dessen Seelen-
Sorge die Dörfer Roda, Tobertitz, Schönberg, Demeusel und Kornbach zu übergeben.
In solcher Absicht erlegten nicht nur bemerck-
te von Adel nebst den eingepfarrten Gemeinden, wozu auch beyde Gotteshäuser ein ansehnliches beytrugen, aus freyen Willen zusammen 1200. fl., vor welche dem neuen Diacono in Roda ein Gut, auf dem er iederzeit
wohnen

wohnen und solches nutzen sollte, gekaufft wurde; sondern derselbe bekame auch, zu seinem
beſſern Unterhalt, etwas von dem ohnehin ſtar-
cken Einkommen des Schuldienſtes zu Leubniz, als jährlich 16. Schfl. Korn, 3. Fuder
Heu von der Pfarr-Wieſe daſelbſt, die ſo genannten kleinen Häußgens Groschen, 9. fl.
Franck-Steuer, und 8. Clafftern aus dem
Pfarr-Hölze, ferner die Accidentien von den
ihm zugetheilten Dörfern, einiges deputat
von den von Adel und andere emolumenta.
Dieſe Stifftung wurde alſo von dem Hochlöbl.
Conſiſtorio zu Leipzig vor genehm gehalten,
und unterm 25. Jul. 1670. confirmiret. In
ſolcher ware, auſſer den dem Pfarrer vor-
behaltenen Pfarr-Recht und der ihm in ſolcher
Qualité von dem Diacono zu bezeugenden
Achtung, unter andern auch weißlich verordnet, daß der iedesmahlige Pfarrer und Ca-
plan, und zwar einer nach dem andern, wechſelsweiſe bald in Leubniz bald in Roda Sonntags Beichte ſitzen, predigen und das heil.
Amt halten, beyde auch, was ein jeder an
Beicht-Gelde oder ſonſt bekäme, zu behalten
berechtiget ſehn ſollten. Nachdem aber, dieſer ſehr guten Abſicht ohngeachtet, nach welcher man ohne Zweifel durch die Verſchieden-
heit der Gaben die Erbauung deſto mehr befördern wollen, über dieſe Wechſel-
Predigten vielfältiger Verdruß entſtanden,
und ſolche eine immerwährende Urſache und
ärgerlicher Gegenſtand des Neides, Zanckes,

Strei-

Streites und anderer unordentlichen Leidenschafften gewesen; so sind solche bißweilen un-
terbrochen, auch eine Zeitlang gar unterlas-
sen worden, ohnerachtet man bereits an. 1678.
und folgende Jahre, auch noch ganz neuerlich,
darüber gestritten. Wenn übrigens die Kirchen zu Leubniz und Roda erbauet oder verbessert worden, ist uns unbekannt, ob wir schon
so viel wissen, daß beyde ehedem unter dem
Teutschen Hause zu Plauen, gestanden. e)
Das Dorf Leubniz aber, scheinet uns, wie wir
aus der Endung iz urtheilen, Wendischen Ursprungs, f) mithin, gleichwie das schon in der
Stifftungs-Urkunde der Plauischen Stadt-
Kirche de an. 1122. benannte, nicht weit von
hier gelegene Dorf Chrieschwiz, g) nebst andern gleicher Endung, überaus alt zu seyn.

e) Hr. Oettel Hist. Plaul. Superint. p. 19.
f) Wovon oben in diesen Nachr. p. 11.
g) Oettel l. c. p. 6.

Beylagen.

Num. I.

Wir Heinrich Ruße von Plauwe, Heinrich der Elder vnd Hein= rich der Jünger, Voyte von Gera, Heinrich der Jünger von Plau= we, a) Her zu Müldorff, vnd Boto von Jlburgk, Herr zu Liebenwerde, thun kund al= len Ludten vnd bekennen offentlich, an diesen Brieffen, das wir in guten Treuen gelobet han vnd geloben an diesen Briefe vmme den

N 3   Friede

a) Ware Henrich V. ein Bruder Henr. IV. Voigts zu Plauen in Plauen, dessen Sohn die burg= gräfl. Würde an sein Hauß brachte. Dieser Henr. V. besaße Mühltrof schon an. 1320. nach *Beckler* Stamm=Taf. p. 253. welcher p. 04. auch auf gegenwärtige Urkunde sich beziehet, starbe ohne Erben, und Mühltrof fiele an seines Vaters Bruders Sohn Henrich den langen, deren Verwandschafft aus der unter= gesezten kleinen Tabelle erhellet.

Henrich der ältere Voigt zu Plauen.

Henrich der ältere Voigt zu Plauen, Reichs=Hof=Richter zu Altenburg.	Henrich Bohemus ohne Er= ben.	Henrich der jüngere, Rutz= ze genannt.
Henrich IV. zu Plauen. Henrich V. zu Mühl= trof.		Henrich Henrich der lan= der klei= ge. ne.
Henrich I. Burggraf.		

Num. I.

Wir Heinrich Ruße von Plauwe, No. I.
Heinrich der Elder vnd Hein: de an. 1340
rich der Jünger, Voyte von
Gera, Heinrich der Jünger von Plau=
we, a) Her zu Müldorff, vnd Boto von
Ilburgk, Herr zu Liebenwerde, thun kund al=
len Ludten vnd bekennen offentlich, an diesen
Brieffen, das wir in guten Treuen gelobet
han vnd geloben an diesen Briefe vmme den

N 3 **Friede**

a) Ware Henrich V. ein Bruder Henr. IV. Voigts
zu Plauen in Plauen, dessen Sohn die burg=
gräfl. Würde an sein Hauß brachte. Dieser
Henr. V. besasse Mühltrof schon an. 1320. nach
Beckler Stamm=Taf. p. 253. welcher p. 44.
auch auf gegenwärtige Urkunde sich beziehet,
starbe ohne Erben, und Mühltrof fiele an
seines Vaters Bruders Sohn Henrich den
langen, deren Verwandschafft aus der unter=
gesezten kleinen Tabelle erhellet.

Henrich der ältere Voigt zu Plauen.

Henrich der ältere Voigt zu Plauen, Reichs=Hof=Richter zu Altenburg.	Henrich Bohemus ohne Erben.	Henrich der jüngere, Ruz: ze genannt.
Henrich IV. zu Plauen.	Henrich V. zu Mühls: trof.	Henrich der lan: ge. / Henrich der kleine.
Henrich I. Burggraf.		

Friede vnde die Teydingen, die der Aller-
durchlauchtigste vnser Herre, Herre Ludewige,
Romischer Käyser, zwischen dem Erwirdigen
Vater in Gothe Herrn Hern Heinrichen
Ertzbischoffe zu Meintz vnß vnde andern sinen
Frunden, Helffern b) vnd Diener auff eyne
Sythen, vnd Schinber Irlucht Fursten, vnserm Herrn Herrn Friedrichen c) Marggrafen zu Missen, vnd allen sinen Frunden, Helffern vnd Diner of die andern Siten, gemacht

b) Solche waren, auffer obbenannten Herrn. und
Friber. Grafen von Orlamünde, Hrn. zu Weimar, Dietr. und Henr. nebst ihren Gebrüdern,
Grafen von Hohenstein, Günther und Henr.
Grafen von Schwartzburg-Arnstadt, Herrmann
von Schönburg, Joh. von Waldenburg. Henr.
und Joh. von Salza, nebst Gebrüdern, wovon
des mehrern Paul Jovius, oder, welches deffen wahrer Name, Paul Götze in der schon angeführten Deduct. Schwartzburg Arnstadt contra Weimar in Beil. p. 159. sq. deßgl. in *Schoettgen* und *Kreysigs* diplomat. med. aeui. T. I. p.
334. sq.

c) Ware Marckgraf Friederich der ernsthaffte,
ein Printz Friedr. des freudigen oder des gebif-
senen, gebohren an. 1310. von Elisabeth Grä-
fin von Arnshaugk, † 1349. mit ihm hielten
es bey dieser Gelegenheit die Erfurter, einer von
Wangenheim und andere. Er wurde, nach dem
Tode des obgedachten Kaiser Ludwigs aus Bai-
ern, seines Schwieger-Vaters, an. 1348. zum
Röm. Kaiser erwählet, begabe sich aber dieser
Würde gegen 10000. Marck Silbers, wovon
Horn in einer eigenen Schrifft und andere bey
Hr. *Kreysig* Hist. Bibl. P. I. p. 41. sq.

macht vnd geteidinget hat, biß vff den obersten, den man nennet den zwölff tag nest ko-
ment, vnd den tag gantz, daß wir denselben
fride, der antreten solln vff den nesten Don-
nerstag, alse der Tag anebricht, vndt die vorgenannten teydinge, also were die vnß ane-
rure mogen oder aneturend, stete vnd gantz
vnuorbruchlichen halten wollen vnd sullen,
nach dem briefen, die vorgenannte unser Herre der Kayser, vnde vnser Herre von Mentze
darober gegeben haben. Vnde daß zu Ohr-
kunde rc. der gegeben ist nach Gotes geburte
druzehn hundert Jahr, in dem zwei vnd vier-
zigsten Jare, an der Frowen sant Elisabethen
tage.

Num. II.

W ir Heinrich der Elder, Volt von
Plauen, genannt der lange a) be-
kennen offentlich vor uns, Heinri-
N 4 chen

a) Dieser Henrich ware ein Sohn Henr. I. Ruzze,
und wird in Urkunden der ältere oder lange
genannt, zu Unterscheidung von seinem Bruder Henrich den jüngern oder kleinen, Herrn,
zu Gratz und Ronneburg, und Marggraf
Friederich des ernsthafften in Meissen Vormund. Dieser Henrich der ältere wurde nach
seines Vaters Bruders Tode Kayserl. und des
Reichs Land-Hof-Richter über die Reichs-
Städte

chen und Heinrichen unsere Sone, b) vnd alle vnsere Erben, vnd thun kund allen denen, die diesen
Brieff sehen, horen oder lesen, das wir mit wohl-
bedechtigen muete, gutten willen vnd vorrate vnser getreuen Manne, ein recht erblich Wechsel getan haben mit den hochgebornen Fursten,
Herrn Friedrich, Herrn Balzern, Herrn Wilhelm, Landgraven zu Duringen vnd Marg-
graven zu Meißen, vnsern lieben gnedigen Herren,

Städte Altenburg, Chemnitz und Zwickau,
davon das dipl. de an. 1316. beym *Beckler*
Stemm. p. 265., erhielte, ausser den väterl. Gütern, von seines Vaters Bruders Sohne
Henr. V. Mühltrof, und von seiner Gemahlin Jrmengard, des Geschlechts von Damis,
das Schloß Golsen in der Niederlausitz, welches also keinesweges, wie *Beckler* l. c. p. 44.
sq. und nach ihm *Juncker* Geogr. med. aevi p.
530. wollen, die Residenz des Burggraftums
Naumburg gewesen, welchen irrigen Begriff
Koerber verbessert in Histor. Nachr. p. 42. sq.
Mehres findet man von ihm beym *Beckler*
l. c. p. 44. & 263 sq. und Hr. *Longol.* Nachr.
P. VI. p. 309. sq. Er muß sehr alt worden
seyn, weil seiner schon in Urkunden an. 1302.
und noch an. 1363. gedacht wird, mithin derselbe nicht, wie einige davor halten, an. 1339.
gestorben seyn kan.

b) Von denen der jüngere Prediger-Mönch zu Pe-
gau, der ältere aber Deutsch-Meister in Preußen
wurde, welche Würde viele aus diesem Hause erhalten, und deren eines Leben ausführlich beschrieben wird in Hist. Samml. zur Erläut. der
deutschen Staats-Kirchen- und gel. Geschichte
P. I. St. I. II. p. 35. sq.

ren, vnd allen ihren Erben vnd Nachkomen, mit
diesen nachgeschriebenen Schlossen vnd Gutern, Mit Muldorff, Labau, Hersberg, c)
Widersberg, d) Adorf, e) Neuenkirchen, f)
vnd Paußen g) mit allen Mamschafften da
oben

c) Dieses Hersberg oder Hirschberg, von welchen
auch eine eigene sehr alte Familie sich schrei-
bet, wurde, wie wir schon gemeldet, an die
Hrn. Voigte von Plauen versezet, von Henr.
dem langen an die Hrn. Marckgrafen in
Meissen, und von solchen an Kaiser Carl IV.
an. 1559. überlassen, auch in dem Verein zwischen Friedrich, Balzer und Wilhelm, Gebrüdern, Marckgrafen zu Meissen und der Crone Böhmen von Jahre 1372. letzterer garantiret.
Man findet solchen bey Hr. Longol. Nachr. P.
II. p. 10. sq. wobey zu vergleichen, was wir o-
ben p. 22. 25. 31. 61. hiervon bereits gemeldet.

d) Wiedersberg war sonst berühmter als ietzo,
und wird in Urkunden eine Veste genennet,
Longol. Nachr. P. I. p. 264. Ehedem hat sich
ein altes Adel. Geschlecht der Hrn. von Wiedersberg oder Wirsberg davon geschrieben,
deren viele in diplomat. vorkommen.

e) Von diesem uralten Schriffsäßigen Städtgen
hat Valent. Apel eine eigene Chronic verfasset,
so noch im Mscr. lieget. Ubrigens ist es allezeit ein Pertinenz-Stück von Oelsniz und
Voigtsberg gewesen.

f) Dieses ebenfalls Schrifftsäßige Städtgen
gehörte ehedem Saec. XIV. den Freyhl. und
Burggrafen von Schlick aus Böhmen, die
auch das benachbarte Schöneck eine Zeitlang innen gehabt.

g) Pausa, oder Pusin auch Pawsa in Urkunden,
haben

oben im Lande, vnd auswendig des Landes,
wo die gesessen sind, ausgenommen der Mann-
schaft

haben die Hrn. Voigte vorhero besessen, kame
also in diesen 1357sten Jahre an die Hrn.
Marckgrafen in Meissen, von solchen, wenn
Becklern stemm. p. 44. zu trauen, an. 1371.
nebst andern durch Wechsel wieder an Hrn.
Henr. IV. oder den mittlern, daher es denn
an. 1382. die Hrn. Voigte noch, wiewohl als
ein Meißnl. Lehen, innen gehabt. Hierauf gelangte es aus Wilh. des einäugigen Verlaß-
senschafft an. 1410. an Friderich den jüngern,
uno bliebe bey dem Durchl. Hause Sachsen
biß auf die unglückliche Schlacht bey Mühlberg an. 1547. da es nebst andern wieder an
die Hrn. Burggrafen in Meissen, insonderheit
Henr. V. gekommen, welcher an. 1551. derselben ihre Priuilegia bestätiget, davon die
Urkunde beym Büchner erl. Voigtl. p. 267.
Im Jahr 1549. suchte diese Stadt um einen
Wochen- und Jahrmarckt an, *Beckler* p. 122.
sq. An. 1556. muste, bey Vermählung Burggraf Henr. VII. zu Schlaitz mit Doroth. Ca-
thar. Marckgräfin zu Brandenburg, die Stadt
Pausa unter andern bey der Heimfarth 5. ge-
rüstete Mann stellen, und der Rath selbst erscheinen. *Beckler* l.c. p. 138. sq. An. 1568. wurden, vermöge Churfürstl. Befehls, die 3. geistlichen des Amtes Pausa, so die Herzogin
Clara von Braunschweig, gebohrne von Sachsen, deren Prinzeßin an Henr. VII. lezten
Burggrafn von Meissen vermählt ware,
Pfandsweise innen gehabt, von Schlaitz abgezogen und an die Superintendur Plauen
gewiesen. *Oettel Hist.* der Plauis. Superint.
p. 29.

schafft, die wir vor vmb Altenburg h) und
vm Borne gehabt haben, die wir alleine behalten, darzu den vorgenannten vnsern Her-
Herren

p. 29. Im Jahre 1666. erhielte der Rath
allhier von Herzog Moriz zu Zeiz, zu dessen
Erblandes-Portion er gehörte, die Ober- und
Erb-Gerichte, auch Kanzlei-Schrifftsäßigkeit
über die Stadt und Vorstädte, so weit das
Weichbild sich erstrecket, nebst etlichen andern
Gerechtigkeiten gegen jährliche Lieferung von
30. fl. und 15. Schfl. Hafer beständigen und
unablößlichen Erb-Pachtes, jedoch der Landes-
fürstl. Hoheit und dem Amte Pausa in seinen
reseruatis unschädlich. Das Königl. Churfürstl. Amt aber, so vor der Stadt lieget,
und unter welches die Dörfer Ober- und Unterreichenau, nebst Unterpirck, Linden und E-
bersgrün auch einigen einzelnen Häusern
gehören, ist verpachtet, und hat, was
die Gerichtsbarkeit betrifft, seinen eigenen von dem hochpreißl. Cammer-Collegio gesezten Amts-Verweser, so dermahln Hr. Christoph Heinrich Fischer, Accis-Inspector zu
Plauen und Mühltrof, ist.

h) Daß die Hrn Voigte vonPlauen vor diesen ver-
schiedene Güter um Altenburg gehabt, zeigen
unter andern die vielen Schenckungen derselben beym Büchner erl. Voigtl. p. 18. sq.
Beckler Stemm. p. 257. 268. sq. wie denn daß
im Altenburgl. gelegene und einem Hrn.Grafen
von Flemming gehörige Rittergut Posterstein,
in Urkunden derStein genannt,so die Hrn.Voig-
te unter dem Namen eines Schlosses von ältesten Zeiten her besessen, noch halb von dem
Fürstentume Altenburg, halb von den Hrn.
Grafen Reußen zu Ober-Graiz zu Lehen gehet.
Man sehe auch *Loeber* Hist. Ronneb. p. 93.

Herren folgen sollen alle Lehen geistl. und
weltl. Eckere, Furwerg, Mulen, Dorfer, Gerichte, Gulten, Zinße, Pete, Dienst, Wel-
de, Wiesen, Weide, Wasser, Fischereien,
Wildtbanen, Bergwerck, i) Zolle vnd geleite mit allen Rechten, Gewonheiten, Eren,
Nuzen vnd geniesen, vnd gemeiniglich mit allen Zugehorungen, gesucht vnd vngesucht, wie
die Namen haben mogen, Sonderlich die Lehen Gatendorf, die Grune, Schaumburg,
vnd der sechste teil an Nyberg, die wir bereit
an sie geweist haben, als die unser Vater seliger k) vnd wir alles von alter herbracht haben, Ausgenommen alleine den Anfall an
Plauen l) und an Auerbach, m) ob sich der
                                              an

i) Von dem Bergwercks-Regal der Hrn. Voigte
   sind nachzusehen **Büchner** erl. Voigtl. p. 141.
   sq. und M. Joh. Tob. **Köhler** Beytrag zu Be-
   stärckung des uralten Münz-Rechts der Hrn.
   Grafen Reuß, Gött. 1755.

k) Ware Henrich I. Nuzze, dessen Nachkommen
   jüngerer Linie von ihm Reußen genennet
   worden, von welcher Benennung **Büchner** erl.
   Voigtl. p. 29. sq.

l) Doch hat dieser Henrich der lange an. 1359.
   auf den künfftigen Anfall von Plauen Ver-
   zicht gethan, davon die Urkunde beym *Lünig*
   Cod. Germ. diplom. I. p. 1210. und in desselben Corp. iur. feud. Germ. II. p. 107. nach
   Schoettgen inuent. diplom. p. 275.

m) Dieses Auerbach, welches von ältesten Zeiten
   her eine Herrschafft genennet wird, besaßen
   die Hrn. Voigte, von welchen es durch gegen-
                                      wärtig

an vnsern Vettern n) vorfiele, der vns ane

Je

wärtigen Erb-Tausch 1357. an die Hrn. Marckgrafen in Meissen, und von solchen, wie wir
not. g. unter Pausa gemeldet, wieder an die
Hrn. Voigte gekommen, die es als Meißnl. Lehen an. 1382. noch besessen, worauf es abermahln an hochgedachte Hrn. Marckgrafen gelanget, welche damit Vasallen beliehen, als
die Burggrafen von Donyn oder Dohna, von
welchen Friedrich an. 1459. und Zenko an.
1482. beyde Hrn. von Auerbach vorkommen
in Urkunden beym *Longol.* P. I. p. 32. 45. und
von welchen des mehrern *Schoettgen* nachzusehen ist, ferner die Schencken, unter welchen
man Pangraz Schencken von Auerbach beym
Teichmann in der Histor. Beschreib. des Frauen-
Klosters Himmelscron im Anhange p. 170. unterm Jahr 1482. findet, von denen es an das
Uralte und berühmte Geschlechte der Edlen
von der Plaunitz, oder Planitz, gekommen,
die es seit dem XVI. Jahrhundert noch bis hieher, nebst mehrern wichtigen Gütern, besitzen,
und von welcher Familie, die von dem unweit
Zwickau gelegenen Gute Planitz benennet seyn
soll, und viele verdiente Männer zählet, unter welchen Dr Hanns von der Planitz, an. 1515.
Churfürstl. Sächsl. Gesandter in Dännemarck
ware, nach *Möller* Staats-Cabin. Eröfn. I. p.
315. sq. mehr Schriftsteller angeführet werden
von Hr. *Kreysig* Hist. Bibl. P. I. p. 356. Dieser
Ort wurde an. 1429. von den Hußiten einge-
äschert, so wie er an. 1757. unglücklicher weise
bey nahe ganz abgebrannt.

n) Waren die Hrn. Voigte von Plauen älterer
und hernach burggräfl. Linie, die an. 1572. mit
Burg-

Jr Hinderung folgen solle, vnd wolte vns
daran jemand hindern, so sollen sie vns helffen
vnd verteidigen zu vnserm Recht. Des
Wechßels zu wiederstatten vnd zu rechter gil-
te haben sie vns vnd vnseren vorgenannten
Sonen und Erben, zu rechten Lehenn von in
vnd iren Erben zu besitzen, vnd in domit zu ge-
wartende gegeben Burne Hauß vnd Stadt,
Korun o) das Hauß in aller der weise, als
das die Edlen Friedrich von Schoninburg p)
vnd Burggraue von Leißnig q) inne gehabt
haben, vnd die Stadt Gythen, r) wennis des
vor-

Burggraf Henr. VII. zu Schlaiz ausgestorben.

o) Ein Flecken im Amte Borna, so nebst dem
Städtchen Lobstädt den Hrn von Einsiedel gehöret.

p) Dieser Friedrich, welcher an. 1383. gestorben,
ist der Stamm-Vater des ietzigen Hochgräfl.
Schönburgl. Hauses. Man sehe des mehrern
Vogels Schönburgl. Stamm-Register in des
berühmten Hr. M. Kreysigs offt angeführten diplomat. Beyträgen P. III. p. 81. sq. Sonsten
besaßen sie noch mehrere Güter, als das an
sie versezt gewesene Amt Borna, Krimmitschau,
Geringswalde, Waldheim, das Schloß Haß-
senstein in Böhmen und Deutschwirsenthal.

q) Diese ehedem berühmte Burggrafen starben
an. 1538. aus, von welchen unter andern
Schwarz in Menckens Script. rer. Saxon. T. III.
p. 833. sq. Sonsten vertritt Chur-Sachsen dieses
alte Burggraftum Leisnig gegen das Reich
noch mit 1. zu Roß und 2. zu Fuß, oder 20. fl.

s) Eine kleine schrifftsäßige Stadt im Amts-Be-
zircke Rochliz.

vorgenannten von Schoninburg nicht lenger
wäre, oder ob wir die Stadt Gythen von in
brengen mogten mit seinen guten willen, mit
Mannschafft, mit allen Lehenen, geistlichen vnd
weltlichen, mit Eckern, Vorwergen, Mülen,
mit dem Teiche zu Geiten, darinnen sie mit vnsern Willen fischen sollen, mit Dörfern, Gerichten, Gülten, Zinßen, Beten, Diensten,
Wiesen, Wassern, Fischereyen und gemeine,
mit allen Rechten, Gewonheiten, vnd allen
Zugehorungen, gesucht vnd vngesucht, wie die
Namen gehaben mogen, als die ir Vater seliger vnd sie bisher bracht haben, vnd haben vns die vorgenannten Schloß geliehen zu
rechten Lehen ewiglichen zu behalten, vnd ge-
ruhiglichen zu besizen, one alle Hinderung, als
oben stehet geschrieben. Auch sollen sie vns
vortedigen zue allen vnsern Rechten, vnd vnser darzue mechtig sein wieder allermeniglich.
Were auch, das vns jemands hinderte an
keinem der vorgeschriebener guter, das sollen
sie vns entwehren, vnd geen iglich darein sehen, dasselbe sollen wir in wieder tuen an den
gutern, die wir Inen haben gegeben. Auch
sollen wir alle Wochen vier Fuder Brenhol-
zes nach Jres Forsters Anweisung aus der
Line s) haben und nemen ewiglichen. Das
wir diesen Erblichen Wechßel stette, ganz vnd
vnuorbrechlich volzien vnd halten wollen, ane
arge

---

s) Diese Leine ist ein Holz zwischen Altenburg und
Wendisch-Leube.

arge lift vnd geuerde, des haben wir zu mehrer Sicherheit vnd zu einem Ewigen gezeug-
nuße vnser Jnsiegel an diesen Brief lassen hengen. Dieses Wechsels sein tedingk gewest,
vnd sein auch getzeugen die Edlen Graff Diett-
rich t) von Honstein, der obgenannten vnser
Herrn Heubtmann, Friedrich vnd Burckhardt
Herren von Schoninburg, Herr Christan von
Wizleben Hoferichter, Herr Heinrich von
Kotewiz, Camzler, Herr Arnolt Judeman,
Kammermeister, Herr Hans George von
Seußchin, Henrich von Jesniz, vnd Nickel
von Kaschau, vnd andere gute Leute genug,
denen wol ist zu gleuben. Dieser Brief ist
gegeben zu Dreßden, Nach Gottes Geburt
Tausent Jar, dreihundert Jar darnach vnd
dem sieben vnd fünzigsten Jar, an aller Hei-
ligen abent.

Num. III.

t) Wäre Theodoricus oder Dietrich IV, Graf
zu Hohenstein, von welchen *Heidenreich* Beschreib. der Grafen von Hohenstein C. II. §. XII.
p. 8. die seiner Geschichte des Hauses Schwarzburg angehänget. Diese Grafen starben an.
1609. gänzlich aus, wovon des mehrern des-
ber Hr. D. *Büschings* neue Erdbeschreib. P. III.
Tom. II. p. 2277. sq.

Num. III.

Jn Gotes Namen amen, kond vnd wiſ-
ſenleich ſey allen den dy diſen briff horen ſehen oder leſen, daz vor vns Johannes Pozener Pfarr ezu den ezeyten zu Langenpuch, hanſen von der Heyde a) ezu den
ezeyten voyt ezu Muldorff, Cunraden Peler zu Rabeſpach geſeſſen und Heinrichen
Schuler ezu Langenpuch wonhafftig Iſt kumen der wolbeſcheiden man Cŏrat Strengel
ezu Langenpuch geſeſſen vnd hat geſaget my daz
er yn eynen guten gotlichen ſynne ſey vnd vor-
genctlich vnd yrdiſch gut willen hab yn ewi-
cfeit vnd in Ewiges gut ezu wandeln Alſo er
dez von gote Ermanet worden, daz er ſeyner
ſele

No. III.
de an. 1398
ex docum.
inedito.

a) Wir können nicht ſagen, ob dieſer Hannß von
der Heyde eben derjenige ſey, welcher nebſt
andern von Adel mit Hr. Heinrich II. Burggrafn zu Meiſſen und Voigt zu Plauen in
Streit verfallen, weil er, auf Betrieb ſeiner
Gemahlin, der Vaſallen Güter einziehen und
zu Cammer-Gütern machen wollen, worüber
gedachter Burggraf von der Crone Böhmen
und dem König Podiebrab in die Acht erkläret wurde. Man ſehe davon *Beckler* Stamm-
Tafel p. 65. Daß ehedem die von der Heyde ſich de Merica geſchrieben, wird gemeldet
in der Hiſtor. Erläut. der teutſchen Staats-
Kirchen- und Gelehrten-Geſchichte T. I. St. II.
p. 137. ſq.

O

sele selikept dyweil daz er lebe noch seyn' müge
wolle gedencken darvme so hat er ezehen schock
guter ffreyb'ger groschen b) den Alterlew-
ten weczalt vnd geantwortt dy sp vnd dy. vpr
dez Dorffs myt dez Ehgenauten pfarrers rate
ge-

b) Vermutlich sind dieses Groschen gewesen, die
man von dem Urheber Marckgraf Wilhelm
dem einäugigen Wilhelminer, von dem Orte der
Münze aber Freyberger geneñet, deren 20., oder
an. 1411. 19. einen Rheinischen Goldgülden
betragen, nach *Horn* p. 766, 80. aber eine
Marck oder 9. Loth an Silber gehalten. Sie
waren im XIV. und Anfange des XVden Jahrhundert sehr gewöhnlich, dergleichen man auch
in Urkunden von an. 1396. und 1463. findet
beym *Blumberg* vom Kaland p. 310. Also wurde an. 1393. das Schloß Altenburg von Burggraf Diethern um 1500. Freyberger Groschen
verkaufft, wovon die Urkunde beym *Horn* l. c.
p.128. so wie an. 1396. Leuchtenburg und Roda
um 2100. Freiberger Groschen eingelöset worden, wovon *Loeber* Kist. Ephor. Orlamund. p.
7. und *Treiber* Hist. des Hauses Schwarzburg
p. 17. ed. nouiss. Mehr Beyspiele findet man
beym *Horn* vit. Frider. bellic. p. 255 sq. Von
den Münzen damahliger Zeiten aber, und insonderheit dieser kan man nachsehen die unter
des ber. Prof. *Mascou* Vorsitze von Dr. *Joeeher* zu
Leipzig an. 1723. gehaltene diss. de iure circa
rem monetariam in terris Circ. Sax. super. Sect.
III. §. VIII. & X. p.46. Paul. Mart. *Sagittar.* diss.
de numis Saxon. diss. III. in *Menckens* script.
rer. Sax. T. II. p. 769. sq. *Schlegel* de num.
ant. Goth. Cygn. Cob. Vin. Mcrf. p. 59. 83. &
156. sq. auch *Horn* vit. Frid. bellic. p. 253. sq.

getrulich ſchullen an legen kauffen vnd czeugen
eyn Ewig ſchol geldes Gote vnd ſeyn' libn mutt'
Junckfrawn marien vnd alln heilignn̄ czu lobe
vnd czn Eren vnd ym vnd ſeyn' Wirtynne c)
vnd allen yren altfordern vnd glāw̄bigen ſe-
len czu Troſt Czu eyner Ewign̄ ſelemeß dy
alle montage yn der pfarr czu langenpuch
ewickleich ſcholl von dem Pfar'r der yczunt iſt
und ſeynen nachkumen Pfarrern czu langenpuch werden gehalten vnd ſchullen die alterlewt
vnd dy vyr von dem dorff dy yczunt ſein oder
hernach kumen dem Egenannten pfarr' vnd
ſeynen nachkumen an der pfarr daz ſelbe ſchock
geldes alle jar halp auf ſante Michelstage vnd
daz ander halbe teil auf ſante Walpurgen tage reichen Czinßen vnd gebn Wer auch daz
der pfarr' dy ſelemeß vf den mantag vnter
weylen von Rechts Ehaffter d) not nicht
konde gehalden ſo ſchold er dy yn der ſelbn wochen auff eyn andern tag halden oder weſtelln
daz die gehalten wurd an allez vorczihen vnd
ſcholl auch der Egenante pfarr' vnd ſeyn nachkumen pfarr' czu Langenpuch dez Egenanten
Cunracz Strengels gu̅tten ſeyn wirtynne vnd

O 2   aller

c) Wirthin iſt ſo viel als Ehe-Frau, wovon des
mehrern Hr. *Longol.* Nachr. P. VI. p. 390. ſq.
und *Müller* annal. p. 10.

d) Ehehafften, das iſt, impedimenta legitima, er-
hebliche Hinderniſſe, geſezmäßige und wichtige Urſachen, von dem alten deutſchen Worte
ehe oder ee, welches ehedem ſo viel hieſe als
Geſez. *Wachter* gloſſar. p. 339.

aller ырr altfordern̄ selen in den selbn messen
getruwelichen gedencken vnd vor sy piten dy
weil er vnd sy lebn vnd auch noch irem tode
getruwelich an widerrede Wer auch daz dy
meß vorsumet wurd czu halden daz dy yn der
wochen also nicht gehalten were von dem
pfarr' oder seinen nachkumen nicht erfollet
wurd alz vorgeschribn stet oder unordlich gehalten wurd oder dar ynne vorsumenuß geschehe So schol ym vnd seynen nachkumen
vij vr dez Czinßes yn der selbn wochen obe
gen Auch schol der voyt der yczunt ist czu
Muldorff oder seyn nachkumen voyte czu Muldorff mit dem pfarr' der yczunt ist oder seynen
nachkumen dar vme reden vnd also dar an
weysen daz dy meß an hint'rniß geholdn werde alz genczlich vorgeschribn stet , konte oder
mochte der offtgenante Pfarr' oder seyn nachkomen der selbn meß vnd gedechtenuß nicht ge-
holden Und vorbrengen alz obn geschriebn stet
So möchten die Alterlewte vnd dy vyr dez
Dorffs czu Langenpuch daʒselbe gelt mit dez
pfarrers rate der denne alda ist an ander gotes dinst wenden daz eʒ got vnd seyn' libn mut'
allen libn heiligen czu lobe vnd czu dinste vnd
dem offgenantn Strengel seyn wirtynne vnd
alln iren altfordern czu trost kŏme. Do pey
sein gewesen dy vyr czu Muldorf Ditreich Weise Nikel Gulner Reynel Hans schuhst' pey d'
Brucke) vnd dy vyr czu Langenpuch Cunrat

---

e) Diese Brücke, durch welche der Marckt mit
der

rat Strengel Hans Radecker Heinz Eyger-
bert Heinrich ffranck vnd dy alterlewte, Ulrich ym perfrid Cunrat Weiß und andrn Pi-
ders-lewte f) vil vnd dez czu eynen gezeugnuß
vnd ewigen gedechtenuß habn wir obgeschribn
Hans von der heyde Cunrat Peter Heinrich Schuler vnd dy vyer dez stetels czu
Muldorf wissenlich Insigell gehangen an
disen offen briff auff daz daz alle vorgeschry-
rede Stuck vnd artickel Ewigk genczlich worden gehalden vnd vnu'ruckt pleibn dieser briff
gegeben da man zalt noch X'pi vnß's h'ren ge-
purtt drey czehnhundt' Jar dar nach yn dem
achtvndneuwenczigsten Jar an dem nechsten
Dinstage vor Dyonisii Auch hat d' obge-
nante Strengel ein ewige ymmerkuwe g)

O 3　　　　geschi-

der Vorstadt zusammenhänget, ist dermahln
ganz steinern, auf beyden Seiten mit dergl.
Wänden, und zierhlich breit, so, daß ein Wagen
bequem darüber fahren kan, unter derselben
aber, da die Wiesenthal fliesset, ist der Boden
sehr felsigt.

f) Piders'lewte sind viri probi, redliche Leute, ab
angl. Sax. bat, bonus, Goth bat, Franc. & Sueu.
bas, Germ. obsol. basz, bonus, daher beszer, me-
lior, der beste optimus, angl. Sax. betere, me-
lior, Persf. bihter. *Wachter* gloss. voc. bas,
Dunckel specim. Lex. græc. Celt. insf. symb. litter. Brem. T. II. p. 513. sq.

g) ymer Kuwe, das ist, eine eiserne zur beständigen Nuzung gewidmete Kuhe.

geſchicket vnd geczuget by hat iczund ynne
Gotfrid ffranck wiſſenlich

(L. S.) h)

Num. IV.

No. IV.
de an. 1404
aus dem
ungebruck-
ten Origi-
nal.
Jch her Hanße Poßner Pferr zu Langenbuch bekenne andiſſem offen brieffe vnd
will daß es wiſſenlich ſey allen den die
dißen breiffe an ſehen oder heren leßen daz
mich vnſer genediger H'ren Marcgraffe Wilhelm a) Marcgrafe czu Miſſen geſchiden vnde
ge-

h) Das daran hangenbe alte Thüringiſche Wapen iſt in gelbenWachs ein geharniſchter Mann
mit einer Sturmhaube und dem Schwerdte,
worunter ein laufendes Pferd. Die auf dem
Raude befindlichen Buchſtaben ſcheinen theils
Mulldorf theils Wilhelm anzuzeigen.

a) Ware Marckgraf Wilhelm cocles ober ber einäugige genannt, ein Sohn Friedrich des ernſthafften, und Bruder Friedrich des ſtrengen
und Balthaſars, ware geboren an. 1342. von
Mechtild, einer Tochter Kaiſer Ludwigs auß
Baiern, führte nebſt ſeinen Hrn. Brübern ben
Voigtländl. Krieg, ſtarbe an. 1407. ohne
Erben am Schlage, ber ihn rührte, daß er kein
Wort reden konte, und hinterlieſſe einen groſſen Schaz, an welchen, wie wir bereits p. 35.
gemeldet, bie Hrn. Burggrafen zu Nürnberg
Anſpruch machten. Er liegt nebſt ſeiner erſten

gée'inytté hatte ezu Werde b) mich vnde meine
nackgebar'n ezu Lang'nbach all' mitwochen yn

O 4 der

ſten Gemahlin Eliſabeth, Marckgraf Johannis
aus Mähren Prinzeßin, in der Dom-Kirche
zu Meiſſen begraben, und wird von ihm gerühmet, daß er die Herrſchafft zu Meiſſen ſehr
gebeſſert und gebauet. cf. Chron. Thuring. in
Schoettgen und *Kreyſigs* diplomatar. med. aeui
T p. 105 - 106. Sein pactum ſucceſſorium
vom Jahre 1403. mit ſeinen Bruder und Vettern findet man beym *Lünig* Reichs-Archiv
contin. II. no. 21. und *Horn* vit. Frid. bellic.
p. 711. Wie er um das eine Auge gekommen,
meldet *Müller* annal. p. 4. wobey zu vergleichen *Weck* Dresdner Chron. p. 116. Von ſeinen Wapen handelt *Hoenn* in der Sächßl. Wa-
pen- und Geſchlechts-Unterſuchung p. 347.

b) Dieſes **Werda**, ſo ehedem den Hrn. Reußen
gehöret, eroberte unter andern dieſer Marckgraf Wilhelm nebſt ſeinem Bruder Balthaſar
bey dem Zuge ins Voigtland an. 1354. **Lö-**
ber Hiſt. von Ronneburg p. 94. wo auch p.
214. ſq. wohl angemercket wird, daß ehedem
dieſes Werda nebſt Ronneburg und Schmellen vom Stiffte Naumburg zu Lehen gegangen. Da nun gedachte Städte, nach Abgang
der Herren Reuſſen Ronneburgl. Linie, als
welche wider nit ſelbigen beliehen worden,
ſolche auch noch an. 1397. nach einer Urkunde
beym *Blumberg* p. 304. ſq. beſeſſen, als feuda
aperta an das Stifft zurück gefallen, ſo brachten ſolche die Hrn. Marckgrafen zu Meiſſen an.
1400. vom Biſchoff Caſpar zu Naumburg als
Stifftslehe Lehen an ſich, wovon *Horn* l. c. p.
229. Daß nach der Zeit Werda bey Meiſſen
geblie-

der wochen Messe soll holden konde ich ab' des
nichte getun so soll ich die meße halden an dem
nechsten don'stag darnoch daz die meße nichte
abgen soll vnd ich vorgenant' er Hanße pose'
gelobe meinen vorgenantt'n nackgebxrn' czu
langenbach die Messe czu halden alz ob'ge-
schreben stette vnuorczogentlich vnd an allen
and'rn eintrage alles dac'z stette vnd gancz holden wil dacz obengeschreiben stet an dißm breiff
vnde bitte uch lieb' er amtman Matthes
Walman vnde ir liebn purger czu Mol-
dorf daz ir ewer Insigilln an dißen offen breiffe
hengte ich Matth'is Walman czu der czeitte
amptman czu Moldorfe henge mein Insigilln
an disen briffe durch pete willn vnde wir purger
gemeynlich czu Moldorffe hengen auch vnßer
Insigelln an dißn breiffe czu einem waren be-
kenntnusse daz uns daz wißnlich ist das daz
also geteidingt c) ist als obengeschribn stete.

Gege-

geblieben, zeiget eine Urkunde vom Jahre 1411.
nach welcher diese Stadt Erlaubniß bekame, sich bey dem Schöppen-Stuhle zu Zwickau des Rechts zu erholen, Horn vit. Frider.
bellic. p. 769. und eine andere von Wilhelm dem
reichen vom Jahre 1421. beym Blumberg vom
Kaland p. 300. sq. cf. Müller annal. p. 19. Doch
kame es hierauf an die Burggrafen von Dohna, von welchen es Churfürst Friedrich wieder gekaufft, und zu dem Amte Zwickau geschlagen worden.

c) Teydingen ist so viel als einem Vertrag
über eine Sache errichten. Dahero Dai-
dung

Gegeben nach Gottis Gepurtte vierzehenhun-
derte Jar darnach yn dem virden Jar an dem
nechsten sunnabende vor sende Johannßetag
des teuffers

Num. V.

Friederich Landtgraff In Doringen vndt Marggraff zu Meissen der Junger ꝛc.

Num. V.
de an. 1414

Wir bekennen vnd thun kunth offentli-
lichenn mit diesen Briue, das wir
vnsernn leutenn zu Langenbuch solche gnäde gethan vnd gegunst habenn, thun
vnndt gönnenn Jhn Jnn crafft dieses brieffs,
Also das sie sollenn vndt mugen durch besserung willen desselben dorffis vnter einander,
wehr das vermagk, Bier, Wein vnd Mete
da schenckenn, a) Doch also, das sie vndt
Ihre nachkommen vns vnndt vnsern Erbenn
solche

---

bung eine Tagefahrt, das auf einen gewissen
Tag angesezte Gerichte, vom alten teutschen
Worte Ding, so ein Gerichte bedeutet, wie
wir p. 97. schon angemercket, und Day, oder
Tag, welches Wort day noch in der Engl. Spra-
che. übrig ist,

a) So ausserdem verboten. cf. *Berger* Supplem.
ad *Elect.* disceptat. forenf. P. I. p. m. 238. sq.

solche pflichte vnd gerechtigkeit bestellenn sollenn, das vns die gefallen als gewöhnlichenn
Ist, der gnaden sie auch gebrauchenn vnd die
haben sollenn biß vff vnser wiederruffen, ob
wir erkennten, das des nicht nutz wehre, so-
dan wieder abe sein solte. Des zu vrkunth
vnd bekenntnus habenn wir vnser Secret wissentlichen an dießen brieff lassen druckenn.
Gegeben zu Gotha nach Christi geburt. Im
Vierzehenhundert darnach in dem Min-
dern Jhare am Dinstage nach Invocávit.

Num. VI.

No. VI.
de an. 1436
ex origin.

Wir Friderich a) von Gotis Gnaden
Lantgrave In Dorungen Marcgra-
ve zu Missen vnd Pfalzgra-
ve

a) Dieser Friedrich ist eben derjenige, als in der
vorhergehenden Urkunde, nämlich ein Sohn
Landgraf Balthasars, gebohren an. 1385. von
Margaretha Burggraf Albrechts zu Nürnberg Tochter. Er wird in Urkunden der jüngere, übrigens auch der friedfertige und einfältige genennet, starbe an. 1440. zu Weissensee, und liegt nebst seiner Gemahlin Anna
von Schwarzburg im Closter Reinharbsbrunn
als der letzte begraben. Warum er der einfältige
heiset, zeiget *Tenzel* in der curiosen Bibl. P. I.
p. 1183. und in supplem. II. Hist. Goth. p. 275.
Die aus seines Vaters Bruder Wilhelm des
einäu-

ve b) zu Sachsen Bekennen vnd tun kund
vffint=

einäugigen, von welchem im vorhergehenden,
ansehnlichen Erbschaft ihm zugefallene Städ=
te, worunter Dreßden, Gotha und Eisenach
die vornehmsten waren, findet man im Thei=
lungs=diplom. wie wir p. 34. gemeldet. Weil
er ohne Erben verstarbe, so fielen seine Lande
an Churfürst Friedr. II. oder den sanfftmüthi=
gen und dessen Bruder Herzog Wilhelm III.
Weck Dreßdner Chron. p. 117. und *Müller*
annal. p. 21. Viele Urkunden von ihm sind
eingerückt in *Tenzels* supplem. II. hist. Goth.

b) Diese Comatia Palatii Saxoniae wurde Marck=
graf Heinrich dem erlauchten nebst der Land=
Grafschafft Thüringen Anwartschaffts weise
vom Kaiser Friederich verliehen, davon das
dipl. gegeben zu Beneuent. vlt. Jun. 1242. beym
Tenzel in vita Frider. admorsi in *Menckens*
script. rer. Saxon. T. II. p. 897. sq. Sonsten
sind von dieser Pfalz Sachsen, über welche in
neuern Zeiten gestritten worden, ob sie zu Thü=
ringen oder Meissen gehöret, zu vergleichen
Struv de comitiua Palatinatus Saxonici, *Reinhard* disp. de officiis imperii Saxonicis, Gio-
vanni Germ. Princ. L. III. C. IV. §. V. p. 456. sq.
Griebner opusc. iur. publ. T. III. Sect. I. p. 1. sq.
Glafei Kern Sächßl. Geschichte L. II. C. III. p.
383. ed. nouiss. von einem neuen dem Chur=
fürst zu Sachsen Friederich dem weisen vom
Kaiser Maximiliau I. verliehenen Palatinat se=
he man. *Sagittar.* beym *Mencken* Script. rer.
Saxon. T. III. p. 790. sq. und Müller Reichs=
Tags=Staat L. V, p. 711. sq. Mehrere Schriffts=
steller von der Pfalz Sachsen nennet Hr. M.
Kreysig hist. Biblioth. von Ober=Sachsen P. I.
p. 196.

offintlich mit diesen brieve gein allin den die
on sehin oder horen leßn vor uns alle onser erbin erbnemen ond nachkomen Also als onser
Slos und Stetichin Mulndorf mit allin dorffern ond zugehorungen Langewile ond vil Jare Inpfandiswise offegestanden hat ond izund
den Gestrengen Ern Olrichm c) ond Ern d)
Ni-

p. 196. welchen beyzufügen *Sagittar.* antiquit.
Altfted. & Palatinat. Saxon. und *Heidenreich*
Hift. der Pfalzgrafen zu Sachsen. Warum
das Durchl. Hauß Meissen nach erlangter
Chur-Würde sich nicht mehr Pfalz-Grafen
schreiben, untersuchet *Horn* vita Frider. bellic.
p. 548. sq. welcher auch anmercket, daß Friedrich der jüngere sich deswegen noch Pfalz-
grafen genennet, weil er als ein agnatus a la-
tere auf die Chur Sachsen sich keine Hofnung machen dürfen, vielmehr davon ausgeschlossen gewesen.

c) Ob dieser Ulrich Sack eben derjenige sey, von
welchen *Hoenn* Cob. Chron. p. 48. meldet, daß
er an. 1442. daselbst Voigt gewesen, können
wir nicht sagen. Ubrigens ware dieser Name Ulrich bey dem Sackischen Geschlechte sehr
gewöhnlich. Also findet man einen Ulrich
Sack an. 1143. in dipl. beym *Koerber* in Nachr.
p 122. ferner an. 1206. beym Hr. *Longol.*
Nachr. P.II. p.111. deßgleichen an. 1288. beym
Büchner erl. Voigtl. p. 183. und an. 1302.
bey eben demselben p. 20. auch *Beckler* Stemm.
Ruth. p. 485. weiter an. 1348. bey Hr. *Longol.*
l. c. P. VI. p. 330. Denn an. 1461. nach der
Urkunde no. VII.

d) Dieses Praedicat Ehr wurde ehedem denenjenigen

Nickel ſacke gebrudern vnd yren erbin noch vſſeſteht vnd alsdann uf daſſelbe vnſer Slos vnd Stetichin Mulndorf von ſollicher mancherley veranderung der verſatzung als von langen Jaren von eyme zu dem andern vaſte vſfſlege vnd erhounge geſchen ſint vnd auch doby vaſte buwefellig vnd daz gerichte vaſte wuſte worden iſt, haben wir mit den hochgebornn furſtin Hn Friderichen e) Hrn Sig-

nigen gegeben, die gemeiner Adel. Herkunfft waren, und ſie als intermedü vom hohen Adel, die man Herren nennte, und vom ge- meinen Adel, die da Knechte hieſſen, unter- ſchieden. Man ſehe *Diecmann* obſ. ad Rabani Mauri Gloſſar. lat. Theotiſc. p. 125. ſq. und Möller Reichs-Tags-Theatr. T. I. p. 81. Heu- tiges Tages werden die geiſtlichen inſonders- heit von Fürſten und hohen Collegiis Ehr ge- nennet, ſo wie noch in Bremen die ordentli- chen Profeſſores und Stadt-Prediger Herren, die auſſerordentlichen Profeſſ. und Gelehrten geringerer Gattung Domini, nach *Rathlef* Ge- ſchichte ietzlebender Gelehrten P. III. p. 248. Zelle 1741. 8vo.

e) Ware Friedrich mit dem Beynahmen der ſanfftmüthige, ein Sohn Friedrich des ſtreit- baren erſten Churfürſten zu Sachſen aus Marggräfl. Meißnl. Stamme. Er ware ge- bohren an. 1412. und ſtarbe als Churfürſt an. 1464. cf. *Kreyſig* hiſt. Bibl. p. 45.

Sigmübe f) vnd Hrn Wilhelm g) gebru-
dern

f) Gebohren an. 1417. wurde Bischof zu Würtz-
burg an. 1440. resignirte, und starbe als ein
Gefangener an. 1463. zu Nochlitz an der
Wassersucht, und wurde zu Meissen begraben. Er hatte bey der an. 1436. ge-
schehenen Mutschirung seinen Theil an den
gesammten Landen nebst seinen Hrn. Brüdern
genommen, verwiese aber, nachdem er in
geistlichen Stand getreten, die Landschafft
an dieselben, wovon das docum. beym *Lünig*
Reichs-Archiv Contin. II. no. 25.   Von diesen allen, und daß er aus Liebe zu einer A-
delichen Nonne im Kloster Cronschwiz bey
Weida, des Geschlechts von Lohma, geistlich
worden, sind nachzusehen *Müller* in annal.
p. 20. *Horn* vit. Frid. bellic. p. 92. sq. **Müller**
im Reichs-Tags-Theatro 1. Vorstell. C. XIV.
Glafei Sächßl. Hist. L. I. C. IX. §. 1. p. 92. und
mehrere bey Hr. M. *Kreysig* Hist. Bibl. P. I. p.
46. sq.

g) Dieser ware geboren an. 1425. wurde an.
1440. nach dem Tode seines Vetters Friederich VI. oder jüngern Landgraf in Thüringen
und starbe an. 1482. zu Weimar ohne mänul.
Erben mit seiner Gemahlin erzeuget zu haben.
Er ware sonst ein vortreflicher Fürst, geriethe
aber durch Eingebung seiner Räthe, vornämlich
Apels von Vizdum, mit seinem Bruder Churfürst Friedrich II. welchen Georg von Bebenbeck insonderheit bewegte, in grosse Uneinig-
keit, welche in einen blutigen Krieg ausbrache,
wodurch beyderseitige Länder erbärmlich mitgenommen und verwüstet wurden, biß endlich
diese Brüder, durch Vermittelung der March-
grafen

dern Hertzogen zu Sachsen, auch Lantgraven
In Doringen vnd Marcgraven zu Mißen
vnßn lieben vettn̄ h) vnd mit vnßn getruwen
heimlichen Reten vßgewegin, vns vnd vnserm
Lande nutzer vnd beqwemer sy daſſelbe vnſer
Sloz vnßn gehulten mannen i) erblichen
zuuer=

grafen in Brandenburg und Landgrafen in
Heſſen, ihrer Schwäger, ferner des Hertzogs
von Braunſchweig, der Ertz= und Biſchöffe zu
Magdeburg, Meiſſen, Naumburg und Mer=
ſeburg, wie auch der geſammten Land=Stän=
de verglichen und ausgeſöhnet wurden, von
welchen allen, auſſer den append. annal. vet.
Cell. in *Menckens* ſcript. rer. Sax. T. II. p. 422.
ſq. der ältere *Müller* in annal. ad eum. 1445.
und der jüngere im Reichs=Tags=Theatro un=
ter Friedrich V. Vorſt. II. C. X. *Glaſer* l. c. p.
92. ſq.   Seine Lande erbten ſeines Bruders
Söhne Ernſt und Albrecht.

h) Friedrich der jüngere wurde von ſeinem
   Schwieger=Vater regieret, daher durffte er
   vor ſich alleine nichts unternehmen ohne Vor=
   wiſſen ſeiner Vettern, ware auch in dem Mer=
   ein und Theilung an. 1410. beym *Horn* vit.
   Frider. bellic. p. 758. bedungen, daß keiner,
   ohne des andern Wiſſen und Willen ein
   Schloß, Stadt oder dergleichen verſetzen, ver=
   kaufen, verkaufen, verwechſeln noch entfrem=
   den ſollte.

i) Nach wörtlichen Innhalt der gedachten Ei=
   nung beym *Horn* l. c. p. 759. Die Urſache
   findet man im dipl. de an. 1408. beym be=
   merckten *Horn* p. 743. und in der ſchon ange=
   führten Gegen=Deduct. Arnſtadt gegen Wei=
   mar in Beylagen p. 299.

zuuerkohffen vnd vnser Lehen vnd offnu~ge
doran zu beholden, dann sollichermasse das
von Jaren zu Jaren zubesweren vnd zuuer-
wusten △ Davon so habin wir mit gunst
willin vnd wißin vnd gutem vorrate der vor-
gu~ten vnser liebin vett'nn vnd vnser heimlichen
Rete vnd lieben getruwen das vorgenante
Sloz vnd Stetichin Mulndorf mit allin
dorffern zinsen, renten, dinsten, beten, pflichten ackern, wehsin, wassern, wasserloufften
mullen Tichen fisscherien welden holzern vnd
gemeyntlichin mit allin gerichten obirsten vnd
nyderstin mit allen geistlichin lehn k) mit gemeinen wertlichin l) lehen, mit allen eren
nützen wirden friheiten vnd zugehorungen
nichts ußgeno~men In allermasse als wir das
erblichin vnd dieselbin Er Vlrich vnd Er Nickel Sack das Jnpfandiswise gehabt vnd noch
Innehabin vzgeflossin alle vnser erbarman-
schaffte

k) Von geistlichen Lehen, so vom iure patronatus
unterschieden, sind zu lesen *Brunquell* de var.
iur. Patron. acquirendi modis, Bochmer ius eccl.
Protest. P. III. tit. **38.** *Bastineller* concluf. feu-
dal. dec. I. concl. VI. p. 5. Vitemb. **1717.**

l) werltlichen, das ist weltlichen Lehen, vom alten Teutschen Wort Werelt, Welt, welches
noch als world, wórldly in der Angl-Sächßl.
Sprache üblich und ührig ist. Die Einthei-
lung selbst aber kommt daher, weil man unter den Christen die Menschen in geistliche und
Laien eingetheilet. cf. Cl. *Haltaus* Wörterbuch
T. II. p. 2071. sq.

schaffte m) vnd Ritterlehn die wir vns doran
vnuerkoufft behalden den vorgñten Ern Vlri-
che vnd Ern Nickel sacke zu eyme rechtin ewigen kouffe erblichen verkoufft, vnd sie domit
alsbalde semptlichin recht und redelichm be-
lehnt verkoyffen vnd belihen sie domite gein-
werticlichin zu rechtmgesamten Lehen mit vnd
in krafft dises brieves, doruff wir auch vnser'
Borgere Indeme Stetichin, und unser' menre
vnd lutichen gemeyntlichin mit den dorffern
dorzu gehorende, muntlichin vnd auch mit
vnsern offin brieuen erblichm an sie gewiset
vnd sie sollicher eyde vnd globde als sie vns
erblichin pflichtig sint ledig vnd los gesaget habin n) vnd die gñten Er Vlrich vnd Er Nickel sack gebrudere vnd alle yre libeslehnser-
ben sullen das vor gñte Sloz und Stetichin
Mulndorf mit allen dorffern zimsen Renten
dinsten pflichten beten o) agkern zwisen mullen Tichen wassern wasserlouften fisscherien
welden

m) Daß unter der erbaren Mannschafft Adel.
Lehnleute pflegen verstanden zu werden, haben wir schon oben p. 179 angemercket.

n) Welches auch geschehen in einer Urkunde zu
Weissensee datirt an. 1436. davon das Origi-
nal bey dem Tode des leztern Sack, Hannß
Balthasar, noch vorhanden gewesen.

o) Beten sind Steuern, quod status imperii steu-
ras olim non imperare subditis sed ab iis exo-
rare soliti fuerint, *Lyncker* de superiorit. terri-
tor. p. 76. deswegen hiessen die Steuern ehedem auch precariae, *Horn* l. c. p. 231.

P

welden holzern mit allen gerichten obirsten vnd
nyderstin mit allen lehn, vzgesloßin vnser rit-
terlehen vnd doruber gemeyntlichin mit allen
zugehorungen , Inmassen als vorgeschribn
steht von vns vnd vnsern erbin zu rechten ge-
sampten manlehn habin besißin gebruchen ge-
nissen vnd verdynen, mit allen eren nuzen wirden friheiten vnd gewonheiten, als wir das
vor erblichin gehabt vnd herbracht habin vnd
auch domit dem lehn rechte volge zuthunde,
als digke sich das geburit, nachdem als rechter gesampter manlehngutere recht vnd gewonheit ist, ane eyns iglichen Insprache vnd ane
allerley Intrag argelist vnde geuerde.   Doch
also das dasselbe Slos vnd Stettichin Mulndorf vnser vnd vnser lieben vettern vnd aller
vnser erbin offin Sloz o) sin vnd bliben sal
zu allen vnßn. krigen noiten vnd geschefften
widder allermenclichin nymants vzgesloßin
ane widder sie alleine ane geuerde.   Doch
also wann wir vnser Amptlute q) vnd die
vnßn

p) Mehr dergleichen Beyspiele von vorbehalte-
ner Defnung der Schlösser, vornemlich in das
mahligen unruhigen Zeiten, führet an *Horn*
vit. Frider. bellic. p. 431. sq. wie denn zu Be-
schüzung der Lande und Steuer der Plackereien die Fürsten bey Verleihung derselben sich das ius aperturae allzeit vorbehalten,
von feudis aperturae aber sehe man *Stryck* ex.
iur. feud. C IV. §. 42. 43. p. m. 77. sq. *Struv.*
synt. iur. feud. C. IV. §. XXI. p. m. 148. *Har-*
tung iurispr. feud. p m. 41.

q) Amtleute sind so viel als Voigte. Worinnen
deren

vnßn by sie legin wurden, So sulden wir
dann die zeyt vnd die wile wir die vnsern by
yn leginde hetten hußlute thorwarten vnd
wechter' bekostigen vnd mit den vnßn bestellin
sie vnd die yren vor unfuge zu bewaren, auch
ane geuerde, Auch sullin vnd wullen wir yn
sy sollichs kouffs ein recht wehre r) uor eyme
iglichm nachdeme das In dem lande recht vnd
gewonheit ist ane allerley Intrag argelist vnd
geuerde. Des zu orkond vnd bekentnisse habin wir friderich Lantgrave zu Doringen ob-
genant vnser Insigil vnsers furstlichen maje-
stats s) wissintlichin an diesen brief lassin
P 2   hengen,

deren Amt zu Krieges-Zeiten bestanden, zeiget
Horn l. c p. 426. sq.
r) Diese euictio oder Gewehrleistung hat sich
vermuthlich auf die Herren Burggrafen von
Meissen und Herrn von Plauen bezogen, als
welche auf Mühltrof damahln immer noch
Anspruch, solchen auch zu Zeiten Hn. Henr. V.
Burggrafen an. 1547. unter andern geltend
machten. Sonsten wurde dem Hause Sachsen im Egerischen Vertrage vom Jahr 1459.
nachgelassen, die von der Crone Böhmen ehedem rührende Lehen, unter welchen auch Mühltrof, als Afterlehen ihren Männern von der
Hand zu leihen. *Longol.* Nachr. P. I. p. 51. sq.
s) Vom Majestäts-Siegel, dessen vorzüglich die
Herren Landgrafen in Thüringen, Marggrafen zu Meissen und Herzoge zu Sachsen,
ausser solchen aber auch die Hochfürstl. Häuser Brandenburg, Braunschweig, und Meck-
lenburg, deßgleichen die Grafen von Campa-
nien

hengen, hieby sind gewest vnd getzugen vnser
heymlichen vnd lieben getruwen z) der Edel Er
Bod

nien sich bedienet, sind nachzulesen *Griebner*
diss. de sigillo maiestat. Saxon. Vit. 1708. und
in Ei. opusc. sel. iur. publ. P. III. p. 46. sq.
Müller Staats=Cabinet Eröfn. IV. C. V. *Pfeffinger* Vitriar. illustr. L. I. tit. IV. p. 391. *Horn*
ius feud. C. XXII. §. 6. *Giouanni* oder Io. Petr.
von Ludewig Germania princ. L. III. C. IV. n. 23.
p. 466. ed. nouiss. Vlm 1752. Ei. different.
iur. Rom. & German. occas. interpretat. ad pro-
oem. instit. Iustin. Hal. 1712. §. 1. p. 7. not. ff)
wo er von Majestäts=Siegeln und ihrer Ab=
sicht handelt und zugleich anmercket, daß sie
in Verleihung gewisser Regalien, die aus Lan=
desfürstl. Macht herrühren, und da gebraucht
worden, vbi litterae hoc sigilli genere muni-
tae vel res gratiae vel alias continent, quae ex
plenitudine potestatis principalis videntur pro-
uenire, id quod illarum argumenta sigillatim
probent. Eben der Meinung ist *Werk* Dresdn.
Chron. P. II. tit. II. p. 173. und *Horn.* vit. Frider. Bellic. p. 557. sq. Mehrere Schrifftstel=
ler hiervon nennet Hr. *Krigsig* Hist. Bibl. P. I.
p. 176. sq. *Ludwig* weiß kein älter Document
anzuführen als vom Jahre 1456. Solchem=
nach irren alle diejenigen, welche davor hal=
ten, daß man vor den Zeiten Churfürst Frie=
drich II. dergl. Majestäts=Siegel sich nicht be=
dienet habe.

s) Eben diese waren auch mehrentheils bey sei=
nem Vetter Wilhelm, der ihn erbte, Räthe
und Ministres, und kommen in einer andern
Belehnungs=Urkunde von diesem Friedrich
Landgrafen in Thüringen de an. 1440. vor beym
Heiden=

Bod u) Grave vnd Herre zu Stalberg vnser w)
Hofmeiſt', Er Buſſe x) Vitztum, Er friedrich
von

Zeidenreich Schwartzburgl. Hiſt. p. 368. wie⸗
wohl die Namen daſelbſt ſehr falſch ausge⸗
druckt ſind.

u) Ware Graf Bodo VII. von Stolberg Werni⸗
gerode, vermählte ſich an. 1416. mit Anna
von Schwarzburg, nach *Zeitfuchs* Stollbergl.
Hiſt. C. II. §. 28. und machte nebſt den Gra⸗
fen von Schwarzburg⸗Sondershauſen und
Arnſtadt an. 1433. mit Heinrich, Ernſt und
Eyliger Grafen von Hohenſtein die bekannte
Erbverbrüderung, ſo zu finden in *Heidenreichs*
Hiſt. des Hauſſes Schwarzburg p. 130. ſq.
Sonſten ware er einer der erſten, wel⸗
cher den Vizdumen, deren Hochmut biß
zur Unerträglichkeit geſtiegen ware, ſich
wiederſetzte, nebſt den Grafen von Beichs⸗
lingen, von Mansfeld, von Gleichen,
von Querfurt, auch dem anſehnlichſten Adel
als Hermann von Harras, Chriſtian von Witz⸗
leben, den Schencken von Tautenburg ꝛc. an.
1447. zu Erfurt ſich vereinigten, und auf die
Seite Churfürſt Friederich II. ſich wende⸗
ten.

w) Von der Bedienung eines Hofmeiſters oder
Premier-Miniſtre in damahligen Zeiten han⸗
delt *Horn* l. c. p. 269.

x) Dieſer Buſſe iſt nicht mit einem an⸗
dern gleiches Namens zu vermengen,
welcher Land⸗Voigt in der Stadt Meiſ⸗
ſen ware, und als Ober⸗Capitaneer in der un⸗
glücklichen Schlacht bey Außig in Böhmen
an. 1426.

von Hopfgarten vnd Er friderich von Witz-
leiben x) Rittere, Bernd von der Affinborg,
Hein-

an. 1426. commandirte, von welchen und seinem Bruder Apel genannt, *Horn* l. c. p. 528.
sq. Gegenwärtiger Buffe saffe zu Dornburg, und
ware nebst seinem Bruder ebenfalß Apel Vizdumen und Friedrich von Wizleben einer von
Herzog Wilhelm des tapfern geheimsten und
vertrautesten Räthen, denen er in allem folgte. Nachdem die beyden Brüder Friderich II.
Churfürst und Herzog Wilhelm III. an. 1451.
mit einander ausgesöhnet waren, wurden den
Vizdumen folgende Schlösser, als Dornburg,
Wasserburg, Leuchtenburg, Capellndorf, Gleiß-
berg, Isfersted, Mandela, Guttern, Ebelens-
bee, Coburg, Sonneberg, Struef, Kamberg,
Saynspizen abgenommen. cf. append. annal.
vet. Cell. apud *Mencken* script. rer. Saxon. T. II.
p. 428. Sonsten ware diese Familie der Viz-
dume, so ein Amtsname ist, und Vicedomi-
nos oder Stadthalter anzeiget, sehr berühmt,
uralt und überaus verdient, stehet auch noch,
gleichwie ehedem, in den höchsten Staats-
und Krieges-Bedienungen, und ist eine Linie
davon in der Person Hr. Friedrichs, Königl.
Pohlnl. und Churfürstl. Sächßl. Cabinets-
Ministre und Ober-Kammerheerrn an. 1711.
in Reichs-Grafen-Stand erhoben worden.
Mehr Schriftsteller von diesem Geschlechte
führet an Hr. *Kreysig* l. c. p. 377.

x) Rudolph von Bünau schoffe bey der Frie-
dens-Handlung zu Naumburg diesen Friedrich
von Wizleben, welcher der Vereinigung entgegen ware, eine Kugel durch den Arm und
seinen Knecht hinter ihm todt.

Heinrich von Huſen vnſer obermarſchalk y)
Er Thomas von Botteſſtet vnſer oberſchri-
ber z) vnd ander gloubwirdiger lute gnug.
Gegeben zue Wymar noch Criſti gebort virt-
zenhundert Jare darnach Jndem Sechs vnd
driſſigſten Jare Am Sontage Reminiſcere.

(L. S.) *)

Num. VII.

Jch Vlrich a) Sack , Ritter, zu
Mühldorff geſeſſen , bekenne vor
mich., meine Erbnehmen und Nach-
kommling an dieſen meinen offnen Brief vor
allen

No. VII.
de an. 1461

y) Es irret demnach der um die Sächßl. Geſchichte ſo ſehr verdiente und vortrefl. *Horn*
l. c. p. 270. wenn er meinet, daß der Unter-
ſcheid zwiſchen Ober- und Unter-Marſchall erſt
nach erlangter Ertz-Marſchall-Würde beob-
achtet worden.

z) Das iſt, nach heutiger Art zu reden, Kanzler.

*) Das Siegel iſt im gelben Wachs ein gehar-
niſchter Ritter auf einem ſpringenden Pferde
mit der Renn-Fahne und Schilde, worinnen
3. Löwen.

a) Wer dieſer Ulrich Sack oder deſſen Eltern geweſen können wir, aus Mangel zuverläßiger
Nachrichten, nicht ſagen. Wir vermuten, daß
er ein Sohn von Ulrich Sack dem erſten geweſen, welcher nebſt ſeinem Bruder Nicol
Mühl-

allen denen die ihn sehen oder horen lesen, daß
ich

Mühltrof erblich an sich gebracht hat, weil
er in gegenwärtiger Urkunde seiner Ahnleute
Meldung thut, und weil Hanns Sack, nach
der Beilage No. VIII. Mühltrof von seinem
Vater erhalten, welcher, nach der Zeit-Rech-
nung, kein anderer, als dieser Ulrich gewesen
seyn kan. Doch mögen wir es gewiß nicht behaupten, immaſſen schon zu Zeiten Hanns
Balthaſar des lezten des Geschlechts der Edlen Säcke, wie in deſſen Lebens-Laufe gemeldet wird, keine Nachricht von der Folge dieser Familie vorhanden geweſen. Solchemnach wären die in dem Haupt-Theilungs-Re-
ceſſe vom Jahre 1485. gemeldete Albrecht,
Caſpar und Hanns dieses Ulrich Sack Söhne, von welchen noch die alte Tradition sich
erhalten hat, daß deren 2. auf hiesigen
Schloſſe, der dritte aber auf dem Gaſthoffe,
der halbe Mond genannt, geſeſſen, von welchen lezterm man will, daß der so genannte
Reich-Hafer, der von den Unterthanen in
verschiedener maſſe noch in das Schloß gereichet und geliefert wird, herkomme, womit
auch die Erzählung von den Reisen dieser Brüder in das gelobte Land und andere Umſtände sich vergleichen laſſen. Doch wir können,
wie gesagt, hiervon so wenig entscheidendes
beybringen, so wenig wir etwas von demjenigen Ulrich Sack wiſſen, mit deſſen hinter-
laſſenen Witbe Hanns Edler Sack sich vermählet. Vielleicht hätte der Hr. Rector *Longolius*, der
von diesem Geschlechte sehr viele Urkunden
besitzet, uns zurechte helffen können, wenn es
ihm gefallen wollen, uns, auf unser schrifftlich
Erſuchen, hierinnen zu willfahren.

ich mit wohlbedachten Muth, zu erſten zu Lob
und zu Ehren Gott dem allmächtigen, Marien
Unſer lieben Frauen, allen lieben heiligen,
auch zu Troſt und Hülfe allen gläubigen Seelen einen halben wüſten Höf, die meine Ahn-
leuthe zu Langenbach von Nickol Lorchner
umb dreyzehen neue Schock zu der Pfarr b)
daſelbſt gekauffet haben, geliehen und gefreyet habe, und den leihe und freye in und
mit Krafft dieſes Brieffes den Ehrſamen
Heinrich Gundolt und Nickol Nagler izund
Alterleuthen c) zu Langenbach von des Got-
teshauſſes und der ganzen Gemeine wegen
daſelbſt, und verzeihe mich des aller Zinße,
Pett, Steuern, frohn und aller meiner Gerechtigkeit, ganz und gar nichts ausgeſchloſſen,
vor

b) Hieraus haben wir oben p. 179. geſchloſſen,
daß vor dieſer Zeit kein beſonderer Pfarrer all
hier wohnhafft geweſen, ſondern dieſes Dorf
anders woher in geiſtlichen verſorget worden
ſey. Zu den daſelbſt beygebrachten Muth-
maſſungen fügen wir dieſes, daß, nach genaue-
rer Einſicht der Beylage No. IV., der Pfarrer
in Langenbuch dieſes Dorf an. 1404. mit verſehen. Weil nun Langenbach hierauf einen
eigenen Pfarrer bekommen, welches vermuthlich durch Vorſchub der Säcke geſchehen, alſo
von Langenbuch abgezogen worden', ſo mag
daher das ſchlechte Einkommen der lezten
Pfarre zu leiten ſeyn, weswegen man ihr
nach der Urkunde No. XII. noch verſchiedenes
zugeleget.
c) Altarleute ſind Kirchen-Vorſteher.

vor mich, meine Erben, Erbnehmen und Nachkömmlinge nimmermehr dornach zu sprechen
ann alle Gefehrde, vmb solche Freyheit sie
mir gegeben haben dreyzehn neue Schock, alß
sie den genannten Hoff gekaufft haben.

Des zu wahren Bekenntniß vnd mehrer
Sicherheit hab ich Vlrick Sack, Ritter, d)
obgenannt, mein Sigill lassen hengen an diesen offen brieff, der geben ist nach Christi Geburt Tausend vier hundert vnd in dem Ein
vnd Sechzigsten Jahre, am Freytag Sanct
Egidii Tage.

Num- VIII.

d) Dieser Ulrich Sack nennet sich, gleichwie seine
Vorfahren schon an. 1206. gethan haben, Ritter, so im lateinischen durch miles ausgedruckt
wird, und keinen geringen von Adel anzeiget,
wovon Hr. Prof. *Hommel* in schon gedachten
oblectam. iur. feud. Sect. I. obs. III. Lips. 1755.
4to und in Samml. einiger Stücke der Gesellschafft der freyen Künste in Leipzig P. II. p.
1. sq. Lips. 1755. Hr. *Longol.* Nachr. P. V. p.
124. sq. & P. VI. p. 370. auch der ber. Hr. von
Moser in diplom. Histor. Belustig. T. I. p.
217. sq. wo der Unterscheid zwischen Landsassen und militibus oder Rittern, auch warum
erstere sich zu letztern machen lassen, schön gezeiget wird.

Num. VIII.

Wir vonn Gots gnadenn Friderich a) des heiligenn Romischenn Reichs Ertzmarschalch Churfurst und Johanns b) Gebrudere, Herzogenn zu Sachssn lantgraven in Doringenn und Marggrauen zu

No. VIII, de an. 1499 ex origin. inedit.

a) Ware Friedrich mit dem Beynamen der Weise, ein Sohn Churfürst Ernesti, gebohren den 17. Januar. 1463. von Elisabeth Herzog Albert III. in Baiern Prinzeßinn, starbe den 5. May 1525. ohnvermählt zu Lochau, iezt Annaburg, und ware ein höchstverdienter Fürst. Kaiser Maximilian I. hatte ihm, schon gemeldeter massen, den Titul eines Reichs-Statthalters gegeben, nach dessen Tode er an. 1519. zu Franckfurt am Mayn einmüthig zum Röm. Kaiser erwählet wurde, welche Würde er aber von sich ablehnte und Kaiser Carl V. darzu behülflich ware. Man sehe des mehrern *Müller* annal. p. 72. *Glasei* Sächßl. Geschichte L I. C. XII. §. 1. p. 128. sq. und andere bey Hr. *Kreysig* hist. Bibl. P. I. p. 51. sq.

b) Ein Bruder Churfürst Friedrich des weisen, gebohren den 30. Jun. 1467. wurde, nach dessen ehelosen Absterben, an. 1525. Churfürst zu Sachsen, starbe den 16. Aug. 1532. zu Schweinitz, ohnweit Wittenberg, und wurde an leztem Orte begraben. Wegen seiner Beständigkeit am Bekänntnisse der reinen Lehre bekame er den Beynamen des standhafften. cf. plur. *Glasei* l. c. p. 134. sq. und Hr. *Kreysig* l. c. p. 54. sq.

zu Meißen Bekennen und thun kunt gegen al-
lermenniglichen mit diesem briue Nachdem
sich Irrungen und gebrechenn zewuschen vnsern liebenn getrawen hansen Sack zu Mulndorf an eynen, vnd seiner mennerr vnd vn-
dersassen andernteils haben gehaltenn, steuer
halben, die hans Sack vermeynt seyn menner
Ime zu awßstattung seiner tochter noch altem herkommen schuldig seyn solltenn mit anzeige. Das sie seynem vater seligen vnd ym
das offtmals getan vnd vnwidersatzt gegeben
hetten, Dagegen aber die menner furbrach-
tenn Das sie sollich steuer In keynem rechten
zu thun pflichtig. Vnd was sie des bey seynen eldern Oder ym getan, Were awß gutem
freyen willen auff betlichs ansuchen vnd awß
keynem rechten bescheen, Wann aber sollich
zeweytracht langwirig gestanden vnd zwuschen
der parthen vil tage bey Zeiten des hochgebornen Fursten Hrn Ernsten c) Weylend Herzogen zu Sachssenn Churfürstenn vnd vnn-
serm lieben herren und vater seligs vnd lobe-
lichs gedechtnus Auch vns vnd vnsern Re-
thenn mit mancherhant gehapter handelung
furgenommen vnd gehaltenn, Aber bißher
vnuorfenglich geweft, Vnd ist von vns bewe-
genn

---

c) Der älteste Prinz Churfürst Friedrich des
sanfftmüthigen, gebohren an. 1441. von Margaretha von Oesterreich, wurde nebst seinem
Bruder Albert an. 1455. von dem Schloße zu
Altenburg entführet, ftarbe als Churfürst an.
1486. auf dem Schloße zu Colbiz.

genn, Wo die länger in Irrung vngeendet
stehen solltenn, wurde beidenteiln merglichen
vnwillenn, muhe, vnkoſt vnd vorſewmpnus
vnd als zu beſorgen ſtehet, genzlich verterben
Innſuren vnd geberen, Das abzuwenden
als wir awß furſtlicher gute vnd milde mey-
gung tragenn, haben wir hewte datſ. vnſers
furbeſchieds nach gnugſamer verhorung der
parth furbringens handelung zwuſchen yn fur-
gewanth. Vnd wiewol Wir als Landesfur-
ſten Jre ordentlich richter wären So haben
Wir doch doch die ſcherffe der recht, den parthen zu gute, vnd ablehnung merglicher muhe
vnd dorlegung zu gebrauchenn mit Jrem wiſſen abgewandt Alſo das die parthen von allen teilen mechtiglich in vns als gewilligte
ſchieds Richter die der ſachen zu entſcheiden
geſtalt gewilligt vnd ganz macht gegebenn, zu-
geſagt vnd globt habenn vnſern ſpruch vnd
entſchiedt vngeweigert anzunemen zuhaltenn
vnd dem nachzukomen. Auf ſollich machtge-
bung vnd bewilligung der parth, wie berurt,
haben wir ſamt vnſern Rethen nach gnugſamer bewegung vnſern ſpruch vnd entſcheidt
zwuſchen Jnen gethan. Thun vnd ſprechenn
In nachfolgender forme vnd Jnn krafft dieß
briues. Zum Erſten das alle vnd Jgliche
Hanſen Sacks menner vnd vnderſaſſen im
Stetleyn vnd dorffern zum Slos Mulddorf
gehorend Nemelich Mulndorff, langenbach,
langénbauch, Tierbach, Ransbach Walgen-
grun vnd Drößwen die ſind dießer Irrung vor-
wanth

wanth vnd anhengig geweſt Oder nicht, Ire
erben vnd nachkomen Aller nv hinfur auff
ewickeit dem gn̄ten hanſen ſack ſeynen erben
vnd Innhabern des Sloſzs Mulndorff vber
alle Jerlich Renthen zinſe und pflicht Waran
oder wie die geheyßen ſind alle Jar Jerlichenn
FunffzigRiniſchl. gulden Oder ſouil der gulden ye zu Zeiten,nach lantlaufftiger weiſe gel-
ten wirdet rechts erbzinſz das dann nach an-
zal vnd wirderunge der guter geſazt vnd aufgelegt werden ſoll auff zwu tagezeit, Nemelich Funff vnd Zwentzig gulden auf Sanckt
Walpurgen Tag, vnd Funff und Zwentzig
gulden auf Sanckt Michels tag vnd mit bezahlung der erſten Funff und Zwentzig gulden
auf Sanckt Walpurgen tag ſchirſt anhebend
vngeweigert vnd vnwiderſatzt gebn bezalenn
vnd awſzrichtenn. Zum andern Sprechen
wir das die gn̄ten hanſen Sacks Menner alle
wie obberurt ym vnd ſeynen erben vierhun-
dert Riniſchl. gulden In Dreyen Jaren den
nechſten nach Eynander volgend zu awſzſtat-
tung zweyer ſeyner tochter die vormaln
verheyrat vnd vergeben ſeyn awſzrichten,
geben vnd bezalen ſollen Beſcheidenlich zwey
hundert gulden auf Walpurgis ſo man ſchreibt
tawſent vnd fünffhundert Jar vnd die andern
zwey hundert gulden auf Sanckt Michels tag
ſo man ſchreibt tawſent fünffhundert vnd eyn
Jar, alle ſchirſt nacheynander komend vnd zu
Iglichem Zale vnd bezale Zeit an alle ſeynen
vnd ſeyner erben ſchaden. Zum dritten
Spre-

Sprechenn wir So hans Sack seyn tochter
Junckfraw Eufemien verelichen vnd verhey-
ratenn wirdet So sollen die gu͂ten seyn menner alle insampt vnuorschiedenlich wie ob-
gedacht ym zu awsstattung derselbenn seiner tochter Zwey hundert gulden Reinischl.
In Jars Frist nach Yren elichen beilager geben awsrichten vnd vergnugen.   Vnd die ob-
bestympte Sum geldes sollen auch nach wirderung vnd anzall der guter wie obberurt ge-
satzt werden, Vnd sollen hinfur nomer auff
ewickeit Ime seynen erbenn noch Jnhaber
des Sloßzs Mulndorff keyn steuer zu awßstattung Jrer tochter Oder andern sachen zu
geben verpflichtet, noch daromb angesehen
werden, Sondern der gentzlich gefreyet seyn
vnd bleiben, vnd hiermit der angezeygten Jr-
rungen mit allen vmbstenden vnd allen dar-
vnter verlouffen hendeln, wie sich die darunter mit Worten oder im Ander Wege begeben haben, In vorberurtter weiße gentzlich
vnd gruntlich gericht vnd entscheiden seyn, In
vngut arge oder Rachsal nomer mer zu geden-
ckenn Oder furzuziehen in kheyn weise, wie
ymands erdencken mocht, alles angeuorde.
Vnd des zu waren vrkunde Ist dießer vnßer
Spruch vnd Schied gezweifacht gleichs
lauts vnd Jdemteil eyner mit vnßerm Herzogen Fridrichs fur vns beide hirangehange-
nen Jnsiegel versigelt übergebenn Den auch
odes parth also angenomen habenn. Ge-
scheen zu Wymar Dornstags nach Remini-
scere

ſcere, Anno Domini Milleſimo quadringen-
teſimo nonogeſimo nono.

(LS.) d)

Num. IX.

Von Gottes Gnaden wir Johannes
Herzog zu Sachſen, Landgraf zu Do-
ring und Marggraf zu Meißen bekennen für den hochgebornen Furſten, Herrn
Friedrichen Herzogen zu Sachſen, Churfur-
ſten ꝛc. unſern lieben Bruder und uns gegen
allermäniglich. Nachdem ſich Irrunge und
Gebre-

d) Das Siegel iſt in rothen Wachs. Da ehedem
die Landgrafen in Thüringen und Marckgrafen zu Meiſſen ſich gelben Wachſes zu dieſem
Gebrauch bedieuten; ſo ertheilte Kaiſer Sigismund Churfürſt Friedrich dem ſtreitbaren mit
der Chur zugleich dieſen Vorzug, daß alle
Churfürſten und Herzoge zu Sachſen, ſeine
Erben, forthin mit rothen Wachs ſiegeln ſollten. Man ſehe *Müller* annal. p. 12. das dipl.
vom Jahr 1423. findet man beym *Horn* vit.
Frid. bellic. in Beyl. p. 874. Wenn man aber
angefangen Siegel an die Urkunden zu hän-
gen, zeiget *Heineccius* de ſiglis §. V. p.
170. ſq.

Gebrechen zwiſchen Hanſen a) und Caſpar b)
Sack zu Mühldrof Gebrüdern eines, und ihren
Leuten, als zu Mühldroff, Dirbach und Ramsbach, Langenbach und Langenbuch anders theils
zwieſpältig und irrig gehalten, und alle Partei-
en ſolch Zwieſpälte auf uns Dinſtag ſanct Catharina tagk Anno Domini funffzehenhundert
und zwey und zwanzig endlich uns mechtigli-
chen zu verſprechen bewilliget haben. Demnach ſprechen, weiſen und entſcheiden wir ſie,
ihrer gethanen mechtigen hinſtellunge nach,
wie folget.

Anfänglich als ſich die von Mühldorf beklagt, wie ihnen von ihren Junckern nit wolle
vergunt werden einer dem andern etwas von
ſeinen

---

a) Dieſer Hanns Sack beſaſſe Mühltrof nebſt
ſeinen Brüdern Albrecht und Caſpar ſchon an.
1485. begleitete Churfürſt Friedrich den Weiſen an. 1493. in das gelobte Land, vermählte ſich zweymahl und ſtarbe an. 1546. Er
muß ſehr alt worden ſeyn, immaſſen er, nach
vorhergehender Urkunde, ſchon an. 1499. Töch-
ter verheurathet gehabt.

b) Dieſer Caſpar ware der ältere Bruder obgedachten Hanns Sack, und ſtarbe allhier ohne Erben an. 1536. Ob er, wie man glaubt,
derjenige ſey, welcher an. 1476. mit Herzog
Albrechten zu Sachſen ins gelobte Land gezogen, können wir vor gewiß nicht ſagen, immaſſen zu dieſer Zeit auch einer gleiches Namens Geilsdorf beſeſſen. *Longol. Nachr.* P. I.
p. 248.

Q

seinen liegenden und unbeweglichen Gütern
daselbst zu verkauffen, c) es geschehe denn mit
ihren Wissen und Gunst, des sich die Menner beschweret achten. so weissen wir sie, des
Stucks halben, daß solch kaufen und verkaufen, wechßeln oder verpfänden der unbeweglichen und liegenden Güter mit Gunst und
Zulassung der Säcke, als der Lehnherren beschehen, und anders nit fürgenommen werden soll.

Zum andern als sich die Menner beklagt,
wie ihre Juncker iezo zwu Schäfereien hätten, do ihr Vater nur eine gehabt, dadurch sie
mit Schafen mercklichen überlegt würden ihrem Viehe zum Abbruch: So sollen die Säcke und ihr jeder auf seiner Schäfereyen nicht
mehr denn Fünffhundert Schaafe mit der
Knechthaltung ins Gemenge über Winter
schlagen, damit die Leute in dem nicht weiter überlegt werden. Begäb sichs aber, daß
Hanß Sack aus den neuen Schaafstall, aus
Nothdurfft der Ubertreib, jemands seiner Leute Wiesen darzu gebrauchen muste, denen
soll er, nach ziemlich und billiger Wiederun-
ge, Vergleichung darumb thun.

Wür-

c) Dieses ist nachhero in einem besondern Vergleiche und Receß vom 6. Mart. 1663. in
Beylagen No. XVII a. berichtiget worden.

Würden auch die Schäfer obgemeldeter
Säcke den armen Leuten an ihren Wiesen
oder Geträide schaden thun, die sollen sie zu
pfänden Macht haben, aber sich mit den Pfänden zu Gerichte wenden. Es soll sich auch
kein Schäfer ziemlicher Pfändung nit wegern, und der Schade soll besichtiget, und
ziemlicher Weise dem beschädigten erstattet
werden. Darob die Säcke auch fleißig halten sollen.

Die zwo Wiesen belangend, dieweil die im
Rittergut Mühldorf demselben zur Besserung
gemacht und gehörig, sollen dieselben die Leute
zu beschicken schuldig seyn.

Das Frohngeld zu Wallengrün betreffende, derhalber die Menner fürgewandt, als ob
dieselben von Wallengrün hievor neben und
mit ihnen gefröhnet, aber im neulichkeit durch
die Junckern Frohngeld von ihnen genommen
und die Frohn auf sie allein gedrungen wär
worden; dieweil von den Leuten nit ge-
nugsam angezeigt oder vorlegt ist worden, daß
die von Wallengrün je in vorzeiten samt und
mit ihnen zum Rittergute zu Mühldorf gefrohnet; so haben sie sich auch deshalb, daß
die Säcke von den Leuten zu Wallengrun
Frohngeld genommen, oder künfftiger Zeit
förder nehmen werden, nicht zu beklagen.
Und die Säcke sollen solch Frohngeld hinfürder zu nehmen Fug und Macht haben.

Der Frohnfuhren halber sollen die Leute
ihrer Junckern Weiber und Frauenzimmer

zu Ehren und der Nothdurft auf derselbigen Ansuchen, doch auf der Junckern cost, zu führen d)
schuldig seyn. Auch wenn sie Wolle oder Fi-
sche verkaufen, die sollen sie, so die im Für-
stenthum verkaufft, dahin auch führen. Item
ob die Säcke Getraide, das ihnen selbst er-
wachßen wäre, dergleichen Käse oder Butter
verkauffen, oder zu Marckte wollten führen
lassen, das sollen die Leute thun, doch nicht
weiters noch anderswo, denn gen Schlaiz,
Plauen und Hof, und ihnen zur Kost auf ein
Tag und Nacht, auf jedes Geschirr, so es
Tag und Nacht auffen bleiben muß, fünff gl.
gegeben werden. Fiel auch für, daß die
Säcke Getraidigs für ihre Behausung nothdürfftig, das sollen ihnen die Leut, doch auf
der Säcke Kost, immaffen vor angezeigt, holen, und darzu jährlich beyden eine Fuhre nach
Salz, auf ihr eigen Kost und Zehrung, thun,
dieweil es also Herkommen ist. Und zu dem
allen ob die Säcke Heu kauffen würden, aufferhalb, oder in ihren Gütern und Gerichten,
das sollen sie auch führen. Desgl. ob sie bauen
würden, sollen sie auch Frohn zu ihren Gebäuden
führen, und sollen sonst mit allen auswendigen
Fuhren aufferhalb ihrer Güter und Gerichte
gantz und gar unbeladen seyn und bleiben.

Es

d) Ist an. 1663. den 10. Mart. nach der Beylage No. XVIIIb. ebenfalß dergestalt verglichen, daß ein gewisses beständiges und nach
den Höfen eingerichtetes Pferde-Geld oder
Zinnß gegeben wird.

Es sollen auch ihre Leuth über drey Meil-
weges von Mühldorf aus Botschafft zu lau-
fen nicht schuldig seyn, und jeder nicht mehr,
denn des Jahrs, ob es zur Nothdurfft fürfällt,
das einsmahls zu thun, an Lohn verpflicht
seyn. So sie aber die Säcke weiter verschi-
cken wollten, so sollen sie ihnen von jeder Meile Sechs neue Pfennig zu geben verpflichtet
seyn.

Zum Jagen sollen die Säcke ihre Leut im
Winter, wenn es im Schnee, da die Leute
auch sonst nicht viel versäumen, zu gebrauchen haben, doch also, daß solches die Wochen aufs meiste nit mehr denn einmahl an einen komme, und über ihren guten Willen sie
desfalß darzu nicht weiter nöthigen. Wenn
es aber im Herbst und sonst durchs Jahr fürfällt, es sey zum Abschrecken oder jagen, sollen
ihnen die Leut zu Zeiten auch helfen, doch nicht
so offt als im Winter, da sie sonst nicht viel
versäumen, sondern nach Gelegenheit derselben
Zeit mit der Jagd gemacht werden, damit die
armen Leute in ihren Nothsachen und Nahrung nicht sonderlich verhindert, und soll in
dem mit dem Flecken und Dörfern allenthalben Gleichheit gehalten werden. Die Säcke sollen auch ihre armen Leute, wieder ihren guten Willen zu frohnen oder zu jagen
gar nicht verleihen. Ob aber die Leut sich
ungehorsamlich gegen ihren Herrn den Sack
oder sonst sich mit fast höchlichen auch grossen

und

und ausserhalb peinlicher Sachen, die zu
Haut und Haar sträflich, verbrechen würden,
soll man sie darum nicht gefänglich sezen, sondern mit ziemlicher Pfändung oder rechtmäs-
siger Klage derhalben fürnehmen, damit sie
bey gleich und Recht bleiben und ausserhalb
rechtlichs Erkänntniß nicht beschweret werden.

Des Heisch-Geldes halben als sich die Leute beklagt, daß ihnen selbiges erhöhet und nun
einen gl. geben müsten, da sie vormaln nur
3. alte Pfennige gegeben hätten, wollen wir
daß hinfürder von einem vor gebot oder hei-
schen nicht mehr als Sechs neue Pfennig gefordert und gegeben sollen werden.   Mit den
Rügengerichten soll es hinfort, wie es vor
Alters herkommen, gehalten werden.   Aber
die Leute sollen andere bußwürdige oder sträf-
liche Fälle denn die öffentlich seyn, oder
davon eine gemeine Sage und Gerichte, oder
Anzeigunge in der Sack Gerichten bey. den
Einwohnern ist, zu rügen nicht verpflichtet
seyn.

Die erkaufte Forwergk, so die Leute befrohnen, betreffend, dieweil das wenig und
geringschäzig, von dem Vorwerck auch ein
Stück verkaufft und Frohngut daraus gemacht, welches denn den Leuten mit zu gut
gehet, und die Leute solches in der Theilung
gewust, und nicht angefochten: so sollen sie
sich

sich solcher Befrohnung hinfürder auch nicht
wegern, sondern dieselben Vorwercke, wie
ein Zeither geschehen, hinfürder befrohnen,
dieweil ihrer eine gute Menge ist, die solches
thun.

Wo die Säcke Wiesen auf ihren Rittergute gehabt, die sie ein Zeitlang nach ihren
Willen vermieth hätten, so haben sie dieselben auch wohl mögen zu sich nehmen, die sollen
ihnen die Leute, wie andere ihre Wiesen,
befrohnen und beschicken.

Die gekauften Stadtgüter belangend, dieweil Hanns Sack soviel an seinen Vorwerck
liegen läßt, sollen seine Leute dieselben zu befrohnen nicht wegern. Die Länderey belangend, davon die Leute fünff und zwanzig Hüner geben, dieweil es Haüs Sacks Laßgut e)
und in sein Rittergut gehörig, haben sie solches hoher denn hievor zu vermiethen gehabt.
So steht es auch noch in der Willkühr, die es
miethen, ob sie es um die fünff und zwanzig
Hüner haben wollen oder nicht.

Nachdem die Leute geklagt, wenn einer
ihr Unterthan stürbe, daß die Säcke von der
nachgelassenen Witbe einen Scheffel Habern
fordern, dargegen aber die Säcke bericht ge-
Q 4   than,

---

e) Von solchen sehe man *Andr. Flor. Rivini* diss.
de praediis, quae vulgo Laß-Güter appel-
lantur.

than, daß sie den Habern nicht von der Wit-
ben, sondern von denen, so wieder in die verstorbenen Güter ziehen, oder Antheil daran
bekommen, und von denen, so Haußgenössen
seyn, und sich in ihren Gerichten unter ihren
Schuz und Schirm aufhalten, gesordert werde: So nehmen sie ihren Bericht nach den
Scheffel Habern hinfürder nicht unbillig,
doch mit diesem Unterscheid: ob jemands von
ihren Unterthanen seinen Vater, Eltervater,
Mutter oder Eltermutter oder andere ge-
freundte und auch elende arme Personen Alters, Schwachheit oder Unvermögens halben,
um Gotts und christlicher Gütigkeit willen
bey ihme hätte, oder hinfürder haben würde,
von denselben Personen soll nichts genommen
auch nichts gegeben werden.

Für die Käse giebt man den Säcken billig
das Geld, wie es vor Alters herkommen und
über verwehrte Zeit gebraucht worden ist.

Die Säcke sollen die Menner nicht drin-
gen zur Frohn; mehr Aecker und Wiesen zu
roden, wo aber die vor gemachten Aecker und
Wiesen, so nach Arbeit nothdürfftig, oder
wiederum mit Sträuchen bewachsen würden,
dieselb solten die Menner bessern und räumen. Würden aber die Säcke darüber auf
ihre Kosten mehr Wiesen oder Aecker roden
lassen, die sollen die Männer zu befrohnen
nicht schuldig seyn.

Die

Die zwey Güter zu Dirbach und Ransch-
bach belangend, nachdem Hanns Sack an
zeigt, daß das eine Gut allewege ein Freygut
gewesen, und die Fröhne nicht gehört soll haben, das aber die Menner nicht haben einräumen wollen: So soll den Mennern behalten seyn, solches, das es etwa zuvorn ein
Frohngut gewesen, anzuzeigen, und so das
beschicht, der Mann durch Hannßen Sack
neben Ihnen zur Frohn geweiset werden.

Daß Caspar Sack einen Teich geschutt,
und der Gemeine daselbst eine Wiesen er-
trenckt und eingenommen, das soll er der Gemeine vergleichen, verrennt und versteint werden, und solches soll geschehn ohne alles ver-
ziehn zwischen hier und Pfingsten schirstkünff-
tig. Was für Pfande vorhanden seyn, die
den Leuten zuständig seyn, die soll man ihnen
zu diesem mahl, ohne alles Entgelten, frey
und ledig wieder geben.

Die Müller sollen den Säcken an ihren
Selbstgebäuden zu Besserung und Flickwerck
der alten Gebäude zu frohnen schuldig seyn.
Aber an neuen Gebäuden, wo die zur Nothdurfft gemacht werden, soll jeder Müller 14.
Tag aufs längste, doch daß ihnen von denen
Säcken ziemlich und nothdürfftiger Weise
essen und trincken gegeben werde, zu fröhnen
verpflicht seyn, es wäre denn, das Gott ver-
hüte, daß sie an ihren Gebäuden Brand-

Q 5   Scha-

Schaden nähmen, so sollen alsdenn die Müller zu Wiederbauunge derselben Gebäude nach ihrem Vermögen und abermahls bey der Säcke Speise behelfen seyn. Die Mezen von Mahlen sollen die Müller, wie sie es zuvorn gethan, den Sack in ihre Mühle reichen vnd geben unabbringlichen, es werde gemahlen wo es wolle. Schneid-Klözer sollen die Müller, jeglicher des Jahrs neune und nicht mehr ihrem Herrn an weigerunge zu schneiden verpflicht seyn.

Es sollen auch die Säcke ihre Leute auf einen Tag nicht zu zweyen Frohnen brauchen, auch welche gefrohnet haben am Tage, dieselben zur Haasen-Jagd oder sonst bey der Nacht nicht erfordern lassen.

Und die Frohnen sollen die Menner den Säcken, als ihren Erbherrn auf ihr Rittergut und Vorwerck, es sey mit den Pferden oder mit der Hand, treulich, fleißig und unwiedersezln. thun, auch zu rechter Zeit anfahren, und Mittags und Abends zu rechter Zeit wieder ausspannen. Es sollen aber die Säcke ihre Leute wiederum treulich und in ihren billigen und rechtmäßigen Sachen nach ihren besten Vermögen handhaben, ihnen behelfen, retig und beyständig seyn, und also von beyden Theilen solcher ihrer Irrunge, und Zwiespalte gänzlich vertragen seyn und bleiben.

Die

Die Buſſen auch und Straffen, ſo den
Sacken bereits an entricht, und ſie von obberührter Hinſtellunge empfangen, ihnen bleiben. Was aber an ſolchen angezeigten Buſſen oder Pfanden von Sachen, ſo ſich vor
oder nach der Hinſtellunge begeben, noch auſſen ſtünden, ſollen hiermit aufgehoben ſeyn,
und aller Ungunſt, ob die Säcke einige zu
und wider ihre Unterthanen ſamt und ſonderl. gefaßt und alle Unwille und Irrthum
hiermit beygelegt und abgethan ſeyn, der Sachen auch fört mehr in argen oder unguten nicht
gedacht werden. Treulich und ungefährde.
Zu Urkund haben wir dieſe Schied zwiefa-
chen und itzlichen Theile einem unter unſern
hieranhangenden Innſiegel geben laſſen. Geſchehen zu Weymar am Donnerſtage nach
dem Sonntage Oculi, Anno Domini Funf-
zehen hundert und im drey und zwanzigſten
Jahre.

Num. X.

Von Gottes Gnaden Wir Johanns Nô. X.
de an.1545.
Friedrich a) Herzog zu Sachßen,
des heil. Röml. Reichs Ertz-Mar-
ſchalch

a) Ein Sohn Churfürſt Johannis des ſtandhaff-
ten zu Sachßen, gebohren von Sophia Prinzeßin

ſchalch und Churfürſt, Landgraf zu Doringen, Marggraf zu Meiſſen, und Burggraf zu
Magdeburgk bekennen und thun kund hiermit,
Nachdem ſich zwiſchen Unſern lieben getreuen
Hanſen Edlen b) Sack zu Mühltrof, Beklagten eins, und der Gemeinden zu Langenbach, Langenbuch, Thierbach und Rambſpach,
Klägern andern Theils etzlicher viel Artickel
halber Irrungen und Gebrechen erhalten, der-
wegen wir ſie uf heute dato zu gütlicher Verhör und Handelung an unſern Hof vorbeſchie-
den, darauf auch gedachter Hanß Sack vor
sich

       zeßin zu Mecklenburg den 30. Jun. 1503. zu
       Torgau, wurde an. 1532. Churfürſt, an. 1547.
       den 24. Apr. bey Mühlberg vom Kaiſer Carl
       V. gefangen, der Kur entſetzet, und ſtarbe
       den 3. May 1554. zu Weimar.   Er hat den
       Beynamen des Großmüthigen, und ware ein
       zwar unglücklicher dennoch aber ganz vor-
       trefl und unvergleichlicher Fürſt. *Glaſei* l. c.
       L. I. C. XII. §. 3. p. 138. ſq. und mehrere bey
       Hr. *Kreyſig* l. c. p. 56. ſq.

b) Von dem Worte Edel ſind zu ſehen der ber.
    Hr. Hofrath Scheid in hiſt. und dipl. Nachr.
    von dem hohen und niedern Abel in Deutſch-
    land, deßgl. **Büchner** erl. Voigtl. p. 101. ſq.
    welcher gar recht davor hält, daß man erſt-
    lich um das XVI. Jahrhundert angefangen,
    dem niedern Abel das Ehrenwort Edel bey-
    zulegen.   Was inſonderheit dieſen Hanns
    Sack betrifft; ſo wurde er, gemeldeter maſ-
    ſen nebſt ſeinem Bruder Caſpar an. 1532. vom
    Kaiſer Carl V. mit dieſer Benennung der E-
    delen begnadiget.

sich, und den etliche aus angezeigten Gemeinden mit einer Vollmacht erschienen, als haben wir sie auf vorhergehende fleißige Verhör und Handlung folgender gestalt, durch
unsere Räthe vertragen, nämlich

Soviel das erste Klag-Stuck anlanget, do
ein Mann oder Weib stirbt, das Hanß Edler Sack von der gelassenen Witbe oder Wit-
ber einen Scheffel Haber fordert, Nachdem
der Vortragk, so weylandt der hochgeborne
Fürst, Herr Johanns Herzog zu Sachßen,
Chur-Fürst rc. Unser gnädiger lieber Herr und
Vater seliger Gedechtnuß zwischen disen Par-
bien ufgerichtet, vermag und mit sich bringt, so
jemands seinen Vater oder Elder Vater, Mutter oder elter Mutter, oder Gefreunde, oder
auch andere elende Personen um christl. Liebe
willen bey ihm hätte, oder hinfürter haben
würde, das von denselben Personen nichts
gegeben noch genommen werden soll, so soll es
dabey auch nochmahls bleiben und solcher
Scheffel Haber in denen Fällen, so der Schied
zuläst, gegeben, aber in den andern, Fällen,
die der Schied nicht giebt, nichts gefordert,
noch gereicht. Es sollen aber nicht dieselben
alten krancken und schwachen Personen, sondern andere vermögende zu Frohn geschickt
und verordnet werden.

Die Frohn-Fuhren betreffende, soll es allenthalben damit gehalten werden, wie es berührter Schied vermagk, und auf ein Geschirr

schirr Tag und Nacht 5 gl. zu zehren gereicht
und gegeben werden.

Betreffende die Weyde für die Pferde,
wenn die Leute frohnen und ausspannen, die will
und soll Hauß Sack ihnen ausserhalb der Wiesen, wie vor Alters (doch daß es auch Weyde
sey, der die Pferde genüssen können) anwei-
sen und sie für die Pferde gebrauchen lassen.

Do ein Mann oder Weib verstirbet, sollen derselben Erben und Geschwister das
Gut, ohne Wissen, Bewilligung und Zulassung Haußen Sacks, als des Erbherrn nit
Macht haben uf zwey oder mehrere Theil zu
schlagen oder zu theilen, sondern do sich die
theilen wollen, soll das Gut einem verkaufft,
und die Kauff-Summa unter die Geschwister getheilt werden, wolten sie aber in unge-
theilten Gütern beysammen bleiben, so sollen
sie ihme einen Lehnträger machen, der die
Güter verzinße, befrohne, und gebührliche
Pflicht thue. Do aber unter denselben Ge-
schwistern, die also in Gütern bey einander
bleiben, oder von den Haußgenosen, einer Ver-
breche und Straf würdig würde, den oder
dieselben soll Hanß Sack; nach Gelegenheit
der Verbrechung und nach landläufftigen Gebrauch, auch gnugsamer Befindung zu strafen
Macht haben.

Die Pfändung anlangende, wiewohl unser
Gemüth und Meynung nit ist, dieser Leute
oder jemands Ungehorsam zu billigen oder zu
stär-

ſtärcken, das auch aber die Leute an lebendigen oder eſſenden Vieh, darauf ihr Ackerbau
und ihre Güter ſtehet, ſolten gepfändet und
alſo an ihrer Nahrung verſäumet, gehindert,
oder geſtrafft werden, das will uns als Lan-
des-Fürſten zu geſtatten und nachzuhangen
auch nicht gelegen noch zu verantworten ſeyn.
Darum wollen und befehlen Wir hiermit,
daß es hinfür alſo gehalten werde, nemlich:
da durch die Leuthe zu pfänden Urſach geben
wird, das ihnen nicht lebendige und ſolche
Pfände, deren ſie ohne Schaden ihrer Nahrung nit entrathen können, ſondern ander gemeine Pfende ſollen genommen und alſo die
Leute zu Abtragk bracht werden, Im Fall
aber do ſie dieſelben Pfände verächtlich lieſſen
und dieſelben nit bürgeten, So ſoll Hanßen
Sack frey ſtehen und nachgelaſſen ſeyn, ſie
derhalben nach Landläufftigen Gebrauch und
gebührlicher Weiſe, auch nach Gelegenheit
der Verbrechen zu ſtrafen. Es ſoll aber auch
den Leuthen kein Pfand uf recht wieder zu geben gewegert, wie ſie ſich den, als wolten ihnen die Pfände nit anders den uf Abtrag gegeben werden, beklagt haben.

Wenn ein Gut verkaufft, von Verkäufer
abgetreten und von Käuffern bezogen wird,
ſo ſoll der Käuffer einen Anzugs- und denn der
Verkäufer einen Abzugs-Groſchen dem Erbherrn, wie vor Alters, reichen und geben, und
es alſo in deme, dem Herkommen und alten
Gebrauch

Gebrauch nach, gehalten werden, doch soll
dieser An- und-Abzugsgroschen nicht ehe gegeben noch gefordert werden, die Auflassung sey
denn zuvor geschehen.

Nachdem auch die Leuthe in ihrer überge-
benen supplication ihren Erbherrn mit be-
schwerlichen Worten etwas angelassen, darob
wir nit geringes Mißfallen haben, und sie
sich aber zum höchsten entschuldiget, daß solches aus ihren und des Schreibers Unbedacht
hergeflossen, und um Verzeihung gebeten;
So hat Hanß Edler Sack solchs uns zu unterthänigen Gehorsam und Gefallen gegen ihnen
auch vergessen und fallen lassen. Es sollen
aber und wollen die Leuthe sich hinführo dergleichen enthalten, und sich gegen ihme als ihren Erbherrn alles schuldigen Gehorsams erzeigen und finden lassen.

Alß sich Hanß Edler Sack gegen uns beklagt, ob hätten sich die Leute zusammen verbunden und verschworen, also, do je einem etwas ufgelegt oder gestrafft würde, daß sich
eine ganze Dorfschafft desselben annehmen
und vor einen Mann stünde, seind die Leuthe
auch drauf gehört, aber desselben keinesweges
geständig gewest, sondern sich des zum höchsten
entschuldiget, doch ist bered, was für Sachen
seynd, die eine ganze Gemeind anlangt, daß
sie sich derselben, doch ohne Auflauf oder un-
fug, sondern zu billiger zuleßlicher Ausfüh-
rung annehmen mögen, was aber privat- und

unter-

undterschiedliche Sachen seind, die sonderliche
Personen und nicht ganze Dorfschafften zugleich anlanget, die sollen sich die Dorfschafften anzufechten enthalten, sondern wirdet sich
ein jeder, der beschwert zu sein vermeint, an
gebührl. Ort zu beklagen und um Einsehen
anzusuchen wissen.

Das Treschen berührende, sollen und wollen die Leuthe ihren Erbherrn soviel Korns
austreschen, als er zum Saamen bedarf. Es
soll aber daselb ausgetroschen Korn nicht zu
backen, sondern zu Besäung der Aecker gebraucht, und die Leuthe mit mehrern treschen
nicht belegt werden, es sey denn etzliches desselben Saam-Korns, so man zur Nothdurfft
von dem andern bißweilen abzunehmen pfle-
get, der Gelegenheit, daß es zu Saamen
nicht zu gebrauchen wäre, das soll ihren Erbherrn zu verbacken oder sonst seines Gefallens zu verbrauchen frey stehen, doch daß
hierinne keine Gefahr gesucht werde.

Welche aber mit den Pferden fröhnen, sollen zur selbigen Zeit zum treschen nicht gefordert werden, sondern daselb hernacher wiederum einbringen, damit sie zu einer Zeit mit
zweyerley Frohn nit beladen werden.

Alß sich obgedachte Gemein ferner beklagt,
do etwan Leuthe, ob sie gleich bey einander
wohnten, oder sonst gute Freunde und Nach-

R   barn

barn sich mit Worten zweyeten, und sich auch
wiederum versöhneten, daß dennoch daselbe
von ihnen gerüget und verbüsset werden sollte,
giebt obberührter Schied auch Maaß, wie es
mit den Rüge-Gerüchten gehalten und wie die
Fälle oder Verbrechungen gerüget werden, darbey soll es bleiben und denselben nach gelebet und nachgegangen werden.

Das Schindelmachen betreffende, sollen
und wollen die Leuthe ihren Erbherrn soviel
machen, als er für und zu Erhaltung seiner
Gebäude bedürfftig, aber was er deren verkauffen oder verschencken wolte, die sollen ihme die Leuthe zu machen nicht schuldig seyn,
sie auch damit verschonet werden.

Cunz Döbels halben zu Langenbuch haben
sich die Leuthe beklagt, ob er wohl der besten
Güter eines hätte, weil er aber ihres Erbherrn Anwald (wie sie es nennen) wäre, würde er mit der Frohn verschonet, und sie müsten dieselbe für ihme thun, wiewohl durch
Hanßen Edlen Sack, daß es für Alters also
Herkommen wäre, fürgewandt. Weil aber
daselbe ein Frohn- und kein Frey-Gut, ist bered und bewilliget worden, das er auch nun
fortan mit und neben ihnen fröhnen, Nachbarschafft halten und gleiche Bürden tragen,
und die Leuthe die Frohne für ihme zu leisten
gefreyet seyn sollen.

Andreas

Andreas Kölbel zu Ramspach belangende,
so müste derselbe ihren Erbherrn zimmern und
andere Hof-Arbeit machen, und sie ihn indeß
mit der Frohn vertreten, soll er hinfort auch
fröhnen, wie andere, und die Leute ihme förder zu verfröhnen nicht schuldig
seyn.

Nachdem sich die Leuthe auch beschwert,
als würde ihnen die Frohn zu unrechter Zeit,
als zu frühe oder zu spät angesagt, soll und will
ihr Erbherr ihnen dieselbe hinfür alle weg
den Abend zuvor und also ankündigen lassen,
damit sie es alle hören oder erfahren, und sich
des Unwissens hinfürder nicht sollen zu beklagen haben.

Da die Leuthe gesucht, wenn ein Mann
etl. Bet Feld über hätte, daß er dasselbige ü-
brige einen andern, der es bedurfft, zu Besserung ihrer beyder Narung austhun möchte,
seynd sie, weil es ihnen selbst zum Nachtheil
und Schmälerung ihrer Narung gereicht, von
solcher ihrer Suchung abgeweißt, wie es denn
auch von ihren Erbherrn nicht hat gestattet
noch nachgelassen werden wollen.

Das Gehege vor ihre Pferde betreffende,
und als solte ihnen dieselbe Weyde durch
ihres Erbherrn Schäfer abgehütet werden, ist bered und vertragen, das ein je-

der

der nach Gelegenheit seines Guts, wie vor
Alters her, hegen, und ihres Erbherrn Schäfer uf denselben ihren Gehegen unbetrieben
bleiben, im Fall aber, da es von dem Schäfer geschehe, demselben zu pfänden macht haben, die Schäfer auch sich zieml. Pfändung
nit weigern, noch derselben freventlich ufhal-
ten sollen.

Nachdeme auch die Leute geklagt, als würde von etzlichen für ihre schuldige Frohn Geld
genommen, wie denn dem Töbel zu Langenbuch ein Jahr lang vor die Frohn ein gut
Schock angeschrieben worden wäre, die sie
doch auch mit der Frohn vertreten, und dieselbe auch für sie thun müsten, welches aber
Hanß Sack nicht geständig gewesen, ist es
dieses Artickels wegen dahin gerichtet, daß ihr
Erbherr hinfüro von keinen, der sonsten zu
frohnen schuldig, Geld dafür nehmen solle
und wolle, sondern daß ein jeder die schuldige
Frohn leiste, und Gleichheit gehalten
werde.

Die gemeine Gebäude, als Pfarr, Kirchen
und Hirten-Häuser und dergleichen berührende, und do je einer oder mehr zu derselben
nothwendigen Gebeuden nicht Hülf und
Handreichung, wie der ander einer thun, und
also ungehorsam seyn würde, der oder dieselben sollen die Gemeinde nach Gelegenheit der
Ver-

Verſäumniß zu büſen haben, aber gleichwohl
daſſelbe Geld nicht vertrincken, ſondern in
die Gemeinde beylegen, neben andern gemeinen Geld zuſammen halten, und den zu gemeinen Nutz, alſo, daß es ihnen ſelbſt allen
zu gut komme, anwenden.

Alß ſich die von Langenbach auch beklagt,
wie ihnen jüngſt, als ſie zu Frohne nicht haben kommen können, ihre Röcke und Kleider
abgepfändt auch noch auſſen ſtehen, Sollen
und wollen die Leuthe dieſelben gepfänden
Kleider bey ihren Erbherrn zu recht auszubür-
gen ſuchen, ihr Erbherr ihnen auch dieſelben
Pfand uf Recht folgen laſſen, und die Leuthe
darauf ſich mit ihme vertragen.

Do auch die Leuthe zur Frohn erfordert,
und einer oder mehr ungehorſam auſſen bleibt
den oder dieſelben ſoll ihr Erbherr und nicht
die Gemeine gebührl. weiſe zu ſtrafen haben.
Doch ſoll Hanß Sack mit ſeinen Voigten
und Befehlhaber die Verſchaffung thun, daß
ſie in deme keinen vor den andern fürſchuebe
thun oder forteilen, auch die Straf von den
ungehorſamen unnachläßig einbringen, domit,
do ihnen die Straf erlaſſen, ſie zu Ungehorſam nicht geſtärckt und dem andern die
Frohn alleine ufgeſchoben, ſondern daß in dem
auch Gleichheit gehalten werde.

Soviel dieſe drey Artickel, nämlich das

Holtz beschlagen, Bichen und brauen, und
denn den Bach anlanget, welche drey Artickel
Hanß Edler Sack vor ein alt Herkommen
und Gerechtigkeit angezogen, das aber die
Leut nicht haben geständig seyn wollen, das
wir also, denselben nicht haben vertragen noch
vergleichen können, wollen wir durch unsern
Amtmann zu Plauen, Rath und lieben getreuen Wolffen von Greffendorf c) hierum
allenthalben fleißige Erkundigung nehmen lassen, und uns alsdenn nach Gelegenheit und
Befindung mit billichen Bescheid darauf auch
zu erzeigen wissen.

Was die Reiß-Stäbe anlanget, die sollen
die Leuthe zu führen nicht schuldig seyn, sondern sie mit dieser Fuhr verschonet werden.

Die zwey Aeckerlein berührende, die Hanß
Edler Sack in neulichen zu sich bracht hat,
soll

---

c) Dieser Wolf von Gräfendorf ware Amtmann
zu Voigtsberg und Plauen, und wohnte, nebst
Georg Rauten, M. Spiesen, Superint. in
Schleiz, Paul Rebhuhn, Pfarrer und Su-
perint. zu Oelsniz, der vom Churfürsten zu
Sachsen in der Herrschafft Lobenstein an.
1543. angeordneten Visitation bey, und auf
Seiten des Hrn. Grafen Reuß daselbst Heinz
von Wazdorf auf Altengeseß, von welchen
Büchner erl. Voigtl. p. 172. und Karl von
Kospoth zu Schilbach, nach Möller annal. p.
99. und Büchner l. c. p. 99. sq.

soll es mit Befröhnung derselben innhalts vielberührtes Schieds gehalten werden.

Und soll der zuvor aufgerichte Vertragk gäntzlich in Würden bleiben, kein theil darwieder handeln. Das zu Urkund ist dieser Vertragk unter unsern hieran gedruckten Secret gezwiefacht und jdertheil einer zugestellet worden, der gegeben ist Montags nach Cantate Ao. Dni 1545.

Num. XI.

Zu wissen. Nachdem von des Durch-lauchtigsten hochgebornen Fürsten und Hern, Hern Johanß Friederich Herzogen zu Sachßen vnd des heyligen Romischen Reichs Ertzmarschalch vnnd ChurFursten ꝛc. hochloblicher seliger vnd christl. Gedechtnus verordneter Visitatorn, in derer An. 36 beschener vnd gehaltener Visitation in sonderer Betrachtung vnd erwezen des geringen Pfarlehenn vnnd einkommens zu Mueldorf a) vnnd domit ein Pfarher doselbst desto besser sich zu

No. XI. de an. 1571

K 4   enthal-

---

a) Wenn wir das ehedem gar geringe Einkommen der Pfarre zu Mühltrof, so doch nachhero, wie wir p. 97. sq. angemercket haben, sehr verbes-

enthaltenn, das Guth die frumeß genant zu
Tyrbach gelegen vnd ledig geweſt zu bemelter
Pfar Muhldorf gentzlichen gewidempt, ver-
ordenet vnd geeigent, Jhnhalts Jrer der Heren Viſitatorn auff ChurFurſtlichen beuhelich
dorüber gegebnen briff vnd Siegel, b) welche
frumeß dann von derſelbenn an vnnd biſdohero alſo zu der Pfarr Mulldorf gebraucht
worden, So aber gleichwoll ein Pfarher
ober Zehen Gulden nutzung vonn den hal-
baweren mit denen dan ſolch Guth beſtelt
Jherlich nicht nhemen koñen, vnd gleichwoll
vff die Gebewde deſelben in Wirden vnd
Weſen zu haltenn das Gotshauſs Muldorff
welchs dan eines gar geringen Vermugens c)
Jerlich nicht ein wenigs auffwenden muſſen,
vnd doch ohne das mit der Kyrchen, d) Schulen

verbeſſert worden iſt, erwegen, ſo werden wir
noch mehr in der Meynung geſtärcket, daß
das Schloß älter alß das Städtgen, und ſich
zuerſt allhier nur ein Schloß-Prediger befunden.

b) Wenn dieſer ſowohl alß der übrigen zum
Schloſſe Mühltrof gehörigen Pfarren Abſchiede noch vorhanden wären, würde uns vieles, auch die erſte Beſchaffenheit dieſer Früh-
Meſſe, deutlicher ſeyn.

c) Das Kirchen-Vermögen betruge damahls
nach den Rechnungen 145. aßo.

d) Soll das Wort Kirche vom Griechiſchen
κυριακὴ ὄικος Herren-Hauß, herzuleiten ſeyn,
wie

ten vnd Pfar-Gebeuden gnugsam zu schaffen
Als ist in betrachtung dessen alles vnd domit
forthin ein Pfarher nach Gelegenheit ein mhe-
ters dauon zu geniffen haben auch dem Gots-
hause der Jherliche vncosten vff die Ge-
bew zu wenden ersparet werden muge, vor
Rhatsam vnn gut angesehenn durch mich Ru-
dolphen von Bünaw e) vff Chrisgrun der Zeit
alhie

wie *Caue* meinet im erften Chriftent. p. m. 144.
so wird es recht mit dem y gefchrieben. Man
kan von der Aehnlichkeit der Griechl. Sprache
mit der Deutschen eine eigene Abhandlung
nachlefen in den Hannöverischen gelehrten Anzeigen ai. 1750. no. LI. p.239.fq. und von dem
Nuzen der Griechl. Sprache in der Deutschen
das neuefte aus der anmuthigen Gelehrfam-
keit ai. 1751. p. 139. 182. fq. Andere behaupten, das Wort Kirche habe feinen Urfprung
von dem alten deutfchen Wort Küren, wäh-
len, wovon Hr. Rect. *Longol.* Nachr. P. VII.
p. 285. fq.

e) Dieser Rudolph von Bünau befaffe Elfter-
berg und Chriftgrun, vermählte fich mit Balthafar Edlen Sacks hinterlaffenen Witbe Catharina, einer Tochter Henr. von Bünau auf
Droifig, führte die Vormundfchafft über feinen Stieff-Sohn Hannuß Balthafar Edlen
Sack allhier vom Jahr 1554. biß 1574. wurde an. 1582. unter andern vom Churfüft Au-
gufto zum Vifitatore im Chur-Sächfßl. Voigts
lande mit erwählet. wovon Hr. *Oettel* Hift.
Plaul. Superint. p. 31. Von der fehr alten
und berühmten Bünauifchen Familie aber,
die fchon feit dem XII. Jahrhundert nur die
Vor-

albie von wegen meins Stieff-Sohns
hans Balthasarn Edlen Sacks vormunden
vnd mit derselben Bewilligung solche obbemelte frumeß, an hauß, hoef, Eckern, wiesen
vnd holz, wie solches alles mit seinen Reinen
und Steinen umbfangen, als ein geistlich
Guth bistohero genossen vnnd gebraucht worden, nichts dauon aufgeschlossen vnnd gantz
frey, ohne einige Beschwerung (Jdoch dem
ChurFurstenn zu Sachssen vnd burggrauen
zu Magdeburgk ꝛc. meinem gnedigsten Hern
an Jren ChurFurstlich gnaden Regalien vn-
schedlichen) dem wirdigen Ern Bleycard Pe-
steln f) itzigen Pfarhern zu Tyrbach erbli-
chenn

Vornamen Rudolph, Heinrich und Günther
führet, ihre Geschlechts-Ordnnng und ältesten
hat, und von welchen die Linien zu Seuseliz
und Püchen in Grafen-Stand erhoben worden, sind mehrere nachzusehen bey Hr. *Kreyßig*
Hist. Bibl. p. 318. sq. Die Elsterbergische hat
diesen Ort schon seit etl. Jahrhunderten innen,
wovon die Dresdner gel. Anzeigen de an. 1755.
immassen unter andern schon Günther von Bünau zu Elsterberg an. 1498. mit Herzog Heinrichen zu Sachßen im gelobten Lande gewes-
wesen, *Glasei* Hist. Saxon. p. 107. Dermahln
besitzet es Hr. Rudolph von Bünau auf Elsterberg, Franckenhof, Klein Gera und Cuns-
dorf, Königl. Pohln. und Chur-Fürstl. Sächßl.
Ober-Steuer-Einnehmer des Voigtländischen
Kreyßes.

f) Dieses Pestels Vater war Schulmeister zu
Leubnitz.]

chenn beſtendig vnd aufrichtig verkaufft vnd
vmb vier hundert gulden Rheinſcher Wehrung zu kauffen gegeben im Jhar vnnd tagk
vff vier vnderſchidliche Friſten noch dato zu
bezhalen, Vnd von wegen der Vormunden
benannts meines Stieffſohns als derſelben
frumeß Erb= vnd Lehenher Jhme krafft diz
briffs Erblichen gelihen,

Reiche vnnd leihe demnach izt genanten
Bleycardo Peſteln, ſeinen Erben vnnd Erbnehmen ſolche gutere als nemlich die frumeß
in vnnd auſſer dem Dorff Tyrbach gelegenn
zu rechten Erb- vnd Kauff Guth Diſelbe als
geiſtlich Guth wie biſdohero beſchehenn, zu
geniſſen vnnd ſeines beſten zu gebrauchen,
Vnnd domit er gleich den andern vnderthau-
nen ſchuzes ſich zu getroſtenn vnnd zu erho-
lenn, ſoll er vnd wer nach Jhme der Jnnha-
ber ſolcher frumeß forthin ſeyn wirdet, vorbe-
meltem meinem Stieff Sohn Hanß Bal-
thaſarnn Edlen Sack vnd ſeinen Nachkommen Jherlich vff Michaelis reichen vnd geben
ein Scheffel Hafer, dobey es ſein bleibens haben vnnd weiter nicht beſchwert werdenn, des
alles zur Sicherung vnnd mehrer bekreffti-
gung dieſes Erbkauffſs hab ich genanter vonn
Bunaw von wegen mher bemelts Edlen
Sacks vnnd deſſelben ehegedachter| vormun-
den mein angeborn Jnſiegel hernach an dieſen briff anhengen vnnd vffdrucken laſſen. Geſchehen zu Mulldorff am Sontag Trinitatis
der

der whenigern Zhal im ein vnnd siebenzigsten Jahre.

Num. XII.

Abschied der Pfarr Langenbuch.

Zu folge des Churfursten zu Sachsen vnnd Burggrafen zu Magdeburgk rc. vnsers gnedigen Herrns vns vfgetragener des Voigtlandischen Kreißes General-Visitation haben wir die verordenten Visitatores Rudolph von Bhunaw zu Christgrun vnd M. Georgius Rauth, Superattendens zu Kemnitz den erwirdigen Thomam Hoffmann Pfarherrn zu Langenbuch, neben zu dieser Pfarr gehorigen vom Adell vnd andern Personen vntem am dato kegen Plawen vffs Rathhauß daselbsten vorbeschieden, vermög Churfurstliches Beuehlichs vnd inhaldes mit aberschickter Instruction seine beschwerung vnndt Anders angehört vnd volgender gestalde verabschiedet.

Ein Teich ist, neben einen Wusten Guth, a) welches vff Consense des Synodi Lehen-

_____

a) Dieses Gut ist an. 1577. an damahligen Stadt-

Lehenherrn vnndt Superattenden erblichen
verkaufft, mit eingezogenn, dergestalt, das
dem Pfarherrn zu jeder zeit, wenn er fischt,
der halbe nutz oder acht groschen Tzinß, daran sollte gefallen, der jtzige Possessor aber
verwegert sich, Sollichen zinß zu geben, der-
wegen der Teich dem Pfarherrn genzlich soll
wieder gefolgen.

Es ist etwan von Caspar Sacken dem
Pfarr Haberfeld schaden zugefügt, Ist von
Churfurst Johann Friedrichen hochlöblicher
vnd seeliger gedächtnuß dessen Bruder Hansen Sacken zuerkannt worden, zu erstattung
Jerlich j o Klafftern Holz auß seinen holtzern
folgen zu lassen, die Bawern sollen es hawen
vnd füren, wie denn im allten Widen-
buch b) zu befinden, wenn aber solch Holz
niemals

Stadt-und Land-Richter in Schlaitz verkaufft
worden, wie, ausser andern Nachrichten, auch
eine von den zeitigen Superint. in Plauen,
Barthol. Reiwelt meldet, welcher Verkauf also von dem an. 1578. wegen der Unterschrifft
der Form. Concord. zu Plauen gehaltenen Syn-
odo gut geheissen worden. cf. Oettel Hist. Plaul.
Superint. p. 31. wobey wir anmercken, daß
gedachter Superint. sich nicht anders als Re-
welt, keinesweges aber Reibold, geschrieben,
und immer fräncklich insonderheit aber vom
Podagra sehr geplagt gewesen.

b) Widum, ein altes Deutsches Wort, ist so viel
als eine Mitgabe, oder ein der Kirche gehöriges Gut. Man sehe Hr. Longol. Nachricht.
P. I, p. 325. sq.

niemals ganghafftig gewesen, haben es die Visitatores nicht weiter bringen können, denn das itziger Lehenherr gewilliget, soderhin Im. merdar einen jedem Pfarherrn Jerlichen aus seinem Hultze Sechs Klafftern vnnd zwei fuder Reißholtz folgen zu lassen, vonn bauern Aber soll es nicht allein gehawen, be- sondern auch gefurt werden.

Zehen fl. jerlichs Tzinß vom Rath tzu Paussa, die oben in einkommen gedacht, ruren daher, das das Churfürst Johann Friedrich hochlöblicher gedechtnus, ermelten Rhat Auß dem Kloster Kronschwiz c) 400 fl. nach

c) Kronschwiz, ein Dorf an der Elster zwischen Weida und Mildenfurt gelegen, wurde von Heinrich dem ältern Voigt zu Gera dem Deut- schen Orden geschencket, daselbst ein Ordens- hauß erbauet, an. 1239. aber ein Jungfern- Kloster Augustiner-Ordens von Jutta oder Judith Voigtin von Weida und gedachten Voigts von Gera Gemahlin gestifftet, auch von Zeit zu Zeit mit vielen Einkünfften verse- hen, wovon des mehrern der Pirnaische Mönch beym *Mencken* script. rer. Saxon. T. II. p. 1538. wo er auch meldet, daß eine Aebtißin zu Quedlinburg den Hirnschedel des Ritter St. George dahin soll gebracht haben, der in dem Kloster-Vorwerck Meiliz aufbehalten worden. Landgraf Heinrich, mit dem Beyna- men Raspo, in Thüringen, gabe diesem neuen Hause St. Mariae in Cronschwiz an. 1240. vier manlos, auch etliche Güter im Territorio Weida und Saalberg, so er vom Kaiser und dem

fl. nach Jren erliedenen brandtschaden geli⸗
hen, vnd nachmalß auß gnaden erlassen, doch
das sie 10 fl. järlichen dem Allten Pfarrer
Niclaß Mulling sollten tzinß geben, welche
nach absterben aber dem Pfarrer zu Langen⸗
buch tzulage gefolget werden sollten, Es hat
aber bißhero der Rhat tzu Paussa nur 5 fl.
geben,

dem Reiche hatte, davon die Urkunde beym
Longol. l. c. P. VI. p. 317. auf welche auch
Beckler Stemm. Ruth. p. 480. sq. und **Büchner**
erl. Voigtl. p. 237. sich bezogen, ohne solche
beyzubringen. Pabst Innocentius incorporir⸗
te solches an. 1247. dem Prediger Orden, ob⸗
schon **Büchner** hierinnen **Knauthen** wie⸗
derspricht l. c. p. 235. Pabst Clemens
räumte ihm an. 1270. die Pfarr ⸗ Kirche
zu Bernstorf nebst ihren Zugehörungen ein,
und Erz⸗Bischoff Rudolph zu Salzburg gabe
ihm an. 1290. einen Ablaß⸗Brief, von wel⸗
chen allen die Urkunden zu lesen sind bey Hr.
Kreysig in Beytr. P. IV. p. 430. sq. Mehres
davon sehe man beym **Büchner** l. c. p. 233.
sq. Da nun bey Luthers Kirchen⸗Verbesse⸗
rung die geistl. Stifftungen secularisiret wur⸗
den, verkauffte der glorwürdigste Churfürst
Johann Friedrich an. 1544. das Kloster Gut
Mildenfurt um 1200. fl. und das Kloster
Cronschwiz um 3200. fl. an Matthes von
Wallenrod, davon die Urkunde bey wohlge⸗
bachten Hr. M. *Kreysig,* unserm werthesten
Freunde, in Beytr. P. III. p. 265. sq. von des⸗
sen Erben, als Hans Christoph von Wallen⸗
rod und David von Raschau der Churfürst
Joh. Georg I. beydes an. 1617. wieder an sich
gebracht,

geben, mit Vorwendung der Burggraff zu
Meiſſen d) löblicher gedechtnus heite ſie der
5. fl.

gebracht, und in ein Amt verwandelt, wovon
Glaſei Sächßl. Hiſt. p. 702. Dieſem Kloſter
Cronſchwiz gehörte ehedem Saec. XIII. ein beſonderer Erb-Gerichts-Stuhl in dem Dorfe
Pazdorf unter dem Bezircke des Hochfürſtl.
Sächßl. Amtes Ronneburg, aus welcher
Herrſchafft, die ehedem den Hrn. Reußen zugehöret, dieſem Cloſter überhaupt viele Güter
zugeeignet worden. Daher denn das Churfürſtl. Sächßl. Amt Weida von der Zeit an
gedachten Gerichts-Stuhl noch beſitzet. Löber Hiſt. von Ronneburg p. 444. Beyläufig
mercken wir noch an, daß das Mönchs-Klo-
ſter Mildenfurt Regeler oder Prämonſtraten-
ſer Ordens unter dem Bißtum Naumburg
von Heinrich dem Reichen, des ganzen Voigts-
landes Beſizern, an. 1193. geſtifftet und an.
1209. beſtätiget worden, wovon *Lange* Chron.
Citic. beym *Piſtor.* T. I. p. 791. Büchner erl.
Voigtl. p. 90. ſq. und gemeldeter Hr. *Kreyſig.*
l. c. p. 251. ſq. Es ware dahin zum heil.
Levin eine ſtarcke Wallfahrt nach *Mencken* l.c.
p. 1585. Beyde Klöſter waren ehedem überaus berühmt. Gegenwärtig iſt Mildenfurt,
gedachter maſſen, ein Chur-Sächßl. Amt, und
gehet nebſt Cronſchwiz, ſo darzu gehöret, nach
Weitsberg in die Kirche, welcher Ort von ſeinem hohen Alter ſchon Saec. X. bekannt iſt.
Koerber Nachr. p. 55. ſq.

d) Ware Heinrich V. Burggraf zu Meiſſen und
Böhmiſcher Obriſt-Kanzler, welcher nach der
an. 1547. erfolgten unglücklichen Schlacht bey
Mühlberg die Voigtländl. Kur-Sächßl. Herr-
ſchaff-

5. fl. halben befreiet, Item Diacono zu geben. Wann aber der Diaconus tzu Paussa gar eines armen einkommens, nicht vber 25. fl. dartzu Sieben kleine Kinder hat, ist vor gut angesehen worden, dem Diacono solche 5. fl. tzu lassen. Damit aber der armen Pfarr Langenbuch möchte geholfen werden, ist mit guter einwilligung des Lehen und Erbherrn dieser Pfarr eine Zulage von einkommen der Pfarr Tirbach geschehen, Neinlich 5 fl. 17 gl. und denn 19 gl. Item 2 Schöffell Korn ij vt. ij N. Korn ist das Dörfflin Drußwein tzur Pfarr Langenbuch geschlagen worden, wie in den Abschied bey der Pfarr Tierbach tzu befinden.

Dieser Pfarrer ist ein Junger Man, doch ziemlicher Geschicklichkeit.

Das nun solliches alles angeregter massen verabschiedet, das Thun wir oben im eingang gemeldete General visitatores mit unsern

schafften und mit solchen auch Pausa wieder erlangte, deren Priuilegia er confirmiret sub dato Schlewitz den 21. Sept. 1551. wie wir bereits erinnert. Er hatte zu Plauen seine Canzlei und Consistorium, liesse vor seine burggräfl. Lande eine allgemeine Kirchen Ordnung abfassen, starbe daselbst den 19. May 1554. und liegt in der Kirche begraben, wo man sein steinernes Grabmahl noch findet.

S

fern offgedruckten angebornen vnd gebreuch=
lichen Petschafften auch Handtschrifften also
wissentlichen geschehen / bekennen, doch in
sonsten vnsern Petschafften vnd Erben vn=
schedlichenn. Geschehen den 16. May An=
no Lxxxij

(L. S.)   (L. S.)

Rudolph von Bu=   M. **Georgius**
naw e)   **Raudt,** f)

Superattens zu Kem=
nitz, manu ppr.

Num. XIII.

e) Man sehe von ihm des mehrern oben no.
XI. not. e) p. 265.

f) Ware ein Sohn George Raudt, ehemahli=
gen Dominicaner=Mönchs zu Plauen, denn
ersten Evangelischen Superintendenten da=
selbst, wurde Pfarrer zu Ehrenfriedersdorf
denn an. 1572. Berg=Prediger zu Annaberg,
ferner an. 1576. Superint. zu Chemnitz, end=
lich an. 1592. Pastor zu Kohren, wovon Hr.
Oettel l. c. p. 20.

Num.　XIII.

𝕵on Gottes Gnaden **Friedrich Wil-**
helm a) Herzog zu Sachsen Vormund und der Chur Sachßen Administrator, Landgraf in Thüringen und
Marggraf zu Meissen ꝛc. in Vormundschafft
Churfürst Christianus b) zu Sachßen seel.
löbl. Gedächtnüß hinterlassener junger Herrschafft, c) unserer freundl. lieben Vettern

No. XIII.
de an. 1599.

S 2　　und

a) Ein Sohn Herzog Joh. Wilhelms zu Weimar, und Stiffter der Altenburgl. Linie, geb.
den 25. Apr. 1562. von Susanna, Churfürst
Friedrich III. zu Pfalz Tochter, ware Administrator der Kur Sachsen vom Jahre 1591.
biß 1601. und starbe den 7. Jul. 1602.
Seine Linie gienge mit dem Enckel Friedrich
Wilhelm III. an. 1672. aus, und das Für-
stentum Altenburg fiele an das Hochfürstl.
Hauß Sachsen-Gotha, insonderheit an Herzog Ernst den Gottseeligen, welcher iedoch seines
Hr. Bruders Bernhards zu Weimar drey
Söhnen zu Weimar, Eisenach und Jena einige Aemter nebst andern Gerechtsamen und
Nuzungen gutwillig abtrate. *Müller* annal.
p. 497. sq.
b) Ware Kurfürst Christian I. ein Sohn Kurfürst Augusti, geb. den 29. Oct. 1560. starb
den 25. Sept. 1591.
c) Waren Christian II. nachheriger Kurfürst,
Joh. Georg I. ebenfaß Kurfürst, und August, Administrator zu Naumburg.

und Pfleg-Söhne thun kund, daß wir die
Irrungen und Gebrechen, so sich zwischen dem
Rath und Gemeinde des Städtleins Mühltrof und denen vier Dorfschafften Langenbach, Langenbuch, Thierbach und Rausch-
bach, Klägern an einen, und ihren Erbherrn
Heinrichen von Schönberg, Beklagten
am andern Theil, streitig erhalten, durch
unsere in Vormundschafft verordnete Räthe
in Verhör nehmen und sie folgendergestalt,
zum theil mit ihren guten Wissen und Willen, vortragen, zum theil verabschieden haben
lassen.

Und hat anfänglichen der Rath und Gemeinde zu Mühltrof klagende vorbracht, obwohl von viel undencklichen Jahren her sie
und ihre Vorfahren befugt gewesen, von den
vorigen Besizern auch des Guthes Mühltrof
ihnen daran niemahls Einhalt geschehen wäre, daß der Rath jederzeit, wenn solches bey
ihnen gesuchet worden, sowohl des Städtleins als der benachbarten Dorfschafften Unterthanen ihren ehelichen Geburts-Schein
Zeugniß und Kundschafft durch ihren verordneten Stadt-Schreiber geben, auch alle
bey ihnen vorgelaufene, in streit gegangene
und endlich verglichene Sachen und Händel
durch denselben ihren Stadt-Buch einverleiben hätten lassen, so unterstünde sich doch
itziger ihr Erbherr, solchen hergebrachten Gebrauch, auch unseren ihm hierüber angelegten
Ver-

Verboth zuwieder, und wolte nicht nur allein
gedachte Geburts-Briefe, sowohl andere
Händel, so täglich zu Mühltrof und in den
Dorfschafften vorliefen, durch seinen Diener verfertigen, und also dem Rath solche
und dergleichen Sachen bey ihme vorschrei-
ben zu lassen gäntzlichen verbiethen, sondern
dieweil auch vor zweyen Jahren ihr Stadt-
Schreiber verstorben, sollten sie keinen mehr
zu bestellen befugt seyn, alleine zu dem Ende,
daß forthin alle Sachen durch des Erbherrn
Diener nothwendig verrichtet werden müssen, und ihnen also ihre Gerechtigkeit und
dem Stadtschreiber seine Gebühren dadurch
entzogen würde, wie es denn der von Schönberg auch bey diesen nicht bewenden hätte
lassen, sondern wehre zugefahren und etliche
aus des Raths Mitteln an ihren Ehren höchlichen injuriret, Sie ihres Ehren- und Rath-
Standes entsezet, verböthe auch dem Bur-
germeister die Gemeinde in vorfallenden und
sie solbst angehenden Sachen, wie bißhero
bräuchlich gewesen, nicht zusammen zu fordern, wolte ihnen ihr Rathhauß, welches ihr
eigen erkaufft Gut, mit Gewalt nehmen, wie
er denn unlängsten den Wirth, welchen der
Rath hier eingesezt, sobald solches zu räumen durch seinen Diener hätte ankündigen
lassen.

Da auch Schreiben von einen Rath oder
sonsten an den Erbherrn haltende Ihme ein-

geantwortet würden, nehme er solche nicht
an, sondern betrauete die Tichter und
Schreiber derselben, und injurirte sie zum
höchsten.

Uber daß hätte er ihnen die Schlüssel über
das Brauhauß mit diesem Vorgeben genommen, daß ohne seinen Verlaub und Bewust
forthin aus der Gemeine keinen zu brauen
verstattet werden sollte, wie er denn sie auch
dahin zu zwingen gedächte, da ihnen Bier
mangeln und sie solches in Churfürstenthum
Sachßen oder anderswo von den benachbarten Orten holen und nach Mühltrof führen
würden, daß sie ihme nicht allein ein Neu-
Schock zur Strafe geben sondern auch schuldig seyn solten, Ihres Biers eine Kanne umb
drey Pfennig ausschencken, da doch im ganzen Voigtlande, und dessen benachbarten
Städten und Flecken eine Kanne umb
vierdthalben Pfennig, und izo auch umb vier
pfennig gegeben würde, So entzöge der Erbherr ihnen auch lezlich ihre Vogel-Heerde
und belegte sie zur neuerung, und zuwider
dem Anno drey und zwantzig aufgerichteten
Vertrag, einen Tag mit zweyen unterschie-
denen Frohnen, wie er denn unlängsten Thomas Steinbrechern zwo Frohnen, Flachß
brechen und Kraut abhauen einen Tag zugleich zu verrichten befohlen, und als er sich
dessen verwegert, hätte er ihm in den Thurm
werffen

werffen und hernachmahls innerhalb Sechs
Wochen zu verkauffen auflegen lassen.

Wenn aber solches, wie erzählt, den zwischen den vorigen Besitzern des Guths Mühltroff und dem Rath und Gemeinde daselbst
aufgerichteten Verträgen, und bißhero stets
in üblichen Gebrauch gehaltenen Gewonheit
zuwieder liefe; Alß hat ein Rath nebst der
Gemeinde zu Mühltrof unterthänigst gesuchet und gebeten, ihren Erbherrn den von
Schönberg dahin zu halten, daß er sie wieder Billigkeit nicht beschweren, auch den alten Verträgen und vielen hierinnen ergange-
nen unsern Befehligen sich gemäß und ge-
horsamlich erzeigen wolte.

Wiewohl nun der von Schönberg dagegen allerley, insonderheit aber dieses einge-
wandt, daß durch unsere darzu verordnete
Commissarios obgemeldte Klag-Punckt zum
theil verabschiedet, zum theil, wie vorbracht,
derselbigen er nicht geständig, auch in etlichen
seine Nothdurfft zu recht wieder seine Unterthanen auszuführen bedacht wäre.

Dieweil aber der Rath und Gemeinde
wieder die Commissarien gegebene Abschied
eine Protestation eingewannt, die alten
Verträge auch in etlichen Fällen, wie es gehalten werden soll, klare masse geben, Als
haben unsere Räthe die Sachen, so viel den
Rath

Rath und Gemeinde zu Mühltrof wieder
ihren Erbherrn betrifft, dahin gemittelt:

Daß der Rath zu Mühltrof Geburts-
Briefe, Günßte zu geben, und andere Sachen, die unter ihnen vorlaufen, durch ihren
Stadtschreiber dem Raths-Buche einschrei-
ben zu lassen, befugt seyn, dargegen sollen sie
den Erbherrn keinen Einhalt thun, daß gleichergestalt der Unterthanen Sachen auf den
Dörfern durch seinen Schreiber, es betreffe
nun Günste, Geburts oder Kauff-Brieffe,
oder, was es sonsten wolle, verfertiget und
verschrieben werden.

Wie sich denn der von Schönberg auch
erkläret, daß er dem Rath nicht hinderlich
seyn will, daß durch ihren Stadt-Schreiber,
welchen sie vor sich bestellen sollen, sie der
Bürgerschafft Sachen ihren Stadt- und
Gerichts-Buche einverleiben mögen, doch
daß dadurch gegen den Erbherrn nichts ge-
fährl. oder verfängl. gesuchet und denselben
jährlich des Raths Rechnung und andere
Händel zu durchsehen übergeben werden.

Betreffende das Rath- und Brauhauß,
soll dem Rathe, ohne des Erbherrn Einrede,
dasselbe zu gebrauchen, sowohl die Schlüssel
zum Brauhauß bey sich in ihrer Verwah-
rung zu halten nachgelassen seyn.

Wie denn auch die Raths-Personen, welche

che von dem Erbherrn des Raths-Stuhls
entſetzt haben werden wollen, dabey nochmahls ſo lange verbleiben und unverunruhi-
get gelaſſen werden ſollen, biß wieder ſie, der
angeregten Bezüchtigung wegen, von dem
Erbherrn zu Recht etwas beſtändiges und
gründliches ausgeführet würde.

Es ſoll auch forthin der Burgermeiſter in
Sachen die Burgerſchafft und Gemeinden
Nuz anlangende die Bürger, wie vor Alters
bräuchlich geweſen, zuſammen zu fordern,
Fug und Macht haben.

Wie ſich denn auch der Erbherr erkleret,
daß die Briefe, wann ſie ihme von den Unterthanen überantwortet werden, und von
dem Tichter unterzeichnet worden ſeyn, annehmen, und die Gebühr und Billigkeit darauf anordnen und verſchaffen wolle.

Da auch im Städtlein Mühltroff Mangel an Bier vorfallen würde, ſollen die Bürger an andern Orten deſſen erholen, und auf
ſolchen Fall fremd Bier ohne des Erbherrn
Verhinderung zu ſchencken berechtiget ſeyn.
Und obwohl der Erbherr das Bier zu koſten,
und darnach den Bürgern ſolches ſeines Gefallens nach zu ſchäzen befreyet hat ſeyn, dieweil ihnen die Unterthanen zu Mühltrof aber
das nicht einräumen haben wollen, ſollen ſie
immittelſt das Bier ihres Gefallens zu
ſchencken, ſo hoch als ſie es können ausbrin-
gen,

gen, befugt, dargegen aber dem Erbherrn seine gerühmte Gerechtigkeit wieder sie im Stande des Rechtens auszuführen vorbehalten seyn.

Soviel den Vogel-Heerd betrifft, soll, ein oder des andern Theils Anhalten, erkundigung eingenommen, und, nach Befindung derselben, die Vogel-Heerde den Unterthanen auf ihren eigenthümlichen Gütern zu gebrauchen und zu halten, entweder vergönnet seyn, oder im gegenfall verbotten werden.

Dieweil auch der von Schönberg nicht geständig hat seyn wollen, daß er seine Unterthanen einen Tag mit doppelten Frohn-Diensten beschwerete, als soll es, vermöge des Anno drey und zwanzig aufgerichteten Vertrags, auch nochmahls von ihme verbleiben, und der Erbherr schuldig seyn, sowohl denselben als andern zwischen ihm und seinen Unterthanen getroffenen Vergleichungen sich jederzeit gemäß zu verhalten.

Was zum andern die Beschwehrung der Unterthanen in den vier Dorfschafften betrifft, will der von Schönberg nicht gestehen, daß er zuwider der alten Abschiede und jünast im Ober-Hoffgerichte zu Leipzig getroffenen Verträge, mit abscheul. Gefängniß seine Unterthanen belegte, soll es forthin auch nochmahls von ihm verbleiben, und im
Fall

Fall, da er je Ursache haben würde mit Ge-
fängniß-Straffe gegen dieselben zu verfah-
r:n, soll doch das Gefängniß also beschaffen
seyn, daß den Unterthanen an ihren Leibe
kein Schade geschehe und Nachtheil zugezo-
gen werde. Weil auch der von Schönberg
zu seinen Fuhren über Land von ihnen einen
Wagen-Knecht hat haben wollen. Dieweil aber die Verträge solches nicht besa-
gen, auch kein beständiger Gebrauch von
dem Erbherrn dargethan werden können, daß
er solchen von den Unterthanen zu fordern
befugt wäre, so sollen auch mit diesen die
Unterthanen nicht beschweret werden.

Betreffende das Einscharren auf dem Felde, obwohln die Unterthanen, ihren eigenen
Bekänntniß nach, ungesazte Dienste haben,
und das Einscharren von den Erbherrn vor
einen Frohndienst, welcher zum Ackerbau gehörig, darnach iederzeit unwegerlich von den
Unterthanen geleistet worden, angezogen hat
werden wollen. Sintemahl aber die Unterthanen darauf bestanden, daß wegen des
Einscharrens ihnen Geld gegeben, und solche
Arbeit sonderlich verlohnt worden sey, wie sie
dann Zeugen vorzustellen und mit denselben
solches zu erweisen sich erbothen, also soll
auf den Fall, wenn sie durch Zeugen beybringen können, daß ihnen der Lohn vor solche
Arbeit hiebevor entrichtet worden, derselbige
auch nachmahls unweigerlich gefolget und
der

der hinterstellige und versessene Lohn gegeben werden.

Mit den Bothenlauffen soll forthin, wie es bißhero gebräuchlichen gewesen, und keiner vor dem andern beschwehret, sondern die Reihe gehalten, und vermöge des alten Abschieds einer nicht mehr, denn des Jahrs einmahl, zum Bothschafftlauffen gefordert werden, und da die Unterthanen weiter als Sechs oder sieben Meilen dem Erbherrn lauffen müssen, soll ihnen alsdenn der Lohn, welcher an ander Orthen der Nachbarschafft den Bothen gegeben wird, dagegen entrichtet werden, und sollen die Unterthanen mit tragen und andern lauffen zur Unzeit und bey Nacht, so viel möglich, verschonet bleiben.

So soll und will auch der Erbherr mit unrechtmäßigen und unbilligen Strafen sie nicht beschwehren, und da je der Strafen oder Schulden halben wieder die Unterthanen mit Hülff-Zwang verfahren werden sollte; So will der Erbherr den Unterthanen die Sächßl. Frist und andere zu Recht verordnete und nachgelassene Mittel nicht abschneiden oder versagen.

Wiewohl sich die Unterthanen über den von Schönberg auch beklagt, daß er sie, wenn sie vorkämen, nicht alleine mit üblen Worten anliese, sondern auch zum öfftern Hand anlegte. Dieweil er ihnen aber solches

ches verneinet und darneben sich erbothen,
forthin weder mit Worten noch mit Wer-
cken an ihnen sich zur Ungebühr nicht zu ver-
greifen, als hat dieser Punckt auch seine
Maaß.

Mit den Haußgenossen soll es allenthalben
gehalten werden, wie der drey und zwanzig-
ste aufgerichtete Abschied besaget, und werden sich die Haußgenossen also zu erzeigen
wissen, daß sie der Erbherr unter sich zu leiden und zur Ungebühr zu beschweren nicht Ursache habe.

Was zum dritten die Beschwerungs-
Puncte, welche das Städtlein Mühltrof
und Dorffschafften zugleich betroffen, und
den ersten anlanget, will der Erbherr ihnen
forthin nicht verbiethen Ziegen zu halten,
jedoch sollen sie Krafft dieses verwarnet seyn,
woferne die Ziegen dem Erbherrn oder jemand anders Schaden zufügen würden, daß
sie auf vorhergehende der Gerichte gebührliche Wirderung solchen zugefügten Schaden
abzutragen schuldig seyn sollen.

Ob sich auch wohl die Unterthanen zu
Mühltrof beschweret, daß der iezige Erbherr
mehr Lein und Erbiß aussäen liesse, als die
vorigen Besitzer in Gebrauch gehabt. Dieweil sie ihm aber die Dienste darzu zu leisten geständig, als bleibet der von Schönberg bey solchen billig, jedoch, daß er ihnen
auch

auch dargegen die gewöhnliche Lieferung
leiste.

Dieweil ihnen auch der Erbherr nicht gestehen wollen, daß er den Bader selbst thä-
tiger weise der Bad-Stuben entsetzt, so hat
dieser Punct auch seine Maaß, es soll aber
künfftig der Bader, welcher wieder angenommen wird, schuldig seyn, jährlich Sieben groschen, wie hiebevorn, von den andern
Badern auch geschehen, den Erbherrn zu entrichten.

Die Lehn-Wahren, welche übermäßig
und zur Ungebühr der Erbherr von den Unterthanen bißhero gefordert, sollen anderer
gestalt nicht, denn vermöge des Anno 25.
aufgerichteten Vertrags den Erbherrn entrichtet werden, und die Unterthanen ein mehres, denn der Vortrag besaget, zu geben
nicht verbunden seyn.

Woferne auch die Unterthanen forthin
solche Schaaffe, die nicht schadhafftig und
anbrüchig seyn, halten werden, soll mit Pfändung der Erbherr sie nicht weiter beschweren.

Wie denn auch der Erbherr auf seine Un-
kosten den Pfuhl, welcher bey seinem Hauße
und der Kirche lieget, auszufüllen und den
Unterthanen die dargegen abgenommene
Pfande alsbald wieder zuzustellen schuldig
seyn soll. Daß

Daß sich die Unterthanen auch beschweret, deßwegen, daß auf der Jagd entkom-
men Wildprets sie von dem Erbherrn zur
Ungebühr gestraffet würden, soll es forthin
also gehalten werden: Wann über sie ausgeführet, daß sie muthwilliger Weise oder
durch Nachläßigkeit ein Fuchß oder Haasen haben lauffen lassen, sollen sie derowegen von dem Erbherrn der Gebühr nach und
nicht übermäßig gestrafft werden, es soll aber
auch der Erbherr gute tüchtige Nez und Garn
verschaffen und zu halten verbunden seyn.

Mit den Straffen soll sich der Erbherr der
Landes-Ordnung, so wegen der 5 gl., die
dem Büttel geben werden sollen, des Orts
Gewonheit gemäß verhalten, damit, wenn
er solches übermachet, wir zu andern Einsehen wieder ihn nicht Ursach haben mögen.

Wenn von des Erbherrn oder der Unterthanen Vieh den Leuten Schaden geschieht,
soll von den Gerichten derselbige besichtiget,
gebührlich geschätzet werden, und hernach gebührliche Erstattung geschehen.

Nachdem wir auch nicht befunden, wie
der Rathswirth Erhard Seyffarth um drey
alte Schock von dem Erbherrn gestrafft hat
werden können, wegen, daß er sich verwegert, so offt der Erbherr Licht auf sein Hauß
begehrte, solche ihme folgen und zukommen
lassen; als sol ihme die Straffe wieder zu
gestel-

gestellet, und gedachter Rathswirth forthin
mit solchen Zumuthungen von dem Erbherrn
verschont bleiben.

Es sollen auch die Richter und Schult-
heissen, gleich den andern Unterthanen, die
gewöhnlichen Frohndienste Innhalts des an.
Fünff und Vierzig aufgerichteten Vertrags, verrichten, und derselben forthin nicht
befreyet oder entnommen seyn.

Wie denn auch, wenn der Erbherr fremden Leuten umb das Geld Holtz verkaufft,
wird er sich in dem Fall der Billigkeit selbsten bescheiden und seinen Unterthanen, um
gleichmäßige Bezahlung, solches auch zukommen lassen.

So will auch forthin der Erbherr zu offenen Zeiten den Unterthanen verstatten, daß
sie auf seinen Hut Wehren und Wiesen mit
ihren Vieh hüten mögen, in Betrachtung,
daß zu solcher Zeit alle diese Oerter zu behüten frey, und der Erbherr mit seinen Schaa-
fen gleichergestalt alle der Unterthanen Güter betreffen lässet.

Obwohl auch der von Schönberg seinen
Unterthanen Martin Hoffmann zu Mühltrof nachgelassen und vergönnet fremd Bier
zu holen, einzulegen und daßelbe zu verschencken. Dieweil aber die Gemeine vorge-
wandt, daß solches ihrer des Orts habenden
Gerechtigkeit und Herkommen zuwieder geschehe,

schehe, soll es forthin von gedachten Hoff-
manne verbleiben, und sich derselbige, was
das fremde Bier schencken betrifft, den andern Unterthanen zu Mühltrof gleich verhalten.

Wenn auch forthin den Unterthanen die
Güter aufs neue in Lehn geschaffet werden,
sollen die Unterthanen bey der Gewonheit und
hiebevorn in Brauch gehaltener Eydes Pflicht
gelassen werden, und der Erbherr nicht Macht
haben mit neuen ungewöhnlichen Eydeslei-
stungen die Unterthanen in Pflicht zu nehmen und zu beschweren. Jedoch soll auch
den Unterthanen Krafft dieses auferleget seyn,
daß sie alle Zusammenkünffte, die zu einer
Trennung oder Aufwickelung wider den Erbherrn Ursach geben mag, bey unserer ernsten
Straffe und Ungnade vermeiden, und derselben sich gänzlich enthalten und entschla-
gen.

Demnach auch der Erbherr Simon Keu-
meln, Balthasar Haasen, Urban Erteln,
Hannß Erharden und Andreas Küglern wegen einer Vergleichung, die sie mit zwey Unterthanen von Unterreichenau zu Paussa getroffen, umb hundert Gülden gestrafft, und
wir solche Straffe zu hoch und Ubermäßig-
keit halten: Alß soll der Erbherr gemelten
seinen Fünff Unterthanen Siebenzig Gülden
wieder erstatten, und die Unterthanen vor
solcher und dergleichen Verbindung sich
T fort-

forthin zu Vermeydung der Straffe hüten.

Die Brau-Pfanne, welche Hanß Franck
und Hannß Dietel um 9. fl. hiebevor erkaufft, und der Erbherr zu sich genommen,
soll ihnen wieder zugestellt, oder, da sie von
dem Erbherrn verkaufft, der Werth derselben, als 9. fl. ersezt werden.

Getreulich und ungefährde. Zu Uhrknnd
mit vorgenannter unser jungen Vettern zu
Ende aufgedruckten Canzley-Secret besiegelt
und geben zu Dreßden den funffzehenden
May Anno Funffzehen hundert neun und
neunzig.

Num. XIV.

No. XIV.
de an. 1613
Nachdem das Kirchspiel und die Pfarr
Leubnitz, wegen der 11. unterschie-
denen Dörffern, so darein gepfarrt,
wie solche unten benannt zu finden, ziemlich
weitläufftig und müheseelig, also daß die zeithero dem Pfarrer daselbst sehr beschwerlich,
ja fast unmöglich seyn wollen, denselben für-
zustehen, und es sonderlich Winters-Zeit,
und in einfallenden gefährlichen infectiónen
und Sterbens-Läufften, mit Besuchung, Trö-
stung und Communicirung der Krancken,
auch

auch Beſtattunge der Leichen und andere,
alles nach billigen Dingen, zu beſorgen.

Als iſt der Edle, geſtrenge und Ehrenveſte
Melchior von Bodenhauſen, Wilckens
ſeel. Sohn, auf Arnſtein, Mühltrof und
Leubniz, als angeregter Pfarr Leubnitz, wie
nichts weniger des darzu gehörigen Filials
zu Roda Patronus, Collator auch zu Leubnitz Erb- Lehn- und Gerichtsherr, beneben
auch denen Edel Geſtrengen, Ehrenveſten
und tugendſamen Eingepfarrten von Adel
daſelbſt zu Leubnitz und Roda, als Frauen
Marien gebohrnen von Zetwiz, Witbe von
Feilitzſch auf Tobertiz, Hildebrand Eichelberg von Trützſchler auf Stein und
Schneckengrun, Hannß Caſpar von Dobeneck auf Roda und Schlegel, Hauß
Reybold zu Rößniz und Kloßwiz, und dem
jungen Raaben zu Schneckengrün aus ſon-
derbahrer affection gegen das heilige Mini-
ſterium bewogen worden, darauf bedacht
zu ſeyn, wie dieſes Orts fürnehmlich die Ehre GOttes geſucht, das ſeeligmachende göttl:
Wort propagæt, die Unterthanen und eingepfarrten in ihren Chriſtenthum erbauet,
und ſonderlich in vorfallenden Nöthen an ihren ewigen Heyl nicht verſäumet noch ver-
wahrloßet, ſondern vielmehr mit kräfftigen
Troſte aus GOttes Worte, auch der heiligen Abſolution und Communion zum ewigen Leben vergewiſſert, und den Pfarrer die-

ſes

ses Orts die bißhero grossen labores etlicher
massen erleuchtert und geringert werden
mögten. Dahero Jhro HochEdl. gestrl. sämtl.
erwogen, daß solches am füglichsten und
besten geschehen könnte, wenn allda nebenst
dem Pfarrer auch ein Diaconus verordnet
und unterhalten werden möchte, und solchemnach mit Vorbewust und sonderbahrer gnädiger Bewilligung und Ratification des
Durchlaugtigsten Hochgebornen Fürsten und
Herrn, Herrn Johann Georgens Herzogs
zu Sachßen, Jülich, Cleve und Berg, des
heil. Röml. Reichs Ertzmarschallens und
Churfürstens, Landgrafens in Thüringen,
und Marggraffens zu Meissen, Grafens zu
der Marck und Ravensberg, Herrn zu Ravenstein, unsern gnädigsten Churfürstn und
Herrns sowohl des Ehrenlöbl. Consistorii
zu Leipzig mit und neben denen anderen eingepfarrten Unterthanen eine Contribution
und Anlage gemachet, und davon ein Gút-
lein zu Roda zur Wohnung eines Diaconi
erkaufft, dazu denn insonderheit frey- und
gutwillig geleget und verordnet

100 fl. obgemelder Hr. von Bodenhausen.
100 fl. der von Trützschler,
100 fl. der von Dobeneck,
100 fl. Hannß Reibold
50 fl. die Wittwe von Feilizsch,
50 fl. die Raben.
150 fl. das Leubnitzer Gotteshauß.

140 fl.

150 fl. das Rodauische Gotteshauß.

thut zusammen 800 fl. und
mehr hat hierzu contribuiret ein jedweder
eingepfarrter gantzer Hof drey, und ein halber Hof, sowohl auch eine jedere Herberge
andert halben Gülden, welches zusammen
thut an die 400 fl. und also die gantze Contribution zur Bezahlung des Gütleins und
Unterhaltung eines Diaconi in Summa er-
träget

1200 fl.

Hierüber auch, und weiln der Schuldienst
zu Leubniz ein ziemlich grosses Einkommen
gehabt, und man befunden, daß ein Schulmeister wohl mit einem wenigern sich nothdürfftig unterhalten und behelfen könnte, ist
von denselben Einkommen gleichfalß mit
gnädigster Ratification nachfolgendes den
neuen Diaconat beygelegt und zugeordnet,
als jährlich 16. Schfl. Korn, it. 3. Fuder
Heu von der Pfarr-Wiesen zu Leubniz, beneben den 2 gl. von jeden kleinen Häußlein,
so ohngefähr 9. fl. austragen, denn auch 9. fl.
Tranckfteuer, und 8 Eltrn. Holz aus den
Pfarrholz zu Leubniz deputirt worden. Welches alles und jedes dann der Diaconus beneben der Nuzbarkeit des erkaufften Gütleins
(auf welchen er auch allezeit wohnen soll) zu
Roda zu seiner Unterhaltung ohne Vermin-
derung der andern Accidentien haben und
gebrauchen soll.

T 3 Damit

Damit aber auch zwiſchen dem Pfarrer
und Diacono keine Unrichtigkeit erfolge,
ſondern vielmehr billige Einigkeit erhalten,
und alles ärgerliche Gezäncke verhindert
werde :

1.) ſo ſoll der Pfarrherr des Pfarrher-
rens Recht allezeit haben, behalten, und von
dem Diacono dafür geehrt, gehalten und re-
ſpectiret werden,

2.) ſo iſt zwiſchen ihnen die Abtheilung
gemachet, daß der Pfarrer die 6. Dorfſchafften, Leubnitz, Faſendorf, Oberpirck,
Drochaus, Schneckengrün und Rößnitz, der
Diaconus aber das Dorf Roda, Tobertiz,
Schönbergk, Demeuſel, und Kornbach mit
copuliren, tauffen, Beſuchung der Krancken,
Haltung der Kinder-Lehren, Verrichtung
der Begräbniſſe und anderen zu viſitiren innen haben ſoll.

3.) Es ſoll alle Sonntage einer um den
andern zu Leubnitz predigen, Beichte hören,
und communiciren, alſo, daß der Pfarrer
nichts weniger zu Roda als der Diaconus zu
Leubnitz wechſelsweiſe einen Sonntag um
den andern, wie gedacht, predigen und das
heil. Amt halten ſollen, und was ſodann ein
jeder zu Beicht-Pfennigen oder ſonſten bekömmt, das ſoll er vor ſich zu behalten berechtiget ſeyn.

Wann

Wann sich denn der Würdige und Ge-
lährte *Nicolaus Olearius* von Mühltrof,
Schul-Meister zu Neuhofen, auff vorherge-
gangener ordentl. Vocation zum neuen Diacono zu Leubniß und Roda auf vorherbe-
schriebene maße und Besoldung annehmen,
bestellen, ordiniren und inuestiren, wie auch
confirmiren laßen.

Der Ehrwürdige und Wohlgelahrte M.
Marcus Wenichel als der Zeit Pfarrherr
daselbst, ist auch mit dieser gemachter Abtheilung und Verordnung gar wohl zufrie-
den, dieselbige beliebet, und von beyden Theilen solche vor sich und ihre successores in
billiger Acht zu nehmen, darüber auch stet,
fest und unverbrüchlich zu halten gelobet und
zugesaget.

Als ist dieses Diaconat im Namen der
heil. Dreyfaltigkeit vorbeschriebener maßen
fundiret, und bestätiget worden, denen eingepfarrten in öffentl. Versammlung bey Ein-
weisung des gemeldeten neuen Diaconi von
dem Ehrwürdigen, Achtbaren und Wohlge-
lahrten Hrn. M. Casparo Pamlern, Superintendenten in Plauen, in der Kirchen zu
Leubniß publiciret, ihnen auch angezeiget
und auferleget worden, solcher Fundation
sich in allen gemäß zu erzeigen, derselben jedesmahl nachzusetzen, und den neuen Dia-
conum nichts wenigers als den Pfarrherrn

T 4   vor

andere in der Kirche zu Leubnitz verwahrlich gelegt worden und geschehn am Tage Michaelis des Ertz-Engels nach Christi unsers Erlösers und Seeligmachers heilwärtigen Geburth im Ein Tausend Sechs hundert und dreyzehenden Jahre.

(L. S.) Hanns Caspar von Dobeneck.

(L. S.) Hanns Reybold zu Röhnitz.

(L. S.) Hildebrand Eidelberg von Trischler.

(L. S.) Melchior von Bodenhausen, Wildens seel. Sohn.

(L. S.) M. Marcus Wesnigel, Pastor zu Leubnitz.

(L. S.) M. Caspar Namler, Pastor und Superint. sub visitationis actu generalis subscripsit die 14. Julii 1617.

(L. S.) Joachim Daniel Rabe.

(L. S.) Urban Heinrich von Seilisch.

Und

Und Wir die verordneten des ChurFürstl. Sächßl. Consistorii zu Leipzig hiermit thun kund und bekennen:

Nachdem wir um Confirmation der vorher geschriebenen Fundation über die Caplaney zu Roda bittlich ersucht und angelanget worden, und wir befinden, daß dieselbe zu GOttes Ehren, Ausbreitung seines Allerheiligsten Namens und Erbauung der christl. Kirche gemeinet;

Als haben Wir nicht allein darein unsere Bewilligung gegeben, sondern thun auch angeregte Fundation hiermit, soviel uns Krafft unsers tragenden Amtes gebühret, confirmiren und bestetigen, dergestalt und also, daß solches alles und jedes, wie obstehet, stet und unverbrüchl. gehalten werden soll. Treulich und sonder Gefährde. Uhrkundlich mit unserm Innsiegel besiegelt. Datum Leipzig den 25. Julii Anno Sechszehenhundert und Siebenzig.

(L. S.)

No. XV.

Num. XV.

Jm Namen der heiligen Dreyfaltigkeit
GOttes des Vaters, GOtter des
Sohnes und GOttes des heiligen
Geiſtes, thue ich Melchior von Bodenhauſen, Wilckens ſeel. Sohn, auf Arnſtein,
Mühltrof und Leubnitz, vor mich und alle
meine nachkommende hiermit und in Krafft
dieſes Brieffes gegen menniglichen Uhrkunden und bekennen, daß aus ſonderbarer wohlerwogender Urſach und freyen Willen zu Be-
zeigung chriſtl. Liebe, affection und ſchuldi-
ger Vorſorge vor die liebe Armuth, ſonderlich aber in dieſen leider um unſer Sünde
willen allzu ſehr trübſeel. theuren und ge-
ſchwinden Zeiten, meinen armen Unterthanen, welche aus Unvermögenheit ihres Lei-
bes oder ehrlichen Alters, mit ihrer Hand-
Arbeit ihre Nahrung und Unterhalt nicht
mehr ſuchen und erwerben können, zu gut
und umb derer beſſern Unterhaltung, Ich
zu einer ewig immerwährenden Pfründ und
Allmoſen deputirt, fundirt und verordnet
Zwey Bauers- oder Erb-Güter, eines zu
Ranſpach das andere zu Oberpirck, ſo ich
von den vorigen Beſitzern, als Hannß Erhardt zu Ranſpach, und Jgfrau Catharina
von Maldik zu Oberpirck durch Erbkauffs-
Recht

Recht, und also iusto emtionis titulo um
Zwey Tausend Gülden an mich bracht,
dergestalt, daß ins künfftige bey mir und allen nachkommenden Besitzern zu ewigen Zeiten alle Nutzbarkeit und Fruchtniesung daran darzu gewidmet, daß Sechs Personen
aus meinen Unterthanen arme dürftige Leute, doch ehrl. Herkommens und Verhal-
tens, als je vier Personen aus dem Amte
Mühltrof, und zwo Personen aus den Leub-
nitzl. Gerichten, in dem allhier zu Mühltrof
von mir hierzu sonderlich vor etzlichen Jahren erbaueten armen Hauße oder Hospital
ordentlich unterhalten und alimentiret, und
so offt eine Person unter denselben mit Todte abgehen, oder sich sonst ungebührlich verhalten würde, daß man dieselben abzuschaf-
fen Ursach, sobald eine andere ebenmäßig
dieser Almosen bedürfftige Person an die
verledigte Stelle aus den Gerichten Mühltrof oder Leubnitz, von welcher Oerther einem eine Person abgangen, iederzeit uf des
Adel. Ansitzes Besitzers beyde zu Mühltrof
und Leubnitz ufgenommen und alsofort an
zu ewigen Zeiten continuiret und fortgese-
tzet werden soll, immassen ich denn auch nicht
zweifele, sondern mein endlicher Wille und
Meinung ist, daß meine Erben und Nachkommen diesen christl. Intent vielmehr werden stärcken und augiren helfen, als daß sie
dem Armuth etwas sollten von sich selbst ent-
ziehn oder andern gestatten. Und damit nun
mit

mit' solchem Einkommen desto richtiger und
ohne allen Verdacht und Vortheil umge-
gangen würde, so soll der iederzeit allhier zu
Mühltrof verordnete Richter hierzu verordnet seyn, daß er jährlich auf die ihm über-
gebene Ordonanz mir und allen nachkommenden über alle Einnahme und Ausgabe
eine absonderliche richtige Rechnung (davor
ihm etwas vor seine Mühe zu verordnen) zu
thun schuldig und verbunden seyn, und im
Fall sich mit der Zeit durch göttl. Seegen etwas of Uberschuß der Einnahme befinden
möchte, daß mehr Personen davon angenommen werden könnten, will ich mir und
meinen nachkommenden Besitzern, als Fun-
datorn und ordentl. Obrigkeit allhier zu
Mühltrof und Leubnitz bessere und mehrere
Verordnung vorbehalten haben. Begebe
es sich aber, daß mir oder meinen nachkommenden Possessorn des Ritterguts Mühltrof selbst belieben möchte, die Nutzbarkeit
von diesen beyden Gütern selbst einzufahren
und zu gebrauchen, welches denn hierbey vorbehalten wird, so sollen und wollen wir doch
schuldig seyn und bleiben, alle Tage und
Wochen, vermöge der Ordinanz und Stifftung, von dem Rittergute aus, den armen
Leuten ihr deputat ohne Abzug richtig zu
reichen und zu geben, immassen eine zeithero
von mir beschehen, und die armen Leute mit
nothdürfftigen Essen und trincken aus meiner Küchen und Keller, wie auch bedürfftigen

Feuer-

Feuerholtze versehen und unterhalten werden,
und also soll die Stifftung fortan zu Ewigen
Zeiten continuiret werden. Wie denn
auch hierüber obbemelte 2. Güter, auf welche die Fundation gerichtet, von dem Rittergute oder deßen Unterthanen nicht separi-
ret, noch derer Nutzbarkeiten fremden, von
welchen die armen sodann das ihre weit und
mühsam suchen müssen, eingethan, vielweniger gar verkaufft werden sollen, sondern da
sie wie neulichst gemeldter der Poßeßor des
Ritterguths Mühltrof selbst gebräuchl. nicht
behalten will, ihm dem Richter zu Mühltrof
auf Rechnung selbst zu bestellen oder zu ver-
pachten freygelaßen, und alle Nutzbarkeit zu
nichts anders, als den armen in dem Hospital zu Mühltrof zu gut angewendet werden.
Zu mehrerer Bekräfftigung deßen habe ich
diese meine Stifftung nicht allein zweyfach
verfaßet, sondern auch durch das Churfürstl.
Sächßl. Ehrwürdige Consistorium zu Leipzig authorisiren und bekräfftigen laßen, davon denn ein Original in der Kirchen-Ver-
wahrung allhier übergeben, das andere aber
bey mir und meinen nachkommenden verbleiben soll, doch sonsten an Gerichtsbarkeit dieser beyden Güter, mir und meinen nachkommenden Lehns-Folgern ohnschädlichen. Und
da über Hoffen und alle Zuversicht der eine
oder der andere, wer der auch sey, über kurtz
oder lang, dieser meiner freywilligen, und
christl. Donation und Fundation, so dem
lieben

GOtt zu Ehren und dem Armut zum besten
gemeinet, sich wiederſetzig erzeigen und im
Wercke nicht nachſetzen wurde, will ich auf
ſothanen Fall die Landesfürſtl. hohe Obrigkeit unterthänigſten Fleißes erſucht und ange-
rufen haben, ſolches nicht zu verſtatten, ſondern über dieſer meiner chriſtl. Verordnung
ſteif und feſt zu halten, wie denn auch auf
ſolchen unverhoffenden Fall dem Richter
oder ſonſten verordneten Vorſteher des
Armenhaußes, und deſſen Einkommmens
und auch den armen Leuten ſelbſt hiermit eingebunden und auferlegt ſeyn ſoll,
ſolches bey der Landesfürſtl. Obrigkeit zu ſuchen, und um Einſehen und Aſſiſtenz unter-
terthänigſt zu bitten. Zu Urkunde mit meinen angebornen Adel Pettſchafft und eigener Handſchrifft corroboriret und geben
nach Chriſti unſers Erlöſers Geburth im
Tauſend Sechs hundert und Ein und Zwanzigſten Jahre, den 20 Monats-Tag Novembr.

(L. S.) Melchior von Bodenhauſen,
Wilckens ſeel. Sohn.

Und Wir die verordneten des Churfürſtl.
Sächßl. Conſiſtorii zu Leipzig hiermit
thun kund und bekennen, Nachdem wir um
Confirmation eines Hoſpitals wegen beſſerer Unterhaltung armer dürfftiger Leute bitt-
lichen

lichen erſucht und angelanget worden, und
wir befunden, daß ſolche Fundation zur Ehre GOttes und den armen zum Beſten gemeinet ſey, und hebt ſich dieſelbe alſo an:
Im Namen der heil. Dreyfaltigkeit, GOttes des Vaters, GOttes des Sohnes und
GOttes des heil. Geiſtes, thue ich Melchior
von Bodenhauſen Wilckens ſeel. Sohn auf
Arnſtein, Mühltrof und Leubnitz vor mich
und alle meine nachkommende hiermit und
in Krafft dieſes Brieffes gegen männiglichen
Uhrkunden und bekennen, daß aus ſonderbarer wohlerwogender Urſach und freyen
Willen ꝛc. ꝛc. und endet ſich: und
geben nach Chriſti unſers Erlöſers Geburt im Tauſend Sechs hundert und Ein-
und Zwanzigſten Jahre den 20. Monatstag
Novembr. Als haben wir nicht allein darein unſere Bewilligung gegeben, ſondern thun
auch angeregte Fundation hiermit, ſo viel
uns Krafft unſers tragenden Amtes gebühret,
confirmiren und beſtätigen, dergeſtalt und
alſo, daß ſolches alles und jedes, wie obſte-
het, in allen Puncten und Innhaltungen,
ſtet, feſt und unverbrüchl. gehalten werden
ſolle. Treulich und ſonder Gefährde. Uhrkundl. mit unſern Innſiegel beſiegelt. Datum Leipzig den 19. Nov. An. 1622.

(L. S.)

No. XVI.

No. XVI.

Der Königl. Maytl. und Cron
Schweden, wie auch Dero Confœde-
rirten respectiue **Reichs-Rath,** General und **Feld-Marschall in Deutsch-**
land, auch General-Gubernator in
Pommern, Jahan [a] **Baner, Erb-**
herr zu Mühlhammer, Werder
und Narby rc. Ritter rc.

Demnach im Namen höchstermeldter
Ihrer Königl. Maytl. und Cron
Schweden rc. vom hochgedacht
Sr.

---

[a] Dieser General starbe an. 1641. zu Halber-
stadt, wie man vermuthet, an empfangenen
Giffte. Man sehe *Pufendorf* de reb. Suec. L.
XII. Mich. *le Vassor* Hist. de Louis XIII. T.X.
L. VI. die Geschichte des 30jährigen Krieges
L. VI. §. 15. p. m. 133. von welcher in diesem
Jahre eine neue Ausgabe zu Gotha heraus
gekommen. *Glasei* Kern Sächßl. Geschichte
L. I. C. XVI. §. 6 p. 208 sq. welcher ihn un-
erhörter Grausamkeiten und eines besondern
Hasses gegen Sachsen beschuldiget. We-
nigstens sind die Nachrichten, die *Jean le*
Laboureur Hist. du Maréchal de Guébriant
giebt, vor ihn gar nicht vortheilhafft. Man
sehe auch *Bougeant* Historie des 30jährigen
Krieges und des darauf erfolgten Westphäl.
　　　U　　　　　　　Frie-

Sr. Excell. des WohlEdlen Gestrengen
und Vesten Otto von Bodenhausen, Fürstl.
Brandenburgl. Raths vnd Hauptmanns
zum Hof ꝛc. zustehende Unterthanen zu Mühldorf vndt Leibnitz, mit ihren Gütern und
Mobilien in Dero sonderbaren Schutz,
Schirm vndt protection vf- vndt angenommen worden; massen solches crafft dieses be-
schiehet, Alß befehlen hiermit Sr. Excell.
allen vnter Dero Commando sich befin-
denden hohen vnd niedern Officirern vnd
Befehlichshabern, wie auch gemeinen Soldaten zu roß vnd fues, daß sie gedachte Bodenhausischen nacher Mühldorf vnd Leibniz.
gehörigen Unterthanen sambt allen pertinen-
tien an Personen, gebeuden, pferden, groß
und klein Viehe, Getreyde und dergl. Mobilien, wie das Namen haben mag, von ietzo
an vnd hinfuro allerdinges ruhig, vnpertur-
biret, vnd vnuerkräncket seyn vnd bleiben
lassen, vnd darwieder im geringsten nicht
betrüben, pressiren, noch beleidigen,
vielweniger mit eigenmächtiger Einquartirung, selbst angemaßter Contribution,
Brandschatzung oder anderer exaction, Be-
streiffung, Brand, Plünderung, Abnahm o-
der anderen Insolentien vnd Gewaltthätig-
keiten

Friedens, mit des ber. Hr. Prof. Rambachs
Anmerckungen aus dem Französl. übersetzet,
wovon seit 1758. III. Theile in 8vo zu Halle
heraus sind.

keiten, infestiren vnd beschweren, oder dieße
saluaguardj vnd Schutz-Brief in einigerley
weiße violiren, sondern selbige oder deren vi-
dimirte Cop e in alle Wege bey Vermei-
dung schwerer Verantwortung vnd vngele-
genheit, auch, nach Befindung des Verbre-
chens, vnausbleibl. Leib- vnd Lebens-Straf-
fe, geburlich respectiren vnd in beharrl. ob-
acht vnuerbruchl. halten, auch vor ihre person vnd vermögen dieselbe, ohne einiges Ent-
gelt, mainteniren vnd handthaben wollen vnd
sollen, Gestalt dann Sr. Excell. mehrer-
meltes von Bodenhaußen nacher Mühldorff
vnd Leibnitz gehörige vnterthanen derjenigen
Contribution, so ietzo von der Guarnison
in Zwickau von Ihnen begehret worden, sowohl auch, do ietzunder das Amt Plauen
mit fernern Anlagen beschweret werden, ihres theils daruon vor diesmahl vndt hinführ-
ro gänzl. eximirt vnd befreyet, wie denn der
Herr Oberste Schlieben, Commendant in
Zwickau, Sie darbey in alle Wege schützen
wolle vnd solle. Wornach sich männiglich
zu richten vnd vor Schaden zu hüten wissen
wird. Signatum Hoff am 29. Decembris
1640.

Jahan Baner. mpr.

(L. S.)

U 2   No. XVII.

b) Daß dergl. Schutz-Briefe in formalibus einerley

No. XVII.

No. XVII.
de an. 1648

Ich Frantz Wilcka von Bodenhausen, auf Arnstein, Mühltrof und Leubnitz, vor mich, meine Lehens - Folgere, Erben und Erbnehmen hiermit thue kund und bekennen, daß von dem Churfürstl. Sächßl. Hochlöbl. Ober-Consistorio zu Dreßden, auf mein beschehenes Ansuchen, die zwischen meinem Schlosse und der Schösserei innengestandene alte Capelle demoliren zu lassen, mir solchergestalt vergönstiget und bewilliget worden, daß ich die Steine davon nicht prophaniren, sondern zu einem andern heiligen Orte hiernächst wieder anwenden solte. Wenn aber hochermeldtes Ober-Consistorium beneben an mich begehret, ihnen einen schrifftlich von mir vollzogenen Schein deswegen einzuschicken; Als thue ich mich hierauf zu gebührender Folge Krafft dieß dahin erbieten, daß ich, gönnets Gott, ehester Zeit und Möglichkeit nach, an einem andern bequemen Ort vor die obgemeldte alte eine neue Capelle erbauen und darzu die Steine von der alten Capelle mit gebrauchen

nerley Innhalts und Verfassung gewesen, siehet man aus der vom Schwedl. General Torstensohn an. 1642. der Universität Wittenberg ertheilten Salve Guarde; so zu lesen beym *Glafet* l. c. L. III. C. 8. §. 8. p. 633. sq.

chen lassen, unterdessen aber den Burgern
und allen den Ihrigen allhier vergönstigen
will, ihren Gottesdienst so lange in meiner
Schloß-Kirche (biß eine neue Capelle verfertiget) ungehindert zu verrichten. Uhrkundl.
habe ich diesen mein Adel. angeborn Pet-
schafft vordrucken lassen, und mich eigenhändig unterschrieben auf meinem Hauße Mühltrof den 2dern Aug. 1648.

(L.S.)   Frantz Wilcka von Bodenhausen.

No. XVIII a.

No. XVIIIa
de an. 1663

Extract aus dem Frohn-Verglei-
che zwischen Hr. Franz Wilcka von
Bodenhausen und der Burgerschafft
zu Muhltrof de dato den 6. Mart.
1663.

Ingleichen daß ein jeder seines Gefallens seine Felder und Güter Stückweise versetzen, verkauffen, vertau-
schen, sonsten veralieniren, auch, wie bald
specificiret werden soll, etwas vom Frohn-
Gelde darauf schlagen möge. Gleichwie
aber ohne des Amtes Ratification und Auflassung der Lehen die alienatio rerum ir̄i-
U 3   mobi-

mobilium ohnediß nicht beständig; Also be-
hält sich die Herrschafft zuvor, hierinnen eine
billigmäßige proportion, wie auch wegen
der Steuer-Schocke eine solche Aufsicht zu
halten, damit weder Ihro Churfürstl. Durchl.
noch dem gemeinen Steuer-Wesen (nach denen um mehrerer Nachricht willen alsobalden
hierbey specificirten Steuer-Schocken) noch
hiesiges Ortes Obrigkeit praeiudiciret, noch
das onus den Nutzen übersteigen, und dadurch die Güter verwüstet werden möchten.
Es soll auch bey jedweden Hauße unterge-
dachte Scheffel Feld und Wiesen verbleiben,
und davon nichts veräussert werden. Massen
denn auch alle und jede onera (ausser der
Steuer, welche der Observanz nach jedesmahl auf die verkaufften Stücken geschlagen
werden soll) auf den Häußern, wie sie anietzo
zu befinden, es sey am Frohngelde oder andern allerdings hafften und verbleiben, daferne auch der Heerwagen aufgefordert wird,
soll derselbe nach Gutbefinden der Herrschafft
nach dem Vermögen abgetheilt und aufgebracht werden, hingegen diejenigen, so etwas
gekaufft, von solchen Stücken den Zuschuß
wiederum in die Häußer geben, und wird im
Fall des säumigen Abtrags denen Besitzern
der Häußer in der Ordnung und Classe, wohin sonsten solche Onera gehörig, auf gebüh-
rendes Ansuchen zu solchen Zuschuß-Geldern
durch schleunigen Zwang billig wiederum
verholffen, massen denn das Geld erst den
                                    Tag

Tag nach Lichtmeß von den Besitzern, der
Zuschuß aber 8. Tage vor Lichtmesse in die
Häuser geliefert werden soll. Daferne es
aber nicht geschiehet, wird von der Herrschafft
dem klagenden Theile jedesmahl ohne eintzi-
gen Rechts-Proceß oder Verstattung gewisser Fristen hülfliche Hand geleistet, und
auſſer der exception solutionis in conti-
nenti probabilis Beklagter mit keiner Aus-
flucht gehöret, sondern so lange im Gehorsam behalten, biß er den Zuschuß bezahlet.
Da auch einer in Abfall seiner Nahrung kä-
me, so soll dem Besitzer zu dem Felde wiederum verholffen werden, und Krafft dieses
einmahl vor allemahl das constitutum vel
possessorium vorbehalten seyn. Dieweiln
auch bemeldte Einwohner dabey unterthänig
angesuchet, es möchte die Herrschafft durch
weitere Concession und Verstattung des
iuris braxandi ihnen in ihrer Nahrung keinen Verlust und Hinderung zuziehen lassen;
Als hat zwar dieselbe sich ihres freyen Exer-
citii und Gerechtigkeit darum keinesweges
begeben können, sondern sich dieselbe hiermit
ausdrücklich vorbehalten. Es sollen aber
dergleichen Concessiones und Verwilligun-
gen nicht gemein gemachet, sondern nur denenjenigen verstattet werden, welche sich um
die Herrschafft wohl meritiret, oder sonsten
aus sonderbarer affection damit gewürdiget
werden ꝛc. ꝛc.

Eben-

Ebenermaſſen haben obbenahmte Perſonen vor ſich, ihre Erben und Nachkommen
erbl. verſprochen und bewilliget, inskünfftige
von ihren Häuſern, Feldern, Wieſen, Teichen, Gehöltzen und Frohnſtücken ohne Un-
terſcheid (jedoch auſſer denen vorhin geweſe-
nen freyen Stücken) das gewöhnl. Lehn-
Geld von jedem Hundert 5 fl. allezeit bey
einem Viertel Jahre nach des Beſitzers Abſterben unweigerlich zu entrichten, wiewohl
aber daſſelbe weiter extendiret wird, ſo ſoll
es dennoch einig und allein dahin zu verſte-
hen ſeyn, wenn der Beſitzer abſtirbt oder das
ſeine verkaufft, das ſonderbare Lehn-Geld
aber, wenn ein Erbe in ſpecie das Hauß
oder Güter annimmt, ingleichen wenn der
Lehnsherr ſelbſten verſtirbt, ſoll von ihnen
niemahls begehret werden. Wenn auch ein
Beſitzer verſtirbt, ſo wird von der Herrſchafft
Krafft dieſes freygelaſſen, daß die Witbe
mit den Kindern ſo lange darauf haußhalten
möge, biß ein Sohn davon zu ſeiner majo-
rennität oder ein und zwantzig Jahren gelanget, immittelſt dann ein gewiſſer Lehnträger beſtellet, hernach aber, wenn ein Kind
entweder das gantze Vermögen oder zum
Theil annimmt, weiter kein Lehn-Geld gegeben werden ſoll. Jedoch ſollen die Unterthanen in beyden Fällen, nicht nur da der
Beſitzer verſtirbt, oder das ſeinige veräuſſert,
ſondern auch, da ſich die Herrſchafft verändert, durch einen abſonderl. Lehnbrief zu ihrer

rer eigenen Sicherheit und befferer Verwah-
rung jedesmahl sich damit belehnen laf-
fen ꝛc. ꝛc.

No. XVIII. b.

Im Namen GOttes.

Ist hiermit zu vernehmen, Nachdeme
dem HochEdelgebohrnen Herrn,
Herrn Franz Wilcken von Bo-
denhaufen, Erbherrn auf Mühltrof, Arnstein und Leubnitz, deffen Unterthanen zu
Mühltrof, Langenbach, Langenbuch, Thierbach und Ranspach von Alters her das
Frauenzimmer zu Ehren und Nothdurfft
mit einen guten und tüchtigen Zug Pferden
zu führen schuldig, deßwegen auch gegen einen gewissen Abtrag auf zehen Jahr ein
Vergleich getroffen worden, und aber nach
geendigten solchen zehen Jahren ermeldte Unterthanen dergleichen Kutsch-Pferde zwarten
wieder angeschaffet, welche doch nach einge-
zogener Erkundigung darzu nicht tüchtig befunden worden. Daß in Erwegung ein und
anderer erheblichen Ursachen, absonderlichen
aber, weil sie tüchtigere Pferde anzuschaffen
und hierzu in gebührender Fütterung zu halten sich mit ihren Unvermögen entschuldigen
wollen, Sie dannenhero lieber erblichen
und

und zu ewigen Zeiten des Jahrs ein gewisses
Kutzschfuhr-Geld zu bewilligen vor gut befunden, welchen ihren unterthänigen Vorschlag auch soweit statt und raum gegeben
worden, daß von nun an und zu ewigen Zeiten hiervor ein jeglicher ganzer Frohn-Hof
Zweene Thlr. und ein halber Hof Einen
Rthlr. die drey viertels Höfe aber zu Thierbach und Ranspach ein jeder auch Zweene
Rthlr. und die drey viertels Höfe zu Langenbach und Langenbuch ein jeglicher nur Einen Rthlr. 8. gl. jedes Jahr auf Weihnach-
ten erblichen und unweigerlichen entrichten
mögen.   Welches denn ermeldte Unterthä-
nen vor sich, Ihre Erben und nachkommen
mit allen unterthänigen Danck acceptiret,
angenommen,   und mit der Abgabe solcher
bewilligten Kutsch-Fahr-Gelder sich jedesmahl zu gesetzter Zeit unsäumig einzustellen
durch einen Handschlag, jeder absonderlich,
freywillig angelobet und versprochen.

Dargegen Hochwohlgedachter Herr von
Bodenhausen auch vor sich, seine Erben und
Lehnsfolgere, sie bey solchen Kutsch-Fuhr-
Geldern allerdings geruhig zu lassen, sich er-
klähret, und sie der Kutsch-Fuhren unwie-
derruflichen befreyet.

Worunter aber die gemeinen weiten und
nahen Land-Wein-Rüst-Pagaschi-Fische-
Wulle-Getreidig-Victualien-Fuhren, oder
was sonsten vom Schlosse ab- und zuzufüh-
ren,

ren, noch einige andere Schuldigkeit verstanden; sondern der Herrschafft einen Weg
wie den andern hiermit ausdrücklichen vorbehalten werden, Jedoch läst der Hochwohl-
gedachte Herr von Bodenhausen zu, daß bemeldte Unterthanen künfftig nach ihrer eigenen Beliebung Ochßen oder Pferde halten
mögen, und sollen sie darwieder zu keiner
Zeit beschweret werden. Damit aber diesen allen jederzeit steif, fest und unvorbrüchlichen
nachgelebet werde:

Also hat man sich beederseits aller und jeder exceptionen, und Rechtswohlthaten,
als fraudulentae persuasionis, metus, re-
stitutionis in integrum, rei non sic, non
satis intellectae, oder wie sie sonsten erdacht
und aufgebracht werden können, wissentlichen und wohlbedächtig begeben, und denenselben in beständigster Form Rechtens re-
nunciret. Zu mehrerer Urkund denn Hochwohlgedachter Herr von Bodenhausen ꝛc. sich
eigenhändig unterschrieben und Ihr ange-
bohrnes Innsiegel aufdrucken lassen.

Es haben auch die hierzu adhibirten Amts-
und Gerichts-Personen, nach gebührender
Erlassung ihrer Pflicht ad hunc actum, ingleichen die hierzu requirirten Notarien, in
derer Beysein dieses alles aufrichtig und ehrl.
abgehandelt und beschlossen worden, solchen
Vergleich ebener massen mit eigener Hand
und Ihren gewöhnl. Petschafften, und resp.
Nota-

Notariat-Signeten corroboriret und beſtär-
cket. So geſchehen zu Mühltrof am 10.
Mart. an. 1663.

(L. S.) Frantz Wilcka von Bodenhauſen, mppr.

No. XIX.
de an. 1666.

Num. XIX.

Im Nahmen GOttes.

Sey hiermit männiglichen kund und
wiſſend, ſonderlich aber denen es zu
zu wiſſen vonnöthen, daß obwohln
beſage Vergleichs den 6. Mart. 1663. die
Bürgerſchafft allhier verwilliget, ins künfftige von ihren Häußern, Feldern, Wieſen,
Teichen Gehöltze und Frohnſtücken ohne Un-
terſcheid, (auſſer den vorhingeweſenen alten
freyen Stücken) von jeden hundert Fünff
Gülden nach des Beſitzers Abſterben zu entrichten, nach mehr beſage und Innhalt ob-
angeregten Vergleichs, ſo iſt doch aus ſonderbaren erheblichen Urſachen, und ſonderl.
um beſorgender Unterſchlagung der Kauff-
Summa willen, zwiſchen dem HochEdelgebl.
Hr. Hr. Frantz Wilcken von Bodenhauſen,
Hr. zu Mühltrof, Arnſtein und Leubnitz, und
der Burgerſchafft allhier des Lehengeldes
halber dahin geſchloſſen worden, daß auf jed-
wedes

wedes Hauß ein gewiſſes Lehngeld ſolle geſchrieben werden, welches nach Abſterben eines Haußwirths von denen Erben, oder bey
Verkaufung eines gutes vom Käuffer gegeben werden, und ſolches in perpetuum bleiben ſoll, es möge das Gut höher oder niedri-
ger als das Lehngeld, von hunderten 5. fl. gerechnet, austrägt, verkauffet werden. Solchemnach hat mehr ermeldte Bürgerſchafft
vor ſich, ihre Erben und Nachkömmlinge,
und zward ein jeder nach ſpecificirter maſſen, Lehngeld zu geben verſprochen ꝛc. ꝛc.

Hierüber iſt auch bedinget worden, daß
wenn einer oder der andere etwas von ſeinen
Gütern verkaufft, demſelben an ſeinen ob-
ſpecificirten Lehngelde ein Abgang geſchehen, hingegen Käufer das Lehngeld, ſo hoch
er etwas kauffet, auf Ein hundert 5 fl. gerechnet, geben ſoll, und ſoll im übrigen bey
deme, was wegen des Lehn-Geldes in Ein-
gangs beregten Vergleiche, und auf was
Falle es ſoll gegeben werden, abgeredet und
beſchloſſen worden, in allen unenderlichen
verbleiben. Deſſen zu mehrer Bekräfftigung iſt dieſer Vergleich von Hr. von Bodenhauſen mit deſſen angebornen Innſiegel
und eigenhändiger Unterſchrifft vollzogen,
vom Bürgermeiſter und Rath hieſigen
Städtleins aber vor ſich und im Namen der
gantzen Bürgerſchafft nicht alleine beſiegelt,
unterſchrieben und mit dem Handſchlage be-
kräff-

kräfftiget, sondern auch von dem hierzu requirirten Notario hierüber eine beglaubte Regiſtratur geferttiget und dem Mühltroffiſchen Lehenbuche einverleibet worden. So geſchehen Mühltrof den 23. Jun. an. 1666.

(L.S.) Frantz Wilcka von Bodenhauſen.

(L.S.) Sebaſtian Seeboth, B. und Rath vor ſich und im Nahmen der intereſſirten Burgerſchafft.

No. XX.

No. XX. de an. 1669 Wir Leopold a) von Gottes Gnaden erwöhlter Röml. Kaiſer, zu allen Zeiten Mehrer des Reichs in Germanien, zu Hungarn, Bohaimb, Dalmatien, Croatien und Sclavonien 2c. König, Ertzhertzog zu Oeſterreich, Hertzog zu Burgund, zu Braband, zu Steyr, zu Kärnthen zu Crain, zu Lützemburg, zu Württemberg, Ober- und Nieder-Schleſien, Fürſt zu Schwaben, Marggraf des heil. Röml. Reichs zu Burgaw,

a) Der andere Printz Kaiſer Ferdinand III. geb. den 9. Jun. 1640. von Maria Anna, König Philipp III. in Spanien Tochter, wurde an. 1655. König in Ungarn, an. 1656. in Böhmen, an. 1658. Röml. Kaiſer, † den 5. May an. 1705.

gaw, zu Mähren, Ober = und Nieder-Lauß-
nitz, gefürster Graf zu Habsburg, zu Tyrol,
zu Pfirt, zu Kyburg und zu Görtz, Landgraf in Elsas, Herr auf der Windischen
Marckh zu Porttenaw und zu Salins ꝛc.

Bekhennen für Unß vnd vnsere Nach-
kohmmen am heil. Röml. Reich, auch vnsern
Erbkönigreich = Fürstenthumb = vnd Landen
offentlich mit dießem Brief vndt thuen khundt
allermänniglich, wiewohl die Höhe der Röml.
Kaiserl. Würdighkeit darein Uns der allmäch-
tige Gott nach seiner vätterl. Fürsehung gesezt hatt, durch macht ihres erleuchten Throns
mit vielen heerlichen edlen Geschlechten vnd
Underthanen gezieret ist, Jedoch weil solche
Kaiserl. Hoheit, je mehr die uralte edle Geschlechte ihrem Adlichen vortrefl. herkohmen,
tugenden vnd verdienen nach, mit ehren,
würden vnd Wohlthaten begabet werden,
je herrlicher der Thron Kaiserlicher Majestät
glanzet vnd scheinbarlicher gemacht wird:
auch die Underthanen durch Erkhandnus
Kaiserlicher Mildigkheit zu desto mehr schul-
diger gehorsamben verhaltnus, Ritterlichen
redlichen thatten vnd getrewen steeten vnd
bestendigen Diensten bewegt und verursacht
werden: vnd Wir denn aus iztberührter Kaiserlicher Hoheit auch angeborner güetthe vnd
milde in gnaden vorderist genaigt sain aller
vnd jeder vnserer vnd des heil. Röml. Reichs:
auch vnserer Erbkönigreich, Fürstenthumb
vnd

vnd Lande Underthanen vnd getrewen Ehr
Würde, auffnehmen vnd wohlstandt zu be-
trachten vnd zu befürdern: So seindt wir
doch mehrers vnd begierlicher gewogen der-
jehnigen nahmen, Stammen vnd geschlecht
in höhere Ehr vnd würde zu erheben vnd zu
setzen, deren voreltern vnd sie von uralt
Rittermäßig- und herrlichem Standt geboren vnd herkohmen, auch sich in unsern vnd
des heil. Reichs sowohl Unserer Erbkönigreich, Fürstenthumb vnd Landen obliegen-
den wichtigen Sachen vnd geschäfften mit getreuen gehorsamben diensten standhafftig er-
zaigen.

Wann wir dann gnädiglich angesehen
wahrgenohmmen und betrachtet das uralte
rittermäßige herrliche Geschlecht derer von
Bodenhaußen, welches (wie Wir berichtet
worden) Sich schon vor mehr als Fünffhundert
Jahren in heil. Röml. Reiche vermittelst
underschiedlich getragener vnd treweyferigst
versehener trefflicher Kriegs-vnd Hof dienste,
bekhandt gemacht, auch bereits vor dritthalb-
hundert Jahren Herren Standes geachtet,
vnd zum offtern mit vornehmen Gräflichen
Familien durch Heyrathen in Schwager-
vnd Blutsfreundschafft kommen seyn solle,
wovon Unßers vnd des Reichs lieben getrew-
en Frantz Wilckhens von Bodenhaußen
Vorelltern vnd Anherrn entsproßen und her-
gestammet sein, insonderheit aber auch zu
gemueth

gemueth gezogen vnd betrachtet die angeneh=
men gemeinnüzlich, dapffern, mannhafft,
aufrichtig, getrew, vnverdroſſen vnd wohl=
erſprießlichen Dienſte, ſo unſern höchſtgeehr=
ten Vorfahren am Reiche, Röml. Kaiſern
und Königen, auch vnßerm löbl. Ertz=Hauß
Oeſterreich gedachte ſein von Bodenhaußen
Voreltern offt und vielfältig rhuemblich er=
zaigt und bewieſſen, indeme Sie Sich abſon=
derlich befliſſen bey fürgefallenen gefährlichen
Kriegs=Empörungen ſowohl in= als auſſer
des heil. Reichs, jederzeith bey demſelben
und deſſen oberhaubt, Röml. Kaiſern und
Königen, auch unſerm löbl. Ertz=Hauß, un=
geachtet aller angetragener vortheill und ge=
thaner verhaißungen beſtändig zu halten und
zu verharren, allermaſſen dann Er Frantz
Wilckhe von Bodenhaußen, auch ſelbſten
dieſen ſeiner voreltern fueßſtapffen nachzu=
folgen und löbl. zu inſiſtiren ſich noch An.
Sechzehenhundert fünff und funffzig bey un=
ſers höchſtgeehrten Hr. Vatters und nech=
ſten Vorfahrens am Reich, weiland Kaiſer
Ferdinand des dritten höchſtſeeligſter ge=
dächtnus Mtt. und Lden Hoff perſönlich ein=
gefunden, und zu ihrer Mtt. und Lden Dien=
ſten damahls Ein tauſend Dragoner, de=
ren er ſich beſten theils in guther Hofnung
auf aigenen khoſten verſichert hatte, allerun=
derthänigſt angebotten, auch ſonſten gegen
Uns und den heil. Röml. Reich mit allen

X   trewen

trewen underthånigſten bezeigungen vnd nuz-
baren dienſten iederzeith zu continuiren des
gehorſamſten erbiettens iſt, auch wohl thuen
mag und ſolle.

Alß haben Wir zu Bezeugung unßer
Ihme Frantz Wilckhen von Bodenhauſen zuetragenden gnådigſten gewogenheit und
erkhentnus ſeiner vorelltern langwürigen getrewen verdienens, auch in gnådigſter betrachtung, daß höchſtgedacht Unßers geliebt-
ſten Herrn und Vatters w. Kaiſer Ferdinand des dritten Mtt. und Lden zu ſeiner Be-
fürder- und erhöhung Ihme mit ſonderbaren
Kaiſerl. Gnaden allergnådigſt beygethan geweſen, Demſelben nit allein ſeinen bißhero geführten herrlichen Stand allergnådigſt
confirmiret und beſtåttiget, ſondern auch
Ihne ſamt ſeinen iezig- und khünfftigen ehelichen Leibes-Erben und derſelben Erbens Erben, Mann- und Frawenperſohnen abſteigender Lini für und für in ewig Zeith in den
angebornen Freyherren-Standt, Ehr und
Würde unſerer und des heil. Röml. Reichs,
auch unſerer Erb- Königreich, Fürſtenthumb
und Lannde Freyherrn, Frawen und Frewlein erhoben, vollkhomentlich einverleibet und
geſetzet, auch ſie der Schaar, geſell- und gemeinſchafft derſelben zuegefueget, zuegeſellet
und vergleichet, darzue Ihme auch ſeinen
ehelichen Leibs-Erben und derſelben Erbens

Erben

Erben, Manns- und Frawenperſohnen, des
Namen und tituls ſich, Frey- und Edle
Herrn, Frawen und Frewlein des heil. Röml.
Reichs, auch unſerer Erb-Königreich, Fürſtenthumb und Landen zu nennen und zu ſchreiben, gegeben, zuegelaſſen und erlaubet.
Thuen das, ordnen, würdigen, Erheben, Setzen und Erhöhen demnach mehrbeſagten
Frantz Wilckhen von Bodenhaußen und
deſſen iezige und khünfftige eheliche Leibes-
Erben und derſelben Erbens Erben, Manns-
und Frawenperſohnen abſteigender Lini, wie
obgehört, in Unßern und des heil. Röml.
Reichs, auch Unßerer Erbkönigreich, Fürſtenthumb und Lande alten Herrn Stand
der recht gebohrnen Frey und Edlen Herrn,
Frauwen und Frewlein zuefügen, geſellen
und vergleichen ſie zue derſelben Schaar, Ge-
ſell- und Gemeinſchafft, Gönnen und Erlauben Ihnen auch, daß Sie ſamt den vorhien
habenden Ehrentitel und Namen Sich Frey-
und Edle Herrn, Frawen und Frewlein des
heil. Röml. Reichs, auch Unßerer Erbkönigreich, Fürſtenthumb und Lande nennen und
ſchreiben mögen, alles aus Röml. Kaiſerl.
Macht Vollkommenheit hiemit wiſſentlich in
krafft dieß briefes und mainen, ſezen und
wollen, daß nun hinfüro mehr genannter
Frantz Wilckhe von Bodenhaußen, ſeine
iezige und khünfftige ehel. Leibes-Erben und
derſelben Erbens-Erben Manns- und Frawen-

perfonen abſteigender Lini dieſes Namens,
Stammens und Geſchlechts von Geburt,
Schild und Helmb für und für in ewig Zeith
ſich Freyherrn, Frawen und Frewlein von
Bodenhauſſen nennen und ſchreiben, auch
von Unß, Unßern Nachkhomen am Reich
und löbl. Ertzhauß Oeſterreich, vnd dann
ferner aus allen Unßern und Ihren Canz-
leien, und ſonſt jedermänniglich alſo geehrt,
genennt, erkhennt und geſchriben werden,
darzue auch alle und jede gnadt, Ehr, Würde, Freyheit, Vortheil, Recht und Gerechtigkeit, Vorgang, Standt, Seſſion, Stimm,
altherkhommen, Herrlichkeiten, Praeroga-
tiuen in Reichs- und andern Verſammblun-
gen, Ritterſpihlen, beneficien, auf Thumb-
ſtifften, hohen und niedern, geiſt- und weltl.
Ständen, auch an allen orten und Enden in
allen und jeden redlichen Sachen und Ge-
ſchäfften haben: und dann inſonderheit Edler
Panner und Freyherrn Lehen und After-
Lehen zu empfangen zu haben und zu tragen:
und ſich deſſen frewen, gebrauchen und genueßen ſollen und mögen, immaſſen ſich andere Unßere und deß heil. Röml. Reichs
rechtgeborne Edle Panner oder Freyherrn,
Frawen und Frewlein frewen vnd gebraw-
chen von Recht oder gewonheit von allermänniglich unverhindert.

Uber dißes und zu noch mehrer Be-
zeigung

zeigung Unßerer Kaiserl. gnaden, mit denen
wir offtermeldten Frantz Wilckhen Freyherrn von Bodenhaußen gantz wohl gewogen sein, auch zu deſſen erkhandlicherer ein-
verleibung in den altgebornen Freyherrn-
ſtandt haben wir Ihme ſein hievor geführtes
uraltes Rittermäßig Adel. Wappen und
Cleynodt nachſtehender maſſen vermehret und
verbeſſert, auch Ihme, ſeinen iezig- und
khünfftigen ehel. Leibes-Erben und derſelben
Erbens Erben, Manns- und Frawenperſohnen hinfüro zu ewigen Zeitten alſo zu führen
gnädigſt gegönnet, und erlaubt, als mit Namen einen quartirten Schild, deſſen hinder-
under- und vorder obere Theil gelb oder goldt-
farb, im undtern einwerts auffrecht zum
grimm geſtellt ein gecrönter ſchwarzer Behr,
mit gelben Halßbande, offenen Rachen, roth
ausſchlagender Zungen und für ſich werf- b)
fenden Datzen, im vordern obern theil ein auf-
gethaner doppelter ſchwarzer Adler mit auf-
habender Kaiſerl. Cron, offenen ſchnäbl, und
von ſich ſpreizenden Waffen: vorder under-
und hindere obere Veldung aber blaw oder
Laſurfarb, in mitte der untern ein dürrer
Baumb, ob welchem drey gelb oder goldfarbe
lateinl. Buechſtaben V. an einander ge-
    X 3   henckt,

---

b) Hier ſtehet auf einem beſondern Blatte das
vollkommen bläſonnirte Wapen.

henckt, in der hindern obern Veldung drey
neben einander stehende rothmarmorsteinene
runde seulen auf erhabenen viereckheten weisen Postamenten, deren mittere die andere
zwo etwas überhöhend darob eine Königl.
Cron: und auf jeder der beeden Seiten
Seulen eine weisse runde Kugel zu sehen, in
mitte des ganzen ßchildts ein weiß oder sil-
berfarbes Herzschiltl. in welchen Driangel-
weiß drey roth oder rubinfarbe halbe Mond-
scheun als oben einer- und unden zween neben einander gestellt, ihre beede spitzen für-
werts kherende; Auf dem Schild drey freye
offene adelliche Thurniershelmb, allerseits
mit roth und weisser Helmbhecken, der hin-
tere mit einem roth und weiß gewundenen
Pausch, dessen beede Ende zuruggfliegen:
denn der mitter und vordere jeder mit einer
khöniglichen Cron geziert, aus dem Pausch
erscheint einwerts biß über die Helffte seines
Leibs der im schilde beschriebene gecrönt Behr
mit seinen Halßband, auf der mittern Cron
stehend gleichfalß im Schild beschriebene
außgebraite doppelte schwarze Adler mit ob-
habender Kaiserl. Cron und diademate, auß
der Cron des vordern Helmbs aber entsprin-
gen sieben von Farben also abgetheilte
Straußen-Federn, das die hindere erste wie
auch dritte, fünffte und siebende roth oder
rubinfarb, die andere, vierdte, mittlere und
sechste weiß oder silberfarb: auch zu beederseits

seits je eine länger und die mitter die hochst
oder langeste ist: allermaſſen solch vermehrt,
geziert und verbeſſertes Freyherrl. Wappen
vnd Cleynodt in Mitte diß unſers kayen li-
bellweiß geschriebenen Brieffs auf nechſtvor-
gehenden blatts erſter Seitten gemahlet und
mit farben eigentlicher vorgebildet ist.

Ferner haben Wir auch vielernenntem
Freyherrn von Bodenhaußen, seinen ehel.
Leibes-Erben und derselben Erbens Erben
Manns- und Frawenperſonen noch dieſe beſondere Gnadt gethan und Freyheit gegeben,
also das nun hinfüro von uns vnd unßern
nachkhommen am heil. Reich, Röml. Kaiſern und Konigen Jhne dem von Bodenhaußen, deſſen iezigen und künfftigen ehel.
Leibes-Erben und derselben Erbens-Erben
aus allen unſern und vnſerer nachkohmen am
heil. Röml. Reich und löbl. Ertzhauß Oeſterreich Canzleyen in unſern und Ihren Reden, Schrifften, Briefen, Miſſiuen und andern, so von uns und unſern Nachkohmen an
Sie oder ſonſten darinnen Sie genennt oder
beſtimbt, ausgehen würden, der Titul,
Praedicat und Ehrenwort (Wohlgebohrn)
gegeben, geschrieben werden, und folgen ſolle,
immaſſen wir denn ſolches zu geſchehen bey
Unßern Canzeleyen allbereit beſtellt und befohlen haben.

X 4 Dem-

Demnach so gebietten und befehlen
Wir denen Hochwürdigen, Durchleuchtigen,
Hochgebornen, Unßern lieben Neven und
Vettern den ErzBischöffen zu Maynz, Trier
und Cölln, als Unßern und des heil. Röml.
Reichs ChurFürſten, und durch Germanien,
Gallien, das Königreich Arelat und Italien
ErzCanzlarn, wie ingl. auch! allen andern
Unßern Canzlern, Cänzleyverwalttern und
Secretarien gegenwärtig und zueckhünfftigen
ernſt- und veſtiglich mit dißen Brieff und
wollen, daß ſie fernern Befelch und ordnung
in Unßern und Unſerer Nachkhomen Canzleyen geben, ſchaffen und befehlen, auch mit
Ernſt und Fleiß daran ſein und daröb halten,
das hinfüro mehrgemeltem Freyherrn von
Bodenhaußen, deſſen iezigen und khünfftigen
ehel. Leibes-Erben und derſelben Erbens Erben für und für under unßerm und unßerer
Nachkhomen titul und Namen den Wohlgebohrnen geſchrieben und gegeben werde,
darahn beſchicht unſer gnädigſter will und
mainung.

Weiters thuen und geben Wir viel-
gedachten Franz Wilckhen Freyherrn von
Bodenhaußen von Röml. Kaiſerl. Macht
dieſe beſondere Gnade und Freyheit, daß Er,
ſeine ehel. Leibes-Erben und derſelben Erbens Erben nun fürbaßhin ewiglich gegen
Unß, unſern Nachkohmen und ſonſt jeder-
männig-

männiglich, wes Würden, standes oder wesens die seyen, in allen ihren Reden, offenen
und beschlossenen Brieffen und Schrifften,
Tituln, Innsiegeln, Pettschafften, Handlungen und Geschäfften, nichts ausgenoh-
men, sich nicht allein Freyherrn, Frawen und
Frewlein von Bodenhaußen, zu Mühldorff,
Arnstein und Leubniz, die er aniezo besitzet,
sondern auch zu, auff oder von allen andern
Herrschafften, Schlössern und guettern, die
Er noch künfftig mit rechtmäßigem titul
überkohmen und an sich bringen möchte,
nennen und sich schreiben sollen und mögen,
und sie also von männiglich an allen orthen
genennt, geschrieben, geehrt, geacht vnd gehalten werden sollen.

Und gebietten darauf ingl. allen und jeden Chur-Fürsten, geistl. und weltl. Praelaten,
Grafen, Freyer, Herren, Rittern, Knech-
ten, Land-Marschalchen, Landshaubtleuten,
Landsvöggten, Haubtleuten, Vicedomben,
Vöggten, Pfleegern, Verweesern, Ambt-
leuthen, Land-Richtern, Schultheißen, Bur-
germeistern, Richtern, Räthen, Khundigern
der Wappen, Ehrnholden, Persevanten,
Burgern, Gemeinden und sonst allen andern Unßern und des heil. Reichs, auch unserer Erb-Königreich, Fürstenthumb und
Landen Unterthanen und getrewen, was
Würden, Sandts oder Weesens die sein,

X 5   hiermit

hiermit ernst- und vestiglich mit diesen Brief,
und wollen, das sie offtberührten Franz Wilckhen Freyherrn von Bodenhaußen, Herrn
zu Mühldorf, Arnstein und Leibniz, dessen iezigen und künfftigen ehel. Leibes-Erben und
derselben Erbens Erben beyderley Geschlechts
für und für in ewig Zeith Freyherrn,
Frawen und Frewlein schreiben und nennen, Ihnen auch den Titul und Praedicat
Wohlgeborn geben, und sie also dafür achten, erkhennen, ehren und halten, darzue
auch aller Gnaden, Freyheiten, Ehren,
Würden, Vorteilen, Recht und Gerechtigkeiten, wie andere rechtgeborne Freye und
Edle Herrn, Frawen und Frewlein geruhig-
lich frewen, gebrauchen und genueßen lassen,
hierwieder nicht thuen, noch das jehmands
andern zu thuen gestatten in kheine weiß
noch weeg, als lieb einem jeden seye Unßer
und des Reichs schwehre ungnade, und
straff, und darzue eine Poen nemblich hundert Marckh löttiges Goldts zu vermeyden,
die ein jeder, so offt er fräventl. hierwieder
thäte, Unß halb in unßer und des Reichs
Cammer, und den andern halben theil
dickhermeltem Freyherrn von Bodenhaußen
und desselben iezigen und khünfftigen ehel.
Leibes-Erben und Erbens Erben unnachläßl.
zu bezahlen verfallen seyn solle, das ist unser
ernster Will und Mainung. Doch andern,
die vielleicht dem vorbeschriebenen Freyherrl.
Wappen

Wappen und Cleynodt gleich führten, an
denselben ihren Wappen, auch Unß, dem
heil. Reich, und unserm löbl. Ertzhauß Oesterreich an Unsern, auch sonst männiglich
an seinen Rechten und Gerechtigkeiten un-
vergriffen und unschädlich.

Mit Uhrkundt diß Brieffs, besiegelt mit
Unßerm Kaiserl. anhangenden Innsiegel, der
geben ist in Unßer Stadt Wienn den an-
derten Monatstag Augusti nach Christi unsers lieben Herrn und Seeligmachers Geburt im Sechszehenhundert neun und Sechzigsten, unserer Reiche des Röml. in zwölff-
ten, des Hungarischen im Funffzehenden, und
des Böheimischen im dreyzehenden Jahre.

Leopoldt. (L. S.)

ut.

**Leopold Wilhelm Graff
zu Königsegg.**

Ad Mandatum Sacae Cæsae
Maiestatis proprium.

Wilhelmb Schröder.

Wir

Wir Leopold von Gottes Gnaden erwöhlter Röml. Kaiser, zu allen Zeiten Mehrer des Reichs, in Germanien, zu
Hungarn, Böheimb, Croatien und Slavonien König, Ertz Hertzogk zu Oesterreich, Herzog zu Burgund, Steyer, Kärnthen, Krayn
und Württenberg, Graue zu Habspurg,
Tyrol und Görz ꝛc. Bekennen und thuen
kund Jedermänniglichen mit diesen Vnßern
offenen Kaiserl. Brieffe bezeugendt: daß
wir dem Wohlgebohrnen Unßern und des
Reichs lieben getrewen Franz Wilcken von
Bodenhaußen, Herrn zu Mühldorf, Arnstein und Leubniz in Ansehung seines uralten
ritterl. Geschlechts und Herkommens, auch
seiner Voreltern Unßern löbl. Vorfahren am
Reich Röml. Kaisern und Königen, dem heyl.
Reich und unsern löbl. Ertz-Hauß Oesterreich vielfältig erwiesenet trew-gehorsamb-
und ersprießlicher Diensten; die er auch uns
und dem heyl. Reich hinfüro zu laisten un-
derthänigst erbietig ist, samt seinen ehel. Leibes-Erben und Descendenten in des heyl.
Röml. Reichs Freyherrn Standt allergnä-
digst erhoben und gesetzt, zugleich auch mit
dem Praedicat und Ehrenwort: Wohlgebohrn, begabet haben. Wan wir nun solches unterm dato 2ten Augusti dieses 1669-
sten Jahres Unßerm Kaiserl. Cammer-Gericht
zu dem

zu dem Endt gnädigst notificiret, damit die
ahnordnung beschehe, daß gedachtem Freyh̄.
von Bodenhausen, deßen ehelichen Leibes-
Erben und derselben Erbens Erben, bey allen fürfallenden Gelegenheiten also geschrieben, und gemeldter Titul: Freyherrn von
Bodenhausen, Herrn zu Mühldorff,
Arnstein und Leibnitz, samt dem Prædi-
cat: Wohlgebohrn, gegeben werde. Alß
ist es ahn erwehnten Unßern Kayserl. Cam-
mergericht pro notificato angenohmen und
darauf dem gewöhnl. Cantzley-Titular-Buch
geziemender maßen einverleibt worden, umb
selbiges bey allen künfftigen expeditionen,
dem Herkommen gemeß, in gebührende Ob-
acht zu nehmen. Zu Urkundt dieses mit
Unßerm anhangenden größern Kayserl. Innsiegel bekräfftigten Scheins, so unter heutigen dato außgefertigt und mitgetheilt worden, in Unßerer und des heyl. Röml. Reichs
Stadt Speyer c) den 6ten Tag Monats
No.

c) In dieser im Ober-Rheinischen Kreyße gelegenen uralten Reichs-Stadt, war ehedem der
Sitz des Reichs-Kammer-Gerichts. Nachdem sie aber an. 1689. von den Franzosen
verwüstet worden, wurde daßelbe an. 1693.
vom Kaiser Leopold nach Wetzlar verleget,
wo es sich noch befindet. Sonst ist zu Speyer
ein Bißtum, die Stadt hat Sitz und Stimme
auf den Ober-Rheinischen Kreiß-Tagen, und
ist unter andern wegen des an. 1529. daselbst
gehaltenen Reichs-Tages merckwürdig, weil
auf demselben der Name der Protestanten
aufgekommen.

Nouembris, nach Chriſti unſers lieben Herrn Geburth in Sechszehenhundert und Neun und Sechzigſten, Unſerer Reiche des Röml. im eilfften, des Hungariſchen im vierzehenden, und des Boheimbiſchen im dreyzehenden Jahre.

(L.S.) Ad mandatum Domini Electi Imperatoris proprium.

Johann Niclas Becht, Lt⁹ Kayſerl. Cammer ⸗ Gerichts Canzley ⸗ Verwalter.	Jacob⁹ Michael, Ltus Judicii imperialis camerae Protonotarius mppr.

No. XXI.

No. XXI.

Wir Franz Wilcka, des heil. Röml.   No. XXI.
Reichs Freyhl. von Bodenhausen. de an.1672
Herr zu Mühltrof, Arnstein und
Leubniz, vor uns, unsere Erben, Lehnfolgere
und Nachkommen hiermit verordnen und
uhrkunden. Demnach unser in Gott ruhen-
der Groß-Herr-Vater Melchior von Bodenhausen, Wilckens Sohn, allhier ein Hospital
fundirt, darinnen etliche arme Leute unterhalten werden, welchen zwart das ihrige
bißhero also gereichet worden, daß keine son-
derbare Beschwerung geführet, jedoch ein
und andere Unordnung einreißen wollen, weil
keine gewiße schrifftliche Ordinanz vorhanden, wornach sich die Vorstehere zu richten
gehabt, sondern alles aus der Obseruanz,
Herkommen, und mündlichen Bericht beruhet; Als haben wir der Nachkommen halber und um beßerer Richtigkeit willen vor
nöthig erachtet, eine gewiße Ordnung in
Schrifften verfaßen zu laßen, wornach sich
der Hospital-Vorsteher und arme Leute zu
richten und zu achten, und zwart, was die
Zahl der armen betrifft, so laßen wir es billig bey der Fundation bewenden, daß noch
zur Zeit derselben jedesmahl Sechße, nemlich
Viere aus hiesiger Herrschafft Mühltrof,

und

und dann Zweene aus den Leubnitzischen
unterhalten werden sollen.   Und ob zwar
von den Leubnitzschen sich bißhero niemand
angegeben oder befunden worden, der dieses
beneficium begehret, dahero die Zahl zum
öfftern von den Mühltroffischen besezet und
zu Zeiten derer wohl 5. oder 6. in das Hospital befördert worden; so soll doch solches,
wenn es ins künfftige weiter also geschehen
möchte, der Fundation nicht nachtheilig seyn,
einzige Præscription in Ewigkeit nicht præ-
tendiret, noch die Leubnizsche ausgeschloßen
werden, sondern, wenn sichs zutragen möchte,
daß Mühltrof und Leubniz von einander getheilet würden, so sollte deren Besizer des
Ritterguts Leubniz iederzeit freystehen, zwey
arme Menschen anhero zu præsentiren.
Sollten sich aber durch Gottes Seegen,
welchen seine Allmacht reichlichen verleihen
wolle, des Hospitals Einkünffte vermehren,
so mögen unsere Nachkommen, wenn es die
Nothdurfft erfordert, die Mensur nach den Einkünfften machen, und der armen an der Zahl
mehr unterhalten, jedoch wenn allhier zwey
Personen mehr hineingenommen würden,
Leubniz die dritte præsentiren.   Was der
armen ihr jährlich und wöchentlich deputat
betrifft, hat man in fleißiger Erkundigung
so viel Nachricht befunden, daß jedweder
Person gebühret und gereichet worden:

    Ein Laib Bröd, jede Woche

                                   Ein

Eine kleine Kanne Bier jeden Sonntag, auf die 3. hohen Feste aber, nemlich Weinachten, Oſtern und Pfingſten, die Zweene erſten Tage Zwey Kannen jeden Tag, und den dritten nur Eine.

Zwey Pfund Fleiſch die 2. erſtern hohen Feſttage, nähmlich jeden Tag ein Pfund,

Drey Näpffe Waizen zu Oſter- und Pfingſt Kuchen,

Auf Weinachten jedweden ein Stollen vor 1. gl.

Ein Vierthel Gerſten insgeſammt alle 6. Wochen zu Klößen.

Ein Napff Erbßen alle 4. Wochen.

Ein gemäſtet Faſten-Schwein des Jahres ihnen insgeſambt worein ſie ſich zu theilen wißen werden.

Ein Napff Salz jedes viertel Jahr allen zuſammen.

Ein Nöſel Butter jedweder Perſon alle 8. Wochen,

Sechs Pf. jeder Perſon, wenn ſie zum heil. Nachtmahl gehen,

Nothdürfftige Kleider werden ihnen von den Zinnßen der außenſtehenden Capitalien verſchafft.   Zu jeden Jahrmarckte jeder Perſon 1. gl. und 6. Pf. Ob ihnen auch wohl zu Zeiten und hiebevorn etwas von Kofent, Kraut, Rüben, Buttermilch, Schotten und dergleichen aus unſern Schloße gereichet worden, ſo iſt doch ſolches aus dieſer Ur-

Y   ſachen

sachen geschehen, weil sie etwas an Arbeit
verrichten helfen, als spinnen, kehren, man-
deln, gethen und Schothenhüten, so gehet
ihnen doch solches nunmehro ab, weil dergl.
Arbeit von ihnen nicht begehret wird. Es
ist aber ein Mittel in Vorschlag kommen,
wenn sie sonsten einen Zugang erlangen können, sich deßen zu erholen, wie unten gedacht
wird. Es ist aber auch Bericht geschehen,
daß wenn gleich nur 4. Personen im Hospital gewesen, ihnen doch wöchentlich 5. 6.
Brode gereichet worden, also, daß sie das
eine in Stücken unter sich vertheilet, folgends
aber das eine Brod in den backen also eingetheilet worden, daß jedes Brod etwas
größer gemacht und dergestalt das Brod-
Deputat einer mangelnden Person denen
andern accresciret. Weiln aber dieses in
der Länge in Vergeß fället, und in das künfftige alle Brodt in dergleichen Größe gefordert werden möchten; Alß wollen wir, daß
jedweden hinführo, es mögen ihrer viel oder
wenig seyn, ein Brod gewöhnlicher Größe
gereichet werde, der mangelnden Person Antheil aber denen Einkünfften des Hospitals
zuwachße, im übrigen bleibt es bey dem
Innhalt der Fundation. Dieweil auch
das Hospital gar in einen Winckel allhier
in der Stadt lieget, an welchem Orte keine
gewiße Straße vorbey gehet, also, daß die
armen von den vorbeygehenden und reisenden

den keine Allmosen zu erwarten haben, wie
sonsten christmilde Herzen an andern Orten
mitzutheilen pflegen, überdieses das Hospi-
tal-Gebäude auch etwas baufällig, daß es
mit Kosten ausgebessert werden muß;. Als
befehlen Wir Unsern Räthen, Ambtsbefehls-
habern und Hospital Vorstehern, daß sie
einen bequemen Plaz an einer Straße, nahe
bey der Stadt gelegen, aussehen, denselben
dem Besizer umb ein leidliches bezahlen, und
das Hospital-Hauß aufs eheste dahin trans-
portiren, also, daß die armen von den reisenden ein Allmosen erbitten mögen, was an
Bauholze mnß zugebüsset werden, wollen
wir darzu verehren. Befehlen demnach hierauf Unsern Räthen, Amtsbefehlshaber und
Hospital-Vorsteher gnädig, daß sie solches
alles vorbeschriebener massen ins Werck richten, Sie und Dero Nachfolgere steif und
fest hierüber halten, solches geschiehet zu guter Richtigkeit und Erfüllung Unsers gnädigen Willens und Meinung. Wir befehlen
auch gnädig, daß diese Unsere Erklär- und
Verordnung dem Amtshandelsbuche einverleibet werde, dem Hospital-Vorsteher
wollen wir ein Original unter Unserer Hand
und Herrl. Siegel zu seiner Nachricht aus-
antworten lassen, und ist beglaubte Abschrifft
den armen Leuten im Hospital darneben zu
ertheilen. Geschehen zu Mühltrof den 7.
Mart. 1672.

Y 2 Num.

Num. XXII.

No. XXII.
de an. 1694

Von GOttes Gnaden Wir Friedrich Augustus, a) Herzog zu Sachßen, Jülich, Cleve und Berg, auch Engern und Westphalen, des heil. Röml. Reichs Ertz-Marschall und ChurFürst, Landgraf in Thüringen, Marggraf zu Meissen, auch Ober- und Nieder-Lausiz, Burggraf zu Magdeburg, gefürsteter Graf zu Henneberg, Graf zu der Marck, Ravensberg und Barby, Herr zu Ravenstein, vor uns, unsere Erben und Nachkommen Thun kund und bekennen mit diesen Unsern offenen Brieffe gegen männiglichen, daß Uns der Wohlgebohrne Unser lieber getreuer Herr Melchior Otto Freyhl von Bodenhausen zu Mühltrof unterthänigst angelanget, Wir wollten zu seiner Unterthanen mehrern Aufnehmen iezt besagtes Mühltroff mit zweyen öffent-

a) Der andere Prinz Churfürst Jo. Georg III. geb. 12. May 1670 von Anna Sophia Frid. III. Königs in Dännemarck Tochter, vermählte sich an. 1693. mit Christiana Eberhardina, Marckgraf Christian Ernst zu Brandenburg Culmbach Tochter, wurde nach seines Herrn Bruders Johann Georg IV. Absterben an. 1694. Churfürst, an. 1697. König in Pohlen, und starbe den 1. Febr. 1733. zu Warschau.

öffentlichen Jahr-Märckten begnadigen und
darüber ein Priuilegium ertheilen. Wann
denn, auf ergangene Verordnungen, die benachbarten Städte darüber vernommen, und
von Niemanden etwas darwieder eingewen-
det, auch nach des Amtmanns im Voigtlande, Paul Weidlichs deshalber gehorsamst
eingeschickten Uns fürgetragenen Bericht weder Unßerm noch jemands Interesse etwas
nachtheiliges, und also kein Bedencken hier-
unter befunden worden; Als haben wir bey
solcher Beschaffenheit diesem erwehnten Frey-
herrns von Bodenhausen unterthänigsten
Suchen in Gnaden statt gegeben, und das
gebetene Marckt - Priuilegium ertheilet.
Thun das auch aus Landes-Fürstl. Macht
und von Obrigkeits wegen hiermit und in
Krafft dieses, und wollen, daß forthin zu
gemeldten Mühltroff jährlich zwey öffentliche Jahrmärckte, alß nemlich der erste die
Woche nach dem fünfften Sonntag nach
Trinitatis, der andere die Woche nach
Creuzes-Erhebung gehalten, und jeder-
mann, dem es zukömmt, frey zu kauffen, zu
verkauffen, zu handeln und andere ehrliche
Nahrung zu treiben verstattet und nicht gehindert werden solle. Gebiethen hierauf
Unsern iezigen und künfftigen Creiß-Haupt-
und Amtleuten im Voigtlande, auch allen
unsern Beamten, Unterthanen und Ver-
wanndten, mehrerwehnten Freyherrn von

Bo-

Bodenhausen und deſſen Unterthanen zu Mühltrof bey dieſer Unſerer Begnadigung und Jahrmarckts-Befreyung jederzeit biß an Uns zu ſchützen, und handzuhaben, damit ſie deren ohne männigliches Eintrag und Hinderung ruhig gebrauchen und genüßen mögen. Treulich und ſonder Gefährde. Zu Uhrkund haben Wir Uns eigenhändig unterſchrieben und Unſer größer Innſiegel wiſſentlich hieran hangen laſſen. Geſchehen und geben zu Dreßden am 24ſten Monatstag Auguſti, nach Chriſti JEſu Unſers einigen Erlöſers und Seeligmachers Geburt im Ein Tauſend Sechshundert Vier und Neunzigſten Jahre.

Friedrich Auguſtus, Churf.

L E v Pölnitz mpr.

Magnus Lichtwer.

Anhang.

Anhang.

Num. I.

Von GOttes Gnaden Wir Friedrich
Wilhelm, Herzog zu Sachßen,
Vormund, und der Chur Sach-
sen Administrator, Landgraf in Döringen
und Marggraf zu Meißen ꝛc. vor uns und
an statt des Hochgebornen Fürsten, Herrn
Johanns Georgen, Marggrafn und Chur-
Fürsten zu Brandenburg ꝛc. unsers freundl.
lieben Oheims, Schwagers, Herrn Vaters,
Bruders und Gevatters, in gesamter Vormundschafft weyl. Herrn Christiani Herzogen und Chur-Fürsten zu Sachßen ꝛc. christ-
löbl. Gedechtnus hinterlassenen jungen Herrschafft ꝛc. vor ieztermeldte unsere junge Vettern, deren Erben und Nachkommen, thun
kunth und bekennen gegen männiglich, daß
wir unsern lieben getreuen Hillebrand Eichelbergk von Trützschlern und seinen rechten
ehel. gebornen Leibes-Lehens-Erben diese
hernach geschriebene Lehen und guettere von
Ihren L. L. L. und deren Erben zu Lehen ru-
rende, und in dem Amte Plauen gelegen
mit Namen das Ober- und Nieder-For-
werck zu Leubniz mit allen ihren Zugehorungen, Neunzehn guettere daselbst, und eine

Y 5   Mühle

Mühle, die Forst-Mühle genannt, zehen
groschen, vier Hunner auf der Weißmühle
daselbst, Mehr fünff groschen zwey Hunner
auf einem Erbstücke mit Gerichten über
Halß und Hand, als weit und ferne Leubniz
mit seinen Fluren allenthalben begriffen ist,
Sechs guettere zu Demeusel, derer zwey
zum untern Hof gehören, samt etl. Wustun-
gen, so zum theil erbl. um Zins verthan, zum
Theil umb Zinß jehrl. ausgethan werden,
Mehr ein gutt in izgemeldten Dorfe, so Os-
wald Rizmann bewohnet, mit Zinßen, Gerichten, Diensten und Zugehörungen, wie es
etwa Heinrich von Gailsdorf innen gehabt
und an Hannßen Rödern zu Demeusel kommen, und forder Heinrich Röder daßelbe
an sich erkaufft, vor Alters Herkommen, ein
Scheffel Habern in benumten Dorffe, Eilff
groschen, zwey Hünner und ein Scheffel Habern, des Orts, einen gulden, eine Henne
von einer Wiesen, dritthalb Scheffel Hafer von dreyen Aeckern daselbst, Zwölff
guettere zum Ròde, deren eines hiebevorn
Veit Röder, Heinzens Vatter von Haußen
Röder zu Demeusel, vermöge einer Verschreibung daruber besagend, erkaufft mit Gerichten und Gerechtigkeiten, als Hannß Röder iezgemeldet darauf zu verkauffen gehabt
hat, nichts ausgeschlossen, immassen es iezo
bewohnet wird, von Hans Hammer ein
Acker und Wiesen, von Olschlegeln, welches

Veit

Veit Röder ehegemeldet von den Geilsdörf-
fern erkaufft, dieselben Acker und Wiesen
sein zu Nicol Zwobs Gutte zu Rode geschlagen, darauf zuvorn Hannß Lange gewohnet,
mit gerichten oberst und niederst, Einen
Scheffel Weizen, Zehen Groschen und eine
Henne von einer Wiessen, auch etl. einzele
Zinnße zu Röde, die auch auf den guettern
daselbst sein, Acht guetter zu Oberpirck, deren zwey zum unttern Hof gehören, zwey
guetter und ein Erbkrezschmär zu Trogis,
Mehr ein gut daselbst, so etwa Apeln von
Tettaw abgekaufft, samt einer Wustung
mit allen Zinnßen, Frohnen und Erbgerich-
ten, und andern Gerechtigkeiten, ein Wust
gutt und ein Wustunge auf dem Mehltheüer,
Fünff Guetter zu Kloschwiz, welcher drey
Peter Hegner, Heinz Schmidt und Hannß
Lautter, in Besiz haben, so Veit Röder
Heinzens Vater von Merten Röder an sich
bracht, Innhalts einer Verschreibung, mit
Lehen, gerichten und allen andern gerechtigkeiten, auch eine Mühle daselbst, drey Guetter zu Kowizwalde und zweene Schöffel
Hafern, ein gut zu Stelzen, do Jost Michael
iezt auf wohnet, mit Gerichten obersten und
niedersten, desgl. etliche Hünner und geld
Zinnße daselbst, den dritten Theil an den
alten Schlosse zu Plauen, ein Stein Unschlet,
auf einer Fleischbanck daselbst, einen halben
Stein Unschlet auf einen Hauße, do der

Hart-

Hartmann auffitzet, zweene groschen Zinnße
giebt der Burgemeister zu Plauen jerlichen,
Neun groschen geben etzliche Burgere doselbst
von dreyen Heusern und einer Scheunen,
etzlich Geld Hüner- und Kese-Zinnß zu Ti-
chergartl. Fünff gütter zu Tobertitz, Fünff
Meißner von einem Ackher toselbst, drey
Guetter zu Schönnbergk, Sechs guetter
zum Fasendorf mit allen Aeckern, Wiesen,
Hölzern, Fröhnen, Diensten, Ehren, nuzen,
benumbt und unbenumbt, gesucht und un-
besucht, und allen andern Wirden, gerichten
und gerechtigkeit, freiheiten, Herkommen
und gewonheiten, nichts ausgeschlossen, sondern in allermaffen die Röddern hiebeuorn
dieselben Lehen und guettere von den Burggrafen zu Meissen und Ihren LLL. Vorfahren zu Lehen innengehabt, befessen, genoffen
und nunmehro ermeldten Trützschler verkaufft, zu rechten Mann-Lehen gereicht und
geliehen, sovil wir von Rechts und billig-
keits wegen der zu thun haben. Reichen
und leihen obgedachten Hillebrandn Eichelbergk von Trützschlern und seinen rechten
ehelich gebornen Leibes-Lehens-Erben gegen-
wertiglich und gnediglich, in krafft diz brifs
angezeigte guettere und Zinß fortmehr von
Ihren LLL. und deren Erben zu rechten
Mannlehen Innzuhaben, zu genüßen, zu gebrauchen, die auch, wie sichs geburt, zu
vordienen, und den Lehen, so offte die Zü-
fälle,

falle kommen, rechte Volge zu thun, und sich
damit zu halten, als solcher Mannlehen,
guetter, alt Herkommen recht und Gewonheit ist.   Wir haben auch aus besonderer
Gnade und um seiner unterthänigen Bitte
willen semptl. mit Ihm belehnet und belehe-
nen in samt seinen Vettern Wolff Wilhelmen von Trützschlern dergestalt, und also,
Wo ermelter Hillebrandt Eichelbergk von
Trützschler ohne ehel. gebohrne männl. Leibes-Lehens-Erben mit Todte abgehen würde,
alsdenn und ehe nicht sollen solche Lehen,
guetter und Zinnße an ieztgedachten seinen
Vettern Wolf Wilhelmen und desselben
rechte ehel. gebohrne Leibes-Lehens-Erben
kommen und fallen diese dann hinfürder gebrauchen, nuzen und genüßen mugen, und
sich gegen Ihren LLL. und deren Erben mit
Verdienst und Volge der Lehen halten sollen, als sich solcher Mannlehen guetter halben eignet und gebühret.   Treulich und ohne Geuehrde.   Hierbey seind gewest und ge-
zeugen die Vhesten und Hochgelahrten Vnsere in Vormundschafft verordnete Räthe
und lieben getreuen Hr. David Peifer zu
Gosigk, der Rechte Doctor, unser geheimder
Rath und Canzlar, Abraham Bock zu Klip-
hausen, Heinrich von Bünau zu Nede-
schiz, Hanns von Seidlitz zu Arnsdorf, Hr.
Johann Badehorn, der Rechten Doctor,
George von Schleiniz zu Stauchitz, Wolff
von

von Lüttichau zu Kmelen und andere mehr
der unsern genug glaubwürdige. Zu Urkund mit Ihrer LLL. anhängenden Innsiegel
wissentlich besiegelt und geben zu Dreßden
den Sieben und Zwanzigsten Monatstag
Junii nach Christi unsers lieben Herrn und
Seeligmachers geburt Funffzehen hundert
und in dem Zwey und Neunzigsten Ihare.

F W H z Sachssen.

(L. S.)

David Peifer,
D. SSt.

H. H. Vollhart.

No. II.

No. II.
de an. 1664 Von Gottes Gnaden Wir Mo-
ritz, (a) Herzog zu Sachssen, Jülich,
Cleve und Bergk, postulirter Ad-
mini-

a) Der vierdte Sohn Churfürst Jo. George
I. geb. den 28. Merz 1619. † 4. Decembr. 1681.
Er bekam nach dem väterl. Testament, auß-
ser

ministrator des Stiffts Naumburgk, Land-
graff in Thüringen, Margraf zu Meyssen,
auch Ober- und Niederlausiz, gefürsteter
Graf zu Hennebergk, Graf zu der Marck
und Ravensberg, Herr zum Ravenstein und
Stadthalter (b) der Balley Thüringen rc.

Vor

ser den Stifftern Zeiz und Naumburg, den
Chur-Sächsischen Antheil an der gefürsteten
Grafschafft Henneberg, der Herrschafft Tautenburg, Frauen-Priesniz, Nieder-Trebra,
Triptis, Arnshaugk, Weida und Ziegenrück,
auch das Voigtland zu seiner Erblandes-
Portion, stifftete also eine eigene Nebenlinie,
deren Länder durch den am 14. Nov. 1718. erfolgten Tod seines Sohnes Moriz Wilhelms an das Churhauß Sachßen wieder
zurück fielen, die ganze Linie aber gienge
mit seines andern Prinzen Friederich Heinrich zu Sachssen Neustadt Sohn Moriz
Adolph Bischoff zu Leutmeriz in Böhmen
an. 1759. aus. Ubrigens ist das Bißtum
Naumburg, gleichwie die zu Meissen und
Merseburg, durch eine immerwährende Ca-
pitulation mit dem Churhauße Sachßen
auf beständig verbunden. Das Evangelische
Dom-Capitel zu Naumburg bestehet aus 12.
Capitularen, 6. Praebendatis maioribus
und 4. minoribus, das ebenfalß Evangelische
Collegiat Stifft zu Zeiz aber hat 7. Cano-
nicos. Das Stifft hat seine eigene Landes-
Regierung, Cammer-Collegium und Consistorium zu Zeiz, gehöret übrigens zur erstern Classe der Chursächßl. Land-Stände.
b) Von der Balley Thüringen haben wir schon
oben

Vor Unß, Unsere Erben und Nachkommen
thun kund und bekennen:

Nachdem sich wegen der hohen Jagt auf
den vermengten Dörfern und Fluhern, unterhalb Leubniz gelegen, nahmenthl. Faßen-
dorf, Oberpirk, Truchhauß und Demäusel
einige Irrungen dahero ereignen wollen,
daß der Veste Unser lieber getreue Franz
Wilcke von Bodenhausen zu Mühldrof
Arnstein und Leubniz solcher hohen und Ni-
der Jagten nebenst Unß an bemelten orthen
auß

oben p. 85. sq. etwas erinnert. Gegenwärtig
mercken wir noch an, daß der Stadthalter
derselben, der seinen bestimmten Siz zu
Zwezen hat, ein Landsaße, und, wie die
ganze Ballen, dem Churfürsten zu Sachsen
als Landsherrn unterworfen ist. Er hat im
engern Außschuß der Ritterschafft, sofern er
selbst gegenwärtig ist, die erste Stimme, und
seine jährl. Einkünffte werden auf 6000. fl.
gerechnet. Es gehören dermahlen zu dieser
Ballei die Commenthureyen Zwezen bey Jena,
der Haupt-Ort der Ballen, nobst noch etlichen Dörfern, die Commenthurey Lehsten im
Amte Eckartsberga, die Commenthurey Lieb-
städt zwischen Weimar und Eckartsberga,
und die Commenthurey Negelstädt an der
Unstrut im Amte Langensalza, an welchen
Orten allerseits Comthur-Höfe sind. Von
den deutschen Ritter-Orden aber ist, außer
den oben schon angeführten, noch nachzusehen der ber. Hr. D. Büsching neue Erdbe-
schreibung P. III. T. II. p. 1663. sq.

auß langer Posseß zugleich berechtiget zu
seyn asserirt, Undt aber zu Abkommung dieser Irrungen bey Unß sich unterthänigst an-
gemeldet und gebethen, ihme die völlige Jagd-
gerechtigkeit in denen Hölzern und Fluhren
der Dörfer Rößniz, Rodersdorf, Thossen,
Schönlind, Steins, Tobertiz, Roda und
Kornbach, alß welche Oerther an seine Leub-
nitzische Hölzer stossen, und nahe gelegen
sind, kegen gebührenden Abtrag nebenst denen
Unsserm Amte Plauen uf gemelten Hölzern
zustehenden Obergerichten zu überlassen.
Daß Wir solch seine unterthänigste Bitt
und ansuchen in gnaden angesehen, Undt ihme,
seinen Erben und Nachkommen die hohe und
nieder-Jagt, alß viel Unß bemelter orten zuste-
het, und Wir biß anhero in übl. Possess gehabt, uf zuvor eingeholten unterthänigsten
Bericht Unssers Ober-Forstmeisters George
Wilhelm Römers und Amtsschössers zu
Plauen Wolfgang Ferbers, mit und nebenst
den hohen Gerichten auf denen Hölzern nach-
stehender gestalt käufflich überlassen, und
zugeschlagen haben. Nemblichen: Wir
vererben und geben zu kauffen vor Unß,
Unsere Erben und Nachkommen gemeltem
dem von Bodenhausen, seinen Erben und
Nachkommen die hohe und Nieder-Jagt
in denen Hölzern und Fluhren der Dörfer,
Rößniz, Rodersdorf, Thossen, Schönlind,
Steins, Tobertiz, Roda und Kornbach,

wie solche durch Unßere Commiſſarien berit-
ten und in folgender Lage befunden worden,
von Rößniz gegen das Fichtholz, welches ſie
zur rechten Hand liegen laſſen, uf den Wege-
farth beym Pirckigt hinumb durchs Dorf
Rodersdorff uffn Döliſer Weg hienauf und
biß auf die Landſtraſſe, ſo von Schwandt her-
ausgehet in des Ritterguts Reuth Reinung,
deſſen Beſizern die Hohe Jagt zuſtendig iſt.
Uf der andern Seite aber hienunterwerts
kegen Leubniz iſt die Grenze zwiſchen dem
Amte Plauen und dem Hr. Reuſſen zu
Saalburgk biß an des von Bodenhauſen zu
Mühldroff Reinung behalten, Und begreifft
dieſe Reſier meiſtentheils in ſich die Hölzer
und Fluhren der obbenannten Dörfer Rößniz, Rodersdorf, Thöſſen, Schönlind, Steins,
Tobertiz, Roda und Kornbach. Es liegt
auch dieſe Gegend gänzl. oberhalb Leubniz
von unſern Amt Pauſa an gegen Reuth und
Gefälle zu: Jedoch iſt darunter der Plauiſche Forſt nicht mit gemeinet, ſondern ausdrückl. reſerviret und ausgezogen. Das
andere alles aber, ſo dieſe Reſier in ſich helt,
und unter der beſchriebenen Gegend begriffen, iſt dem von Bodenhauſen an Hohen
und nieder-Jagten in feldern und Fluhren,
ſamt denen Unſſerm Amte Plauen in bemel-
deten Hölzern zuſtehenden Obergerichten
umb und vor Achthundert Gülden Meißnl.
Wehrung, bahren geldes, krafft dieſes überlaſſen

laſſen, die Unß der von Bodenhauſen zu Unſerer Renthkammer wohl überzehlt und ein-
geliefert, und Wir ihn denn cum renuncia-
tione exceptionis non numeratae pecu-
niae Crafft dieſes beſtendig quittiren und loß-
zehlen.

Wie wir nun gemelte Hohe und Nieder-Jagten auf alles Hohe und Niedre
Wildtpreth, inſonderheit aber auf Bähren,
Luchſe, Hirſche, Thiere, Säue, Wölffe
und dergl. exerciren und treiben laſſen: Alßo
ſoll auch der von Bodenhauſen, deſſen Erben
und Nachkommen, ſich derſelben hinführo
zugebrauchen befugt und berechtiget ſeyn.
Undt haben wir ihn hierüber ferner aus gnaden die Folge, weil zumahln ſolche am mei-
ſten ein ſtücke Forſt bey Schneckengrün gelegen berühren und betreffen thut, geſtattet
und nachgegeben. Damit er auch ſolcher
Hohen und Nieder-Jagten, wie auch Ober-
gerichte um ſoviel deſto geruhiger gebrauchen
und von ungebührl. Eingriff, turbation
und Benachtheiligung ſicher ſeyn möge: So
ſoll er crafft diß Macht und Recht haben, die
Raubſchüzen und Wildprethsdiebe, ſo ſich
deren in gemelten Reſieren befinden und an-
treffen laſſen möchten, zu ergreiffen und ab-
zuſtraffen, ſogar, daß ufn fall ſich auch über
Verhoffen Unſere eigene oder der von Adel
Untertanen an dem Wildprethe ſich vergreif-

Z 2   fen

fen oder sonsten deren Orthe criminalia
delicta begehen würden, ihme die Delinquenten zur Bestraffung gestellet, und, auf
sein ansuchen, wenn sie in unserm Amte ergriffen, kegen leidl. Gebühren ohne ausant-
wortung einigen reuersus oder Begleitung
außgeliefert werden sollen.   Trüge sichs
auch zu, daß der von Bodenhausen oder die
seinigen dergl. Delinquenten selbst ergriffen; So mag er solche ohne Begrüssung
Unsers Amtes durch die in den beschriebenen
Fluhren Unserm Amte verbleibende Oberge-
richte durchführen, und do sich einer oder
der andere mit der Flucht in die Dörfer
saluiren würde, er dieselbe darauß zu langen befugt seyn.   Zu welchem Ende dann,
und damit dergl. delicta und Verbrechungen um soviel mehr und eher gerüget und
abgestrafft werden können, Wollen Wir
den von Bodenhausen erlauben einen oder
mehr der Innwohner bemelter Dorfschafften
zu Ergreiffung der Missethäter zu requiriren,
Jedoch daß es darbey bewenden und darauß
keine Gerichts- oder andre Folge gemacht
und erzwungen werde.   Solten aber auch
die Innwohner mehrgedachter Dorfschafften
auß freyen Willen, auf des von Boden-
haussens Ansuchen, ihme in den Jagten behülflich zu erscheinen geneigt und bereit seyn;
So lassen wir es bey der Untertanen eigenen
Willkühr lediglich bewenden, Alleine mit

                                        eben-

ebenmäßigem referuat, daß daraus kein
Zwang gemacht, weniger Unß an Unſern
Jagt-Dienſten hirdurch hinderung zugezo-
gen werde, Und haben wir unß ſonſten hierbey ausdrücklich bedungen und vorbehalten,
daß wie wir unß eines Theils in den vermengten Dörfern, Hölzern und Fluhren unterhalb Leubniz gelegen, nahmentl. Oberpirck,
Drochauß, Faſendorf, Demeuſel und Schönberg der hohen und nieder. Jagt aus Gnaden gutwillig begeben, und daran keinen
weitern An-und Zuſpruch zu thun gemeinet
ſind; Alſo auch am andern Theil der von
Bodenhauſen ſeine Erben und Nachkommen
gehalten ſeyn ſollen, die übrigen von Unß
vor iezo erhandelten hohen und niedern
Jagten in den Hölzern und Fluhren der obbenannten Dörfern mit den hohen Gerichten in Hölzern, von Unß, Unſern Erben und
Nachkommen zu Mann-und Weiberlehen
zu empfahen, und der Lehen, ſo offt ſie zu
Falle kömmt, gebührende Folge zu thun,
auch ſolche mit ſeinen andern Churſächßl.
Lehen, zu Abbruch dieſes Unſeres Lehens,
nicht zu vermengen, Und wollen dißfalß Wir,
Unſere Erben und Nachkommen, dieſer Lehen
halber ihn den von Bodenhauſen, deſſen Erben und Nachkommen anſehen, und bey unſerer Erblands-Regierung verordnen laſſen,
daß wofern über kurz oder lang er, ſeine Erben oder Nachkomen dieſer vererbten Holzen

Z 3   und

und Nieder-Jagten, oder auch der hohen
Gerichte in Hölzern halber, in Zwiespalt,
Disputat und Streit gerathen, oder sonst
belanget werden solte, Derselbe seine Erben
und Nachkommen von Unß und Unserer Erblandes Regierung immediate dependiren,
auch von darauß mit Rescriptis und Verordnungen angesehen, undt sonst vor kein
ander iudicium oder Commission gezogen
werden soll. Und wollen Wir den Lehn-
brieff uff diese Vererbung und deren Innhalt
deutl. einrichten lassen.   Damit aber dieser
Unserer verkaufften Hohen und Nieder-Jagten halber zusammt den hohen Gerichten mit
Unssern Aemtern Plauen und Paussa umb
sovielmehr aller Streit und Zwiespalt ver-
hütet werden möchte, Wollen wir denselben
gestatten und nachgeben, die beschriebenen
Fluhren und Hölzern mit besondern Seilen
und steinen zu verhegen und zu bemahlen,
Jedoch daß darauß in priuationem aut
diminutionem Unssers territorii keine
Grenzscheidung gemachet, sondern Unsere
Grenzen, alß weit sie sich sonst über diese
örther noch ferner hinauß erstrecken, unge-
schmelert in ihren alten Terminis gelassen,
und erhalten werden sollen.   Alldieweiln
aber auch uf denen genannten Hölzern und Fluhren unterschiedl. von Adel,
als Hanß Christoph und Hanß Philipp von
Reibold zu Rösnitz, wie auch Hanß Ernst
von

von Seidewitz und George Wolff von Göß-
nitz zu Rodersdorf, Hanß Heinrich von der
Oelßnitz zu Doberdiz und Christian Julius
von der Planitz zu Rodaw der Kuppel-Jagten
auf Nieder-Wildpreth und sonderl. die Rei-
bolde der Rehe-Jagdt berechtiget seyn. So
ist hierbey ausdrückl. bedungen, daß dieselben bey ihren iuribus, Herkommen und
Possess zwar allerdinges geruhig gelassen, jedoch aber auch den von Bodenhausen das
hohe Wildpreth, wenn solches zu der Zeit
in der Resir vorhanden, hierdurch nicht ver-
jaget, noch gescheuchet, und dann negst dem
denen sämmtl. Unterthanen und Innwoh-
nern der benännten Dörfer der freye und
pflegl. Gebrauch ihrer Hölzer mit und nebst
denen hüthungen und trifften, wie herbracht,
nach, wie vor, gestattet werden sollen, Jedoch daß auch in denen die Hölzer ferner
nicht abgereutet, noch der hohen Jagt zum
Nachtheil ungebührl. weise abgetrieben, sondern dieselbe in kegenwärtigen stande gelassen
und disfalß allerdings der Waldordnung
gemäß verfahren werde. Undt nachdeme bey
Unß der von Bodenhausen umb die Verstattung der Jagten durchs ganze Jahr hin-
durch ohne haltung einiger Zeit instendige
Ansuchung gethan: So haben wir diesen
Punct dahin modificirt, daß er mit jagen,
schiessen und pürschen eben dieienige Zeit halten soll, die wir alß LandesFürst in Unssern

Ergänzungen:

p. 19.   Daß die meisten Lehen damahliger Zeiten freyes Eigentum gewesen, und nach Gefallen zu Lehen aufgetragen werden können, beweiset unter andern die Belehnung Eltels des Tossen mit dem Gute.Schönberg vom Jahr 1143. beym Körber in Nachr. p. 120.sq. wo es heisset: lihe wir dasselbe Gut nicht, sie würden uns und unsern Erben enphtemdet, also, daß wir die Lehen und den Dienst ewiglich davon vorlieren.

p. 32.   Diese an. 1376. geschehen seyn sollende Theilung, in welchen wir vielen andern Geschichtschreibern gefolget sind, läugnet mit guten Gründen Horn im Leben Friedrich des streitbaren p. 101.sq.

p. 115.   Der geschickte Hr. Organiste Gabler ist gegen das Ende vorigen Jahres nach Pößneck beruffen, und an dessen Stelle wieder Hr. Uhlich gesezt worden.

Register.

A.

Register.

Ehe

Register.

Register.

L.

Register.

L.

M.

R.

Register.

R.

S.

Schön:

Register.

Register.

ENDE.

Errata.

p. 17. lin. 10. ober, lies unter.

p. 23. 25. ist zu lesen: Reichs = Affter = und Böh= misch Lehen.

p. 25. not. c. nach geschrieben setze: hat,

p. 32. statt 1370. lies 1376.

p. 42. not b) 1474. lies 1476.

p. 47. not. h) nach dem Voigtländl. lies: und angränzenden.

ibid. not. i) Altzesniz lies: Jesniz.

p. 48. lin. 9. nach Niedergandern lies: Nieder= Trebra, Brandis nebst.

p. 54. not r) lin. 6. setze: T. II. p. 193. sq.

p. 65. §. 18. lin. 15. nach daß, lies ihm

p. 75. §. 21. lin. 2. statt 1709. lies 1708.

p. 89. lin. 6. Weiba lies Werba.

p. 120. not. b) 1707. lies 1407.

p. 135. 1590. lies 1599.

p. 137. §. 3. 1673. lies 1685.

p. 170. lin. 26. Langenbuch lies Langenbach.

p. 171. lin. 1. beßgleichen.

p. 175. lin. 24. nach verliehen worden, lies: zu setten.

p. 177. C. IX. von der lies von den.

p. 183. not. f) kommt: nach Kaland Quittung.

p. 184. §. 6. infendation lies infeudation.

p. 189. not. c) lin. 18. Saec. XI. lies Saec. XII.

p. 201. not. c. 1559. lies 1359.

p. 222. not. g. Bebenbeck lies Bebenberg.